学家学术成长资料采集工程

囯科学院院士传记丛书

福谦传

以自牧

姜洋 凌晏 汤淼◎著

| 1929 年 | 1952 年 | 1960 年 | 1984 年 | 1991 年 | 1993 年 | 2001 年 | 2012 年 |
|---|---|---|---|---|---|---|---|
| 出生于江苏省淮阴县 | 毕业于南京大学物理系 | 调入第二机械工业部九局第九研究所 | 荣获国家级"中青年有突出贡献专家" | 当选中国科学院学部委员(院士) | 当选全国人民代表大会第八届人民代表 | 荣获何梁何利基金科学与技术进步奖 | 逝世于上海 |

老科学家学术成长资料采集工程
中国科学院院士传记丛书

# 谦以自牧

## 经福谦传

姜洋 凌晏 汤淼 ◎ 著

中国科学技术出版社
上海交通大学出版社

图书在版编目（CIP）数据

谦以自牧：经福谦传／姜洋，凌晏，汤淼著 . ——
北京：中国科学技术出版社，2021.9
（老科学家学术成长资料采集工程丛书 . 中国
科学院院士传记丛书）
ISBN 978-7-5046-9107-1

I. ①谦…　Ⅱ. ①姜…②凌…③汤…　Ⅲ. ①经福谦
－传记　Ⅳ. ① K826.16

中国版本图书馆 CIP 数据核字 (2021) 第 138329 号

| 责任编辑 | 彭慧元 |
| --- | --- |
| 责任校对 | 张晓莉 |
| 责任印制 | 李晓霖 |
| 版式设计 | 中文天地 |

| 出　　版 | 中国科学技术出版社　上海交通大学出版社 |
| --- | --- |
| 发　　行 | 中国科学技术出版社有限公司发行部 |
| 地　　址 | 北京市海淀区中关村南大街 16 号 |
| 邮　　编 | 100081 |
| 发行电话 | 010-62173865 |
| 传　　真 | 010-62173081 |
| 网　　址 | http://www.cspbooks.com.cn |

| 开　　本 | 787mm×1092mm　1/16 |
| --- | --- |
| 字　　数 | 360 千字 |
| 印　　张 | 20.25 |
| 彩　　插 | 2 |
| 版　　次 | 2021 年 9 月第 1 版 |
| 印　　次 | 2021 年 9 月第 1 次印刷 |
| 印　　刷 | 北京华联印刷有限公司 |
| 书　　号 | ISBN 978-7-5046-9107-1 / K·298 |
| 定　　价 | 108.00 元 |

# 老科学家学术成长资料采集工程
# 领导小组专家委员会

主　任：韩启德

委　员：（以姓氏拼音为序）

陈佳洱　　方　新　　傅志寰　　李静海　　刘　旭

齐　让　　王礼恒　　徐延豪　　赵沁平

# 老科学家学术成长资料采集工程
# 丛书组织机构

**特邀顾问**（以姓氏拼音为序）

樊洪业　　方　新　　谢克昌

**编委会**

主　编：老科学家学术成长资料采集工程领导小组办公室

编　委：（以姓氏拼音为序）

定宜庄　　董庆九　　郭　哲　　胡宗刚　　胡化凯

刘晓堪　　吕瑞花　　秦德继　　任福君　　王扬宗

熊卫民　　姚　力　　张大庆　　张　藜　　张　剑

周大亚　　周德进

**编委会办公室**

主　任：孟令耘　　杨志宏

副主任：许　慧　　刘佩英

成　员：（以姓氏拼音为序）

冯　勤　　高文静　　韩　颖　　李　梅　　刘如溪

罗兴波　　王传超　　余　君　　张佳静

# 老科学家学术成长资料采集工程简介

  老科学家学术成长资料采集工程（以下简称"采集工程"）是根据国务院领导同志的指示精神，由国家科教领导小组于 2010 年正式启动，中国科协牵头，联合中组部、教育部、科技部、工信部、财政部、文化部、国资委、解放军总政治部、中国科学院、中国工程院、国家自然科学基金委员会等 11 部委共同实施的一项抢救性工程，旨在通过实物采集、口述访谈、录音录像等方法，把反映老科学家学术成长历程的关键事件、重要节点、师承关系等各方面的资料保存下来，为深入研究科技人才成长规律，宣传优秀科技人物提供第一手资料和原始素材。

  采集工程是一项开创性工作。为确保采集工作规范科学，启动之初即成立了由中国科协主要领导任组长、12 个部委分管领导任成员的领导小组，负责采集工程的宏观指导和重要政策措施制定，同时成立领导小组专家委员会负责采集原则确定、采集名单审定和学术咨询，委托科学史学者承担学术指导与组织工作，建立专门的馆藏基地确保采集资料的永久性收藏和提供使用，并研究制定了《采集工作流程》《采集工作规范》等一系列基础文件，作为采集人员的工作指南。截至 2016 年 6 月，已启动 400 多位老科学家的学术成长资料采集工作，获得手稿、书信等实物原件资料 73968 件，数字化资料 178326 件，视频资料 4037 小时，音频资料 4963 小时，具有重要的史料价值。

采集工程的成果目前主要有三种体现形式，一是建设"中国科学家博物馆网络版"，提供学术研究和弘扬科学精神、宣传科学家之用；二是编辑制作科学家专题资料片系列，以视频形式播出；三是研究撰写客观反映老科学家学术成长经历的研究报告，以学术传记的形式，与中国科学院、中国工程院联合出版。随着采集工程的不断拓展和深入，将有更多形式的采集成果问世，为社会公众了解老科学家的感人事迹，探索科技人才成长规律，研究中国科技事业的发展历程提供客观翔实的史料支撑。

# 总序一

中国科学技术协会主席　韩启德

　　老科学家是共和国建设的重要参与者，也是新中国科技发展历史的亲历者和见证者，他们的学术成长历程生动反映了近现代中国科技事业与科技教育的进展，本身就是新中国科技发展历史的重要组成部分。针对近年来老科学家相继辞世、学术成长资料大量散失的突出问题，中国科协于2009年向国务院提出抢救老科学家学术成长资料的建议，受到国务院领导同志的高度重视和充分肯定，并明确责成中国科协牵头，联合相关部门共同组织实施。根据国务院批复的《老科学家学术成长资料采集工程实施方案》，中国科协联合中组部、教育部、科技部、工业和信息化部、财政部、文化部、国资委、解放军总政治部、中国科学院、中国工程院、国家自然科学基金委员会等11部委共同组成领导小组，从2010年开始组织实施老科学家学术成长资料采集工程。

　　老科学家学术成长资料采集是一项系统工程，通过文献与口述资料的搜集和整理、录音录像、实物采集等形式，把反映老科学家求学历程、师承关系、科研活动、学术成就等学术成长中关键节点和重要事件的口述资料、实物资料和音像资料完整系统地保存下来，对于充实新中国科技发展的历史文献，理清我国科技界学术传承脉络，探索我国科技发展规律和科技人才成长规律，弘扬我国科技工作者求真务实、无私奉献的精神，在全社会营造爱科学、学科学、用科学的良好氛围，是一件很有意义的事情。采集工程把重点放在年龄在 80 岁以上、学术成长经历丰富的两院院士，以及虽然不是两院院士、但在我国科技事业发展中作出突出贡献的老科技工作者，充分体现了党和国家对老科学家的关心和爱护。

自 2010 年启动实施以来，采集工程以对历史负责、对国家负责、对科技事业负责的精神，开展了一系列工作，获得大量反映老科学家学术成长历程的文字资料、实物资料和音视频资料，其中有一些资料具有很高的史料价值和学术价值，弥足珍贵。

以传记丛书的形式把采集工程的成果展现给社会公众，是采集工程的目标之一，也是社会各界的共同期待。在我看来，这些传记丛书大都是在充分挖掘档案和书信等各种文献资料、与口述访谈相互印证校核、严密考证的基础之上形成的，内中还有许多很有价值的照片、手稿影印件等珍贵图片，基本做到了图文并茂，语言生动，既体现了历史的鲜活，又立体化地刻画了人物，较好地实现了真实性、专业性、可读性的有机统一。通过这套传记丛书，学者能够获得更加丰富扎实的文献依据，公众能够更加系统深入地了解老一辈科学家的成就、贡献、经历和品格，青少年可以更真实地了解科学家、了解科技活动，进而充分激发对科学家职业的浓厚兴趣。

借此机会，向所有接受采集的老科学家及其亲属朋友，向参与采集工程的工作人员和单位，表示衷心感谢。真诚希望这套丛书能够得到学术界的认可和读者的喜爱，希望采集工程能够得到更广泛的关注和支持。我期待并相信，随着时间的流逝，采集工程的成果将以更加丰富多样的形式呈现给社会公众，采集工程的意义也将越来越彰显于天下。

是为序。

# 总序二

中国科学院院长　白春礼

　　由国家科教领导小组直接启动，中国科学技术协会和中国科学院等 12 个部门和单位共同组织实施的老科学家学术成长资料采集工程，是国务院交办的一项重要任务，也是中国科技界的一件大事。值此采集工程传记丛书出版之际，我向采集工程的顺利实施表示热烈祝贺，向参与采集工程的老科学家和工作人员表示衷心感谢！

　　按照国务院批准实施的《老科学家学术成长资料采集工程实施方案》，开展这一工作的主要目的就是要通过录音录像、实物采集等多种方式，把反映老科学家学术成长历史的重要资料保存下来，丰富新中国科技发展的历史资料，推动形成新中国的学术传统，激发科技工作者的创新热情和创造活力，在全社会营造爱科学、学科学、用科学的良好氛围。通过实施采集工程，系统搜集、整理反映这些老科学家学术成长历程的关键事件、重要节点、学术传承关系等的各类文献、实物和音视频资料，并结合不同时期的社会发展和国际相关学科领域的发展背景加以梳理和研究，不仅有利于深入了解新中国科学发展的进程特别是老科学家所在学科的发展脉络，而且有利于发现老科学家成长成才中的关键人物、关键事件、关键因素，探索和把握高层次人才培养规律和创新人才成长规律，更有利于理清我国科技界学术传承脉络，深入了解我国科学传统的形成过程，在全社会范围内宣传弘扬老科学家的科学思想、卓越贡献和高尚品质，推动社会主义科学文化和创新文化建设。从这个意义上说，采集工程不仅是一项文化工程，更是一项严肃认真的学术建设工作。

中国科学院是科技事业的国家队，也是凝聚和团结广大院士的大家庭。早在 1955 年，中国科学院选举产生了第一批学部委员，1993 年国务院决定中国科学院学部委员改称中国科学院院士。半个多世纪以来，从学部委员到院士，经历了一个艰难的制度化进程，在我国科学事业发展史上书写了浓墨重彩的一笔。在目前已接受采集的老科学家中，有很大一部分即是上个世纪 80、90 年代当选的中国科学院学部委员、院士，其中既有学科领域的奠基人和开拓者，也有作出过重大科学成就的著名科学家，更有毕生在专门学科领域默默耕耘的一流学者。作为声誉卓著的学术带头人，他们以发展科技、服务国家、造福人民为己任，求真务实、开拓创新，为我国经济建设、社会发展、科技进步和国家安全作出了重要贡献；作为杰出的科学教育家，他们着力培养、大力提携青年人才，在弘扬科学精神、倡树科学理念方面书写了可歌可泣的光辉篇章。他们的学术成就和成长经历既是新中国科技发展的一个缩影，也是国家和社会的宝贵财富。通过采集工程为老科学家树碑立传，不仅对老科学家们的成就和贡献是一份肯定和安慰，也使我们多年的夙愿得偿！

鲁迅说过，"跨过那站着的前人"。过去的辉煌历史是老一辈科学家铸就的，新的历史篇章需要我们来谱写。衷心希望广大科技工作者能够通过"采集工程"的这套老科学家传记丛书和院士丛书等类似著作，深入具体地了解和学习老一辈科学家学术成长历程中的感人事迹和优秀品质；继承和弘扬老一辈科学家求真务实、勇于创新的科学精神，不畏艰险、勇攀高峰的探索精神，团结协作、淡泊名利的团队精神，报效祖国、服务社会的奉献精神，在推动科技发展和创新型国家建设的广阔道路上取得更辉煌的成绩。

# 总序三

中国工程院院长　周　济

由中国科协联合相关部门共同组织实施的老科学家学术成长资料采集工程，是一项经国务院批准开展的弘扬老一辈科技专家崇高精神、加强科学道德建设的重要工作，也是我国科技界的共同责任。中国工程院作为采集工程领导小组的成员单位，能够直接参与此项工作，深感责任重大、意义非凡。

在新的历史时期，科学技术作为第一生产力，已经日益成为经济社会发展的主要驱动力。科技工作者作为先进生产力的开拓者和先进文化的传播者，在推动科学技术进步和科技事业发展方面发挥着关键的决定的作用。

新中国成立以来，特别是改革开放30多年来，我们国家的工程科技取得了伟大的历史性成就，为祖国的现代化事业作出了巨大的历史性贡献。两弹一星、三峡工程、高速铁路、载人航天、杂交水稻、载人深潜、超级计算机……一项项重大工程为社会主义事业的蓬勃发展和祖国富强书写了浓墨重彩的篇章。

这些伟大的重大工程成就，凝聚和倾注了以钱学森、朱光亚、周光召、侯祥麟、袁隆平等为代表的一代又一代科技专家们的心血和智慧。他们克服重重困难，攻克无数技术难关，潜心开展科技研究，致力推动创新发展，为实现我国工程科技水平大幅提升和国家综合实力显著增强作出了杰出贡献。他们热爱祖国，忠于人民，自觉把个人事业融入到国家建设大局之中，为实现国家富强而不断奋斗；他们求真务实，勇于创新，用科技为中华民族的伟大复兴铸就了辉煌；他们治学严谨，鞠躬尽瘁，具有崇高的科学精神和科学道德，是我们后代学习的楷模。科学家们的一生是一本珍贵的教科书，他们坚定的理想信念和淡泊名利的崇高品格是中华民族自强不息精神的宝贵财富，永远值得后人铭记和敬仰。

通过实施采集工程，把反映老科学家学术成长经历的重要文字资料、实物资料和音像资料保存下来，把他们卓越的技术成就和可贵的精神品质记录下来，并编辑出版他们的学术传记，对于进一步宣传他们为我国科技发展和民族进步作出的不朽功勋，引导青年科技工作者学习继承他们的可贵精神和优秀品质，不断攀登世界科技高峰，推动在全社会弘扬科学精神，营造爱科学、讲科学、学科学、用科学的良好氛围，无疑有着十分重要的意义。

中国工程院是我国工程科技界的最高荣誉性、咨询性学术机构，集中了一大批成就卓著、德高望重的老科技专家。以各种形式把他们的学术成长经历留存下来，为后人提供启迪，为社会提供借鉴，为共和国的科技发展留下一份珍贵资料。这是我们的愿望和责任，也是科技界和全社会的共同期待。

经福谦

采集小组成员合影
（第一排左起：董慧、王豫、刘利、曹科峰、贺红亮、姜洋、凌晏、金立；
第二排左起：向士凯、王易难、段官峰、汤森、陈凯、张东杰）

采集小组合影
（从左到右：张东杰、汤森、姜洋、凌晏）

2015年5月在经福谦院士的妹妹经贞谦家中采访

# 序 一

　　这本名为《谦以自牧》的书，是流体物理研究所经福谦院士学术成长资料采集小组花费了两年多时间，在采集了大量史料的基础上撰写而成的。本书凝聚了采集小组的无数心血，也凝聚了诸位同事、友人、学生真诚的心意，反映出对经福谦同志忠诚奉献、不懈求索、谦逊坦诚、乐观达然精神的钦佩和崇敬之情。

　　经福谦院士是著名的高压物理学家，为我国第一代核武器研制及高压物理学科的发展作出了重要贡献。我与经福谦同志相识于 20 余年前，曾为了我国的核武器科技事业一同奋斗。他的学术造诣、品德风貌，给我留下了深刻的印象。

　　经福谦同志的少年生涯是在战争的炮火中度过的，举家逃难、颠沛流离。这段国家濒危的切身体验，深深地激发了他为民族复兴的忧患意识；这种既要逃难又要学习的境遇，锻炼了他适应复杂环境的应变能力，培养了他刻苦钻研的自学精神。寒窗苦读 17 载，辗转东西 14 校，经福谦以惊人的毅力不懈地汲取知识，最终以优异的成绩毕业于南京大学，随后分配到长春地质学院，从事地球物理探矿专业的教学工作。

　　那时，经福谦同志怀揣强国梦想："百业待兴，创业召唤，要我们去遍尝闯荡事业中的苦与乐！"正当他决心为我国甩掉贫油帽子大干一场时，突然接到一纸调令，从此踏入了核武器研制的秘密历程。在新的工作岗位上，经福谦与之打交道的对象从地震波转到了冲击波。没有知识积累、没有技术储备，科研工作在"一穷二白"中起步，经福谦同志与同事们开始了艰难的探索。他利用有限的资源开展了大量的文献调研工作，根据蛛丝马迹深挖细究，然后指导各个课题组探索和建立不同的实验方法。经过持之以恒的奋斗，他与同事们协力开创了我国高压物态方程实验研究这一新的研究领域，建立了一套比较完整的实验设计和测量方法，培养了一批测试人员队伍，对核武器科技事业的起步发挥了重要作用。在原子弹攻关期间，针对爆轰实验中存在的实验数据和理论计算数据不相符的问题，经福谦提出了"严重稀疏范围"概念，解决了测试技术上的难题，改变了实验设计，从时间上加快了我国第一颗原子弹研制的进程；在突破氢弹实验中，根据严重稀疏范围的概念，给出了修正的不受干扰的一维结果，使氢弹研制也缩短了研制周期。1982 年，"聚合爆轰人工热核反应研究"获得国家自然科学奖一等奖，经福谦同志名列其中。他始终强调，荣誉是永远属于这个集体的。

在核武器研制任务中解决了一系列关键技术和获得了一批物理数据之后，经福谦同志意识到高压物理学科的重要性，随后为之花费了数十年的心血。他积极组建了高压物理专业委员会，让这一领域的科研人员有了"主心骨"；打造了轻气炮、爆炸塔等设施，为拓展深化基础研究提供了先进高效的实验手段，使得我国的动高压技术进入了一个标志性的发展阶段；他总结了多年来积累的高压实验技术和方法，编撰了《实验物态方程导引》，为从事高压物理研究的工作者提供了入门教材；他倡导并组织出版了《爆炸与冲击》《高压物理学报》，打造了学科交流的园地；他组织全国 11 家科研单位，申请了高压物理领域的第 1 个国家自然科学基金重大项目，使高压物理研究者们坚定了发展信心。

经福谦不仅在学术方面发挥"领头羊"作用，他作为一名战略科学家，勇于开拓创新、建立新的科研体制机制。为了推动国防科技工业可持续发展，他大力倡导成立了国防系统第一个开放的国家重点实验室，推动我院在国防科技系统内最早实行基金制，与成都科技大学创办国内首家院校联合所，大力推动构筑完整的压缩科学体系等。通过打造广阔的平台，加强开放共享、协同创新，致力于打造我国高压物理领域一支基础知识扎实、学科全面、创新力强的科研队伍，大力提升核心科技竞争能力，在国际学术领域中争先、在推动科学发展中领先。

斯人已逝，但经福谦同志科学报国的强烈使命感和在科学研究中的执着与担当精神，永远值得我们学习。他的同事与学生们，从他的手中接过了接力棒，为了我国的核武器科技事业和高压物理学科发展而不懈奋斗。

赵宪庚①

2017 年 9 月 15 日

---

① 赵宪庚，中国工程院院士，凝聚态和核物理学家。曾任中国工程物理研究院院长，中国工程院党组成员、副院长。组织、领导并主持完成我国多项大型科学实验和国防重大任务，对推动我国核科学技术的发展作出了重要贡献。

# 序 二

古人云："善歌者使人继其声，善教者使人继其志"，经福谦院士德高望重，是一位善教者，他似春风化雨，润物细无声，于潜移默化中启迪年轻一辈。经先生曾以亲身经历和体会为研究生题词："勤补拙，志攀登；情系国，闯新业；求奉献，甘寂寞"，并以严谨求实的科研作风、爱国奉献的精神，不断激励着后来者，矢志不移地在科研生涯中践行这一理念。

1988 年，经先生与在北京读硕士的研究生们见面，我便是其中一员。那时尚未步出校门，与如此一位声名显赫的学术界泰斗相见，心里颇为忐忑。不曾想，见了经先生后，便惊异于先生对懵懂年轻一代如此温和谦逊的态度。他亲切地与大家一一握手，关切地询问学习和工作情况，不时颔首示意。简朴的衣着、淡淡的微笑、娓娓的言谈，立时消融了学生们面对大师时的拘谨。经先生向大家介绍了流体物理研究所的发展情况，并强调流体物理研究所正处于发展的关键时期，需要高水平人才，鼓励大家好好学习，将来勇挑重担。话语中流露出了对年轻人的深切希望与关爱。在随后的交谈中，经先生侃侃而谈，他广博的科学视野、看问题的穿透力、一针见血的剖析，深深地吸引了我们。

随着对先生的了解逐步深入，我们更是被他的人格魅力所折服。先生走上核武器的研制道路，源自坚定的信念："祖国需要，故我在"，他一直将科学兴国作为拼搏进取的动力，把教育培养下一代当作自己义不容辞的责任。先生曾经告诫学生："科学的路上绝不会平坦，除了面对失败之类的困难，还会遇到社会生活中的误解、非议，甚至不公平的待遇。要坚持下去，在科学的路上走好，我以为需要一种精神支柱，这个支柱就是爱国主义精神，要时刻牢记自己对民族、对社会负有的责任。要坚信那些误解、非议总是会过去的，因为社会一直在进步。但切不要计较何时才能落在自己的头上，也许再来点实事求是的反思，对坚定自己追求真理的理想和道路是有益的。"

在北京、在青海，先生为国家的核武器科技事业殚精竭虑。作为我国实验内爆动力学研究领域的开拓者之一，他带领团队填补了我国在该领域的技术空白，加快了我国核武器的研制进程；作为我国高压物态方程实验研究的奠基人之一，他建立了一套完整的实验方法、测量技术和数据处理方法，为我国重要武器装备研制提供了实验数据支撑；他开拓了对材料高压物性、冲击波合成新材料、材料动态破坏性能等方面的研究工作，解决了测量材料状态方程的关键技术，为深化精密实验研究奠定了重要基础。

身为院士的他，早已功成名就，完全可以享受安逸的生活，颐养天年。然而，为了加强我国国防建设，促进祖国科学事业的发展，强烈的责任感和使命感让他一如既往、孜孜不倦地拼搏在教学科研的第一线。他常教育年轻人，引导他们多读一些哲理性的书籍；他喜欢和学生讨论人生哲学，探讨如何面对人生的挫折与成功，怎样更好地与人相处。他认为从事科学研究的人一定要铸就高贵的科学品质，才能更好地发挥自己的聪明才智，为建设富强的祖国而贡献力量。

先生十分重视基础性研究，认为核武器的发展必须建立在坚实的基础研究之上。只有加强基础性研究，核武器的发展才会有后劲。他主张追求卓越，打造核武器科学技术"国家队"，认为中国工程物理研究院不光要研制出先进精良的核武器，同时要在学科发展上处于国际领先水平。然而1991年前后，正是基础研究最困难的时候，当时的冲击波物理研究主要靠基金课题，经费非常少，研究力量薄弱；同时受到国内外形势的影响，"搞原子弹不如卖茶叶蛋"的理念大行其道，很多科研工作者纷纷下海经商或出国，留下来的人也大多感到前途迷茫、心思不定。先生每周都会在百忙之中抽出时间和年轻人谈心，倾诉核武器科技事业的重要意义；或亲笔写信，勉励大家要秉持强烈的爱国之心，献身核武器研制事业，甘于清贫，坚守不移。

在那样艰苦的条件下，先生通过不懈的努力，以自己高尚的人格魅力吸引了一批科研工作者留在国防单位，潜心基础研究；以科学求实的态度带领团队在工作第一线开拓创新，一步一个脚印，顽强拼搏。为了加强基础性研究，他提出建立开放实验室，一方面使基础性课题的研究得到落实，并且通过实验室的优势来吸引部分国内著名科学家、教授、学者到实验室进行短期工作，以吸纳他们新颖的学术思想，博采众人之长，开拓科技人员的学术思路，提升精神境界。

先生认为创新是基础研究的命脉与核心之所在，他十分重视培养学生的创新能力，以学术民主最大限度地发掘每个人的潜能，从而大大推动了创新平台的建设和学生创新能力的培养。繁忙工作之余，他常常挤出时间，亲自主持一定范围内的学术会议，要求每个人做各自领域相关问题的调研报告，既活跃了学术气氛，又使大家相互了解、相互学习、启发思路、扩大视野，使他们材料组织、综合分析、准确表达的能力不断提高。先生亲自作的每一次报告，都精心准备，讲解问题深入浅出，思路清晰明确，把他对问题的认识和最新的研究成果毫无保留地传授给大家，使之从中得到启发，掌握研究前沿。在讨论问题的过程中，他总是鼓励大家畅所欲言，在热烈的争论中发现问题、解决问题。先生善于发现争论中的闪光点，从不同层面启迪引导学生。同时，先生鼓励大家积极发表论文，推荐学生参加各种对外交流活动和学术会议，通过交流开阔视野，提高学术水平。

同时，由于基础研究具有探索性和不确定性，需要长时间埋首以作。先生便语重心长地对年轻同志说："基础研究是件'苦差事'，要耐得住寂寞，勇于探索，善于积累，扎实工作，不能浮躁，甘当无名英雄，才会做出成绩""八小时内出不了科学家"。先生以身作则，以强烈的事业心和责任感全身心投入工作中。在大家的印象中，先生几乎没有节假日的概念，白天忙于科研、指导研究生或处理日常事务，晚上看文献、写材料，或著书立说。在科研领域中，他高屋建瓴，破关越隘，硕果累累；在培养人才方面，他以身作则，甘为人梯，言传身教，培养鼓励年轻人；他严格要求学生们以严谨细致的科研态度，向着既定的目标奋勇前行，无惧困难挫折，永不言弃。

"师者，人之模范也。"先生的人格力量是无形的，又是无处不在的。我们的每一步进展，无不渗透着先生倾注的心血，无不铭刻着他辛勤耕耘的印记。

面向未来，我们不会停止脚步，先生的科学精神和学术风范会继续坚定我们的意志，昂扬我们的斗志，我们将奋发向前，接过老一辈的担子，将科研事业推向更高的辉煌。

先生永远与我们同在。

吴强[①]

2016 年 11 月

---

① 吴强，研究员，博士生导师。现任中国工程物理研究院流体物理研究所所长，冲击波物理与爆轰物理重点实验室主任，中国物理学会高压物理专委会主任。

# 序 三

　　中国工程物理研究院流体物理研究所打来电话，想请家人为"经福谦院士学术成长资料采集工程"成果《谦以自牧：经福谦传》题序。自父亲离世之后，夜阑人静时我常忆起父亲生前种种，然此刻要诉诸纸面，几番思量却又迟迟不敢落笔，意恐未能将父亲生平真实而全面地展现于诸君之前，而有负中物院之托。

　　我的父亲祖籍江苏，出生于战乱不断、国弱民贫的旧中国。父亲生前常讲，他的少年时代是在抗日战争的隆隆炮火以及辗转逃难中度过的。山河破碎的国家苦难，使他很小就深切地体会国富才能民强，有国才能有家的道理。少年时经历的艰辛，培养了父亲坚韧的性格、顽强的毅力以及极强的自我管理能力，养成了他后来一生都保持的奋发努力、勤奋刻苦、严于律己的习惯。我想，父亲后来能甘于清贫、不计个人得失，潜心于冲击波物理和爆炸力学及核武器领域的研究并作出重要贡献，与他少年时代的这段经历是密不可分的。

　　对于"国家"二字，父亲有他自己的理解：国在则家在，国兴则家兴，先有国才能有家。他始终用一种家国情怀，去对待小我和大我的关系。与所有老一辈中物院人一样，在那个百废待兴的时代，面对国防建设的需要，祖国一声召唤，便立即打点行装，克服一切困难，将激情燃烧的青春投入两弹研制的事业中。这就是父亲他们那一辈人的可贵和伟大之处。父亲常说，个人的事业发展应服从国家需要，而他能在满足国家需要的同时，从事的正是自己所热爱的方向，能将自己的事业理想与国家的需要相结合，是一件多么幸运和幸福的事情。父亲非常热爱和珍惜国家给予他的工作平台，在他的心中，他总觉得自己贡献的太少而国家给予的太多，所以父亲总是乐于将尽可能多的时间花在科研工作上、花在不断学习掌握新的前沿知识上、花在指导学生培养年轻科研人才上……

父亲非常重视研究生的基础教育。每招一名新学生，他都会花费大量的精力去了解学生的人格特质、研究能力、学科基础、个人兴趣，并在这个基础上，确定该学生今后的研究方向和培养思路。对于学生的科学研究，父亲一贯严格要求、悉心指点。在我的记忆中，对于每一篇研究生论文，父亲都会花大量时间逐字逐句地反复修改，常常是几本论文带回家改到凌晨两三点钟。对于学生生活上的困难，父亲总是不遗余力地给予解决，鼓励他们在学业上全心投入。他曾对我说：他感到最欣慰的是为中物院带了一批学生，在高压物理领域里为国家培养了一批技术骨干。每当他听到某个学生在实验中有新的想法、数据里发现了某种规律、修正了前人的某种理论参数、发表了具有很高价值的论文，他都会高兴得像个孩子，喜悦之情溢于言表。

父亲积极参与推动院内外全国性的学术交流，规划院内大型科研项目建设，提出科研所改革措施，开辟军转民技术发展项目，培养爆轰物理领域后备研究力量，联合国内高校共同合作科研项目……即使工作再忙再累，父亲都一直保持持续不断的科研动力，保持谦逊为人的工作风格。无论研究所哪一位同志找他解决何种问题，他都会躬身力行，在工作上给予热情指导，在生活上给予无私帮助。也许只有我们家人才能体会到父亲曲着背、排满日程、行程匆忙、下了飞机赶会场，直至夜晚才推门回家的工作状态……

对于物质生活，父亲一生没有什么较高的要求，在饮食上，有他最喜欢的粽子和红烧肉就觉得非常满足，陋巷箪瓢亦乐哉。父亲经常告诫我们几个子女："做人要懂得惜福。要珍惜你现有的东西。不是你的东西决不要贪恋它。"偶尔与父亲谈及收入问题，父亲对此很淡然："九院现在给我的工资已经很高了，比以前在青海创业和挨批斗住牛棚的时候好多了，我现在够吃够用已很满足了。"父亲经常严肃地给我们的思想敲警钟："在钱上一定要注意！国家给你的工资已经很高了，千万不要在钱上出错！"父亲的这一生，也的的确确从未在钱上犯过一丝一毫的错误。

回想父亲的一生，奉命创业于草原会战，艰苦寂寞于剑门蜀道，壮心求索于涪江岸畔，与爆轰物理、高压物理情始情终。父亲的一生，平凡做人，埋头做事；心境淡然，教学育人。

最后，借此机会，作为家人，我们真诚地感谢中国工程物理研究院流体物理研究所以及"经福谦院士学术成长资料采集工程"小组的领导和所有成员，正是他们不辞辛劳的奔波与细致入微的采编，才使繁杂的采集工程得以顺利完成。在此，诚挚地说声谢谢！

同时，我们也在此谢忱所有父亲生前工作的老领导、老同事与老朋友，感谢他们无私地为采集工程提供大量珍贵的历史资料。我想，天之上，父亲一定会倍感欣慰并深深感谢他们的。

谨以此序，告慰老父在天之灵。

经小川

2016 年 9 月 12 日

# 目 录

# 图片目录

# 导 言

经福谦是中国实验内爆动力学和动高压物理研究领域的开拓者之一，他在内爆动力学实验设计技术研究中，提出了"严重稀疏范围"概念，为加快第一颗原子弹研制进程作出了重要贡献；在内爆动力学实验测量技术中，与同事合作提出的"绝对保护"技术方案成为研究深层次内爆动力学的一项关键技术；在超高压物态方程实验研究中，成功解决了外干扰电磁场屏蔽设计等关键性技术难题。在高压物理学科领域，倡导成立了高压物理专业委员会，创办了《高压物理学报》《爆炸与冲击》等核心期刊，率先成立了国防领域第一个重点实验室，撰写了《实验物态方程导引》《动高压原理与技术》等学术著作，为推动我国高压物理学科发展作出了卓越贡献。获得国家自然科学奖一等奖、全国科学大会奖及科技进步奖多项。1991年当选为中国科学院学部委员，2001年获得何梁何利科学与技术进步奖。

## 采集难点及工作思路

经福谦被列入"老科学家学术成长资料采集工程"名单之后，中国工程物理研究院流体物理研究所按照采集工程的要求成立了采集小组。小组成员努力呈现一个真实的老科学家形象，但是刚刚投入工作，迎面遇到的"三大困难"让大家始料未及。

困难一：经福谦性格谦和，为人低调，留下的关于自己的各类文字记录很少。随着他 2012 年的离世，直接获取关于他成长经历的第一手资料已不可能，能够找到的唯一有价值的参考资料就是一本《经福谦八十华诞文集》。他的第一任妻子杨秀会曾经是他的学生，1964 年后与他在同一个研究所工作，也是他工作上的挚友，两人相濡以沫 40 多年，杨秀会见证了经福谦在学术上的成长。然而遗憾的是杨秀会于 1999 年患阿尔茨海默病走失，经多方寻找无果，这成为经福谦心头之痛，也中断了我们从另一条途径挖掘线索的可能。

困难二：经福谦从小学到高中直至大学，历经战火，几度辍学、失学、复学，先后在四所小学、四所初中、三所高中、三所大学断断续续完成学业。他曾经就读过的学校，有的如今已不复存在，这对我们进一步了解学校教育对经福谦性格特点的形成造成困难，同时也影响到对经福谦师承关系的深度梳理。

困难三：经福谦长期从事核武器研制，相关工作内容均涉密。一方面，采集小组在涉及武器秘密方面缺少实物资料，难以准确厘清经福谦的研究经历和科研贡献；另一方面，采集小组成员大多是年轻人，隔行如隔山，不仅对采集工作不熟悉，对经福谦所涉及的专业知识更是不明，深感采集工作无从下手。

虽然困难重重，但是小组成员在流体物理研究所的领导的关心和大力支持下，经过多次研究讨论，最后决定从查阅人事档案入手，先将经福谦83 年的人生梳理出一个简单的大事年表，然后以时间为横轴，事件为纵轴，划分出少年求学时期的颠沛流离、原子弹突破时期的奋发创新、担任基层领导时的深耕国防科技、升任高层时的推动学科发展四个框格，一点点收集经福谦所亲历的那些科学的、政治的、社会的重要事件，逐一填充框格，重建那段历史。

为准确、完整、清晰地描述经福谦家庭背景、求学历程、师承关系，以及对其后学术风格、科学成就产生的深刻影响，采集小组追寻着传主的人生轨迹，北上南下，努力收集和挖掘鲜活的历史细节。

根据前期案头准备的情况，采集工作以口述访谈与实物收集同步进行的方式展开。首先通过在经福谦的亲属子女、同事、学生中大范围发放征询表，请他们提供所了解的与经福谦相关的事件，并提供知情人线索；据此确定了一批关键人物，按照年表中梳理出来的重大事件和重要节点，对他们进行重点访谈。与访谈对象进行沟通联系、确定访谈时间，并将准备好的采访提纲通过电子邮件等方式提前交予访谈对象，帮助他们开启封存已久的记忆，整理出相应的佐证资料，以便小组成员同步获取访谈口述资料和实物资料。除此之外，小组成员每到一处都会到当地相关档案馆、学校收集查阅资料，找寻经福谦在不同历史阶段留下的蛛丝马迹，从中探索时代在他身上打下的烙印。

在采集过程中，由于时间紧、任务重、经费紧张，为了获得最佳的外出采集成果，每次均指定一名外出采集负责人，召开外出小组行前会议，共同商议确定本次出行的采集日程安排、采集对象、拟达到的采集效果；外出采集过程中，由负责人根据具体情况进行全面协调和工作部署；采集完成后，由负责人主笔、其他小组成员提供资料，形成外出采集总结，涵盖采集日程、采集对象、采集成果、下一步采集计划等内容，上交项目负责人并分发给其他成员，有利于全面把控采集工作的整体进度及部署，也促进了组内信息的交流。

采集小组定期召开工作布置会，总结上一阶段的工作并部署后续的进程，讨论存在的问题并商讨对策。由于大部分工作需要在业余时间进行，小组建立专门的"经采真精彩"微信群，将搜集到的信息资料在群里共享；并通过微信群，及时向外出采集的人员提供信息支持及人力支援。

通过全过程的系统化、科学化管理，采集小组上下一心、携手共进，合力推动采集工作。

## 取得的采集成果

采集小组全体成员在困难面前不放弃，充分发扬"三多"精神：多一点诚心、多一点耐心、多一点细心，大家共同努力打开了工作局面。获得的采集成果主要分为档案性资料和口述类资料，一些资料甚至纠正了历史遗留的谬误，在此列举一二。

其一：小组成员在经福谦的人事档案中看到他曾就读重庆临江门小学，于是根据前期网络资料调查、打电话咨询，初步了解邹容小学可能与临江门小学有联系，到达邹容小学后并没有查到直接证据能证明这两个学校的关系，于是又到重庆市档案馆查证仍未果。最后几经翻查，终于找到一份民国时期的公文，证实经福谦就读之时并没有临江门小学，可能他只是在临江门地区上过小学，但具体是哪一所已无据可查了。

其二：在南京，小组成员在南京市档案馆、江苏省档案馆、中国第二历史档案馆几经周折，共获得了 13 份档案资料，其中经福谦的祖父经纬任江苏省政府秘书处第四科科长的委任状为他出身军人家庭背景提供了有力佐证；经福谦在人事档案中先后出现过"崇文中学"和"宗文中学"，是笔误抑或是两所不同的学校？采集小组几经辛苦，找到了他从"宗文中学"向私立金陵大学附属中学的转学证书，证实了经福谦曾在杭州"宗文中学"上过学，而不是"崇文中学"。

如此这般，采集小组在传主过世、知情人缺乏的局限下，仅仅根据人事档案上的蛛丝马迹，对经福谦曾就读过的 14 所学校都进行了查找及资料收集，特别是对其学术成长有较为重要影响的学校，不仅实地走访，收集实物资料，还和校长、同期校友等人进行了深入访谈，采集到的各时期学校历史资料、经福谦在校时期的花名册、成绩单、历史照片等资料，帮助我们既厘清了经福谦的师承关系，又挖掘出了学校教育对其性格特点所造成的深刻影响。例如，抗战时期经福谦曾经在江西省九江中学就读一年半，在民族生死存亡的时代背景下九江中学提出每天做好三件事：做人、做事、做学问，这是与时代紧密挂钩的一个教学特点，每天清晨跑操时的喊操强化了学生们的认识，融入学生们的思想中，这对经福谦的人格和品格的形成起到了重要的作用，经福谦正是用一生来践行这三件事，谦逊做人、踏实做事、严谨做学问。

采集小组始终坚持"不抛弃每一条线索，不放弃每一次可能"的精神，哪怕一丝微小的线索，也要抽丝剥茧找出背后的故事。经福谦曾经于 1947—1949 年在江苏学院上学，而江苏学院早在 1949 年 7 月就不复存在了。采集小组经过多方努力，从旧书市场购买到了《江苏学院纪念册》《江苏学院校友通讯》《江苏学院旅台校友通讯特刊》等具有史料价值的书籍，同时循着江苏学院在徐州原址现为徐州三中这一线索，几经周折找到了经福谦在江苏学院数理系的同班同学李鸿德老先生。这次采集收获颇丰，不仅获得了经福谦在江苏学院时期的相关史料，同时还获得了他曾经就读的江苏临时中学的珍贵史料。

除此之外，采集到的经福谦本人的工作笔记、思想汇报、自述性小传、科研工作总结、科研工作设想等一批实物资料更是十分珍贵，为我们从中抽丝剥茧，窥见其学术成长经历提供了帮助。

口述类资料在本次采集中占有很大的比重，因为缺乏传主本人的直接资料，采集小组不得不扩大访谈范围，寻找直接或间接与经福谦各个时期有过交集的人员，先后采访了经福谦的亲属、同学、朋友、老师、同事合计73人，形成了有效的音频资料60份、视频资料39份，访谈整理稿约73万字。一些口述者虽然年事已高，但仍能清晰地回忆当年的经历，通过他们见证、还原历史，我们从中获得了许多生动鲜活的细节，成为对档案性资料的补充。

本次采集还收到实物资料包括传记、证书证章、信件、手稿、照片、学术著作、论文、学术评价、新闻报道等12大类共一千余件，全面反映了经福谦的学术成长和学术影响力。

## 研究报告的结构与写作思路

随着采集工作的不断深入，小组成员对经福谦的认识由陌生到逐渐清晰，愈走近愈崇敬。他在我们的眼中有着太多与众不同：土生土长的科学家却具备国际化的眼界，身处涉密单位却有着开放的心态，历经磨难却波澜不惊、从容淡定，出身于旧军官家庭却有着对党的忠诚笃定，碎片化的求学经历却学养深厚成长为中国科学院院士……

围绕经福谦的生活经历、求学经历、工作经历，以史料为据，用事实说话，力求做到言之确凿，信而有据，全书共分十二章。

第一章讲述经福谦少年时代坎坷的求学经历。从小学到高中，经福谦于颠沛流离中先后在四所小学、四所初中、三所高中断断续续地完成了学业，这些经历令他十分珍惜学习机会，培养锻炼了自学的能力。

第二章简述经福谦一波三折的大学岁月。经历了失学、失去经济来源等困难，仍没有消磨他求学的愿望，反而培养了他坚韧的性格。

第三章对经福谦大学毕业参加工作，在长春地质学院锻炼成长的情况做了介绍。

第四章和第五章重点讲述了经福谦在从事原子弹研制的秘密历程中，填补了我国冲击波极端条件下物质性态研究的空白，建立了一套比较完整的实验设计方法、测量技术和方法，解决了物态方程数据测量中多个技术难题，培养了一批测试人员队伍。

第六章简要介绍了"文化大革命"对经福谦的冲击，他在身心遭受摧残的情况下，始终初心不改，专注于事业。

第七章主要讲述经福谦为推动我国高压物理学科的发展，在动高压领域所做的许多开拓性的工作。

第八章阐述了经福谦为开展创新性基础研究，在大力倡导成立开放的实验室、大力推行基金制、与高等院校创办联合所等方面所做出的努力。

第九章阐释了经福谦"科学研究只有金牌没有银牌"的理念，他通过数十年的不懈努力，使中国在国际高压物理领域的学术影响力日益增强。

第十章讲述经福谦为打造核武器科学技术"国家队"和我国高压物理领域"国家队"，大力提升核心科技竞争能力所付出的心血。

第十一章讲述经福谦大力推动学术交流，推动学科发展，以扩大中国高压物理学科在国际学科领域的影响力。

第十二章讲述了在经福谦的事业背后，支撑他精神世界的夫妻之爱、父子之情，从另一角度为读者呈现出一个别具魅力的老科学家形象。

希望通过我们的努力，把一个谦逊、坚韧、目光远大的科学家真实而又全面地呈现给读者，使大家跟随我们的笔触一起走近他、了解他、崇敬他。

# 第一章
## 少年坎坷求学路

经福谦少年时代经历坎坷，小学三年级时，抗日战争爆发，随家西迁，从此踏上颠沛流离的求学生涯，就读的学校也随之不断更迭，在四所小学、四所初中、三所高中的辗转中完成学业，当中两次因故辍学在家，并承受了母亲及小妹、小弟相继去世的锥心之痛。曲折的求学历程伴随着他人生成长的重要阶段，给他系统地掌握知识带来了困难，却也令他更加珍惜学习的机会。他曾写道：

> 这种既要逃难又要学习的境遇，深深地激发了我为民族复兴的忧患意识，锻炼了我适应复杂环境的应变能力，培养了我刻苦钻研的自学精神。①

## 家世传承

1850 年前后，经福谦的祖辈从山东迁移分散到江苏各地，主要在淮

---

① 经福谦："大科学"研究"小科学"补充。见：卢嘉锡编，《院士思维》第二卷。合肥：安徽教育出版社，2003 年，第 854 页。

阴、盐城等地。1929年6月7日，经福谦出生于江苏省淮阴县<sup>①</sup>东门大街大源巷的一个军人家庭。1岁时祖父将家从淮阴迁至南京，从此经福谦再也没有回过淮阴，但对淮阴一直怀有思念之情。

经福谦次子经小川曾说：

> 我父亲在南京没待几年，之后四处搬迁，他认的根是淮阴。他多次提到要我陪他回故乡淮阴看看，然而终因他的突然离世而成为永远的遗憾。<sup>②</sup>

故乡在经福谦心中是根，一直萦绕于心却无缘再见。他曾多次和后辈提起，希望能够重返故乡；也曾嘱托后辈，希望能够整理出家族家谱，寻访到家族的根源。故乡淮安也以他为骄傲，《淮安名人》（下册）<sup>③</sup>收录了他的简历。

淮安<sup>④</sup>于2001年由原淮阴市更名而来。1986年，被国务院批准为第二批国家历史文化名城，位于苏北平原中部，京杭大运河纵贯其南北，苏北灌溉总渠横穿其东西。悠久的历史及重要的政治军事地位，造就了淮安人坚韧、聪敏的民风。历代淮安人自强不息、名士辈出、芳名远播，创造和秉承了勤劳厚道、天下创业、崇教尚学的文化传统。经福谦的祖辈生长于淮安，在淮安传统文化的浸润下形成了良好家风。

经福谦的曾祖父经履宽生于1866年，是一位风水先生，平日以给人看阴阳风水为生，在当地小有名气，同时家里还有二十余亩田租收入，家境殷实。经福谦的祖父经纬，号允文，生于1884年。经履宽在经纬小的时候就教导他要好好读书、要上进，期望经纬能够考中功名。1904年，经纬参加了科举考试，但没有考中秀才。1905年9月2日，袁世凯、张之洞奏请立停科举，以便推广学堂教育。经纬通过科举考试取得功名的道路被

---

① 现江苏省淮安市。

② 经小川访谈，2015年5月6日，北京。资料存于采集工程数据库。

③ 淮安市政协文史资料委员会：淮安名人。淮安：淮安市政协文史资料委员会，2002年，第228-234页。

④ 淮安市地方志编：《淮安市志》。南京：江苏人民出版社，1998年，第2页。

截断了，经履宽懊恼叹息一番，感叹后辈不能走科举之路光耀门庭了。

1905 年年末，经福谦祖母的一位远房堂叔在军中任师长，经他举荐，经纬到军队做了文书、军需，当时顾祝同[1]在那里当副营长，由于工作上的往来，并且经纬为人和气，同时也算是家乡人，所以与顾祝同私交不错。第一次国民革命失败后，经纬返回家乡躲避起来。1931 年，顾祝同调任国民政府警卫军军长，四处托人寻找经纬的下落，于是经纬于 1932 年走出家乡任职江苏省政府秘书处科长。[2]

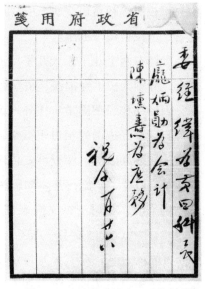

图 1-1　1932 年 1 月 8 日委任经纬档案（资料来源：江苏省档案馆）

崇教尚学是淮安的传统文化，同时也作为经家的良好家风传承下来。经纬因自小研读四书五经，深受传统文化的影响，办事谨慎仔细，为人稳重踏实。顾祝同曾经在江苏省政府对经纬做公务员甄别审查时给予如下评价：办事稳慎，稽核会计庶务尤为精细，局度气象端凝举措不苟。[3] 经纬历任驻赣绥靖公署上校参议、第三战区[4]长官部少将参议兼驻渝办事处处长、长江下游挺进军总司令部少将参议等职务。[5]

经福谦的父亲经绍澄，生于 1908 年，自幼就在私塾读书，十七八岁时曾在淮安商业职业学校读书，正值经纬在家乡避难期间，因失去了经济来源，经绍澄因此辍学。1927 年，19 岁的经绍澄也进入军队，抗战开始以后就一直在通讯兵团工作。1939 年前后，由顾祝同以陆军少校名义保送到

---

①　祖籍江苏淮安市辖涟水县，字墨三。

②　1001- 甲 11-1662，委任经纬为江苏省政府秘书处第四科科长档案（1932 年 1 月 8 日，共 1 页）。存于江苏省档案馆。

③　1001- 甲 6-925-926，现任公务员甄别审查表（1933 年 5 月 1 日，共 2 页）。存于江苏省档案馆。

④　抗日战争第三战区是与日军作战的战区之一，是 1937 年卢沟桥事变爆发后，为了适应战争形势，中华民国国民政府于中国境内划分。

⑤　经纬：自述。见经福谦人事档案。存于中国工程物理研究院。

中央军校高等教育班受训，受训后调到江西第三战区长官部副官处任少校副官、上校科长等工作。①

经纬有两个儿子，大儿子早逝，经绍澄是经纬的次子；经绍澄有四个子女，分别为长子经福谦、长女经贞谦、次女经淑谦、次子经广谦。

因经纬和经绍澄常年在外地军队工作，家中的一切事务便由经福谦的祖母打理。经福谦的祖母王祗文，出生于地主家庭，靠收租生活，但是到她这一代逐渐破落。深受淮安传统文化影响的祖母为人善良、宽容，经常跟孩子们讲要"积德行善、知恩图报"，②和左邻右舍都相处得很好，能够帮到别人时，祖母王祗文向来都是不遗余力。祖母王祗文常对孩子们说："人家给你一点，你要多一点还给别人。"③不管住在哪里，亲戚、邻居给送一点好吃的过来，第二天她肯定要回送得好一点、多一点。在因战争而逃难的日子里，虽然拖家带口朝不保夕，但是经福谦祖母一家一直带着几个没有经济来源的亲戚，一路照顾他们。从南京到汉口再到重庆，后又从重庆到上饶，直到亲戚找到他自己的家人才离开。

经福谦是在祖母膝下长大的，性格受到祖母的影响很深。妹妹经贞谦回忆：

> 我觉得祖母对我哥哥的性格有很大的影响。我们的父亲离家很早，他跟我们的母亲结婚的时候就已经在部队里了，跟着部队到处走的，我印象里他在抗战以前就在好几个地方，有的时候我母亲跟着，有的时候不跟。我母亲跟着的时候，我哥哥基本上也不跟着，因为他已经开始念书了，而且我奶奶也特别喜欢他，就留在跟前，只有我们后面的三个孩子跟着母亲。④

因为经福谦聪明、乖巧，深得祖母的喜爱。祖母经常在经贞谦面前夸

---

① 经绍澄：自述。见经福谦人事档案。存于中国工程物理研究院。
② 经贞谦访谈，2015 年 5 月 8 日，北京。资料存于采集工程数据库。
③ 同②。
④ 同②。

他：福谦真是个好孩子、真是个仁义的孩子。[①]"仁义"在淮安当地话里含有老实本分的意思。

经福谦也非常孝顺祖母，一有空就陪祖母聊天哄老人开心。也正因为经福谦的懂事，祖母总是同他说："我的希望就寄托在你的身上了。"[②]祖母的这份希望于经福谦不仅仅是孝道也是责任，甚至在他以后的人生抉择时刻起过主导作用。

经福谦伯父早逝，伯母和堂哥一直和他们生活在一起。经福谦的母亲戴志庄是一个银匠家庭的独生女，自小家境尚可，在家中读过一些书。平日里，伯母和母亲操持一大家子的日常起居。戴志庄为人通情达理，经福谦的祖母经常感叹儿媳贤惠，妯娌间从不闹架。虽然家务繁忙，但戴志庄秉承经家长辈的教诲，教孩子要上进、要学习。在闲暇时间里，母亲也会教幼年的经福谦认字，讲一些"淮阴侯韩信"的故事，在母亲的言传身教下，儿时的经福谦非常懂事，母亲很喜欢他，他既不惹事，又喜欢看书。家里孩子多，难免会发生冲突或者调皮捣乱，母亲会让犯错的孩子在床前罚跪反省。可是在妹妹经贞谦的记忆中，哥哥似乎从来没有被罚过。堂哥比经福谦大七岁，两个男孩子平日在玩耍过程中难免会有矛盾，但每次发生争执，年幼的经福谦总是默默地走开，谦让大哥。而对比他小的弟弟、妹妹，他更是爱护有加。

经贞谦回忆：

我哥比较能忍。我曾祖父那代没有女儿，我祖父这代也没有女儿，到我父亲，大伯没有女儿，我是这个大家庭的第一个女儿，脾气就比较坏，哥哥也没有跟我吵过什么架。他如果看着不顺眼了，就忍过去。他就是爱学习，好像就一门心思地琢磨着学习。所以在学习方面，他自己很努力。他没有让家长、老师操心这方面的事情。从性格上来说，他是个非常孝顺的人。[③]

---

① 经贞谦访谈，2015 年 5 月 8 日，北京。资料存于采集工程数据库。
② 经福谦：自传。见经福谦人事档案。存于中国工程物理研究院。
③ 经贞谦访谈，2015 年 5 月 8 日，北京。资料存于采集工程数据库。

经福谦这种平和的性格到老年亦是如此，次子经小川曾经回忆：

> 爷爷后来跟我们住在一起，我爷爷的脾气不是很好，但我爸的脾气非常好，我爸 60 多岁的时候，爷爷跟他发脾气，他也不吭声。[①]

经福谦在这样一个环境下度过了童年的大部分时光，4 岁就入读了幼稚园。因为平日里祖母、母亲的教导，年仅 5 岁的经福谦便进入南京升平桥小学[②] 上了一年级。

## 在苦难中磨炼

1937 年"七七事变"后，中国展开全面抗日战争。1937 年 11 月底，日军形成了对南京的三面合围之势。日军前锋部队已推进至离南京不足 100 公里的外围防线阵地前[③]。12 月初，各路日军攻势凌厉，连连攻城略地，迅速向南京逼近；同时，日本当局下令进一步加强对南京的空袭。

在南京沦陷之前，经福谦祖父和父亲已经随军队西撤了，祖父在军队里能够及时了解到当时的局势变化，故读小学三年级的经福谦得以跟随祖母等家人在沦陷前离开南京。当时滞留在南京城中无法撤离的南京市民以及从上海、苏南各地逃来的难民，总人数达 50 余万。[④]

祖母、伯母和母亲带着五个孩子，堂哥经守谦和经福谦及经福谦的 2 个妹妹和 1 个弟弟，经福谦的弟弟年仅 2 岁。途经江苏、安徽、湖北等地，一路上什么交通工具都坐过，三轮车、卡车、独轮车、轮船，非常艰难。

经贞谦多年后回忆当时逃难的悲惨情景，依然历历在目：

---

① 经小川访谈，2015 年 5 月 6 日，北京。资料存于采集工程数据库。
② 现为南京三中。
③ 经盛鸿:《南京沦陷八年史》(增订版)。北京：社会科学文献出版社，2013 年，第 101 页。
④ 同③，第 110 页。

做梦都梦见在不停逃难，经常梦见自己蜷缩在逃难的大卡车上。在逃难的日子里，有时还会遇到土匪，虽然我当时年龄小，但印象太深刻了。仅有的钱塞到我哥哥的小裤子里、我弟弟的尿布里，因为土匪会抢钱。①

历经千辛万苦，全是老幼妇孺的一大家人终于在 1938 年年初到达汉口，与经纬会合，家里很快安排经福谦在武昌市某小学（已不可考证）四年级读了半年书。1938 年年底，武汉快要失守了，全家又跟随经纬到了重庆。在随家西奔的途中，经福谦曾看到一批批开往前线的部队，穿着薄薄单衣，在寒风中露宿；看到骨肉分离的同胞，扶老携幼，四处流离。一幕幕悲壮的情景，触动着他幼小的心灵②。

1939 年年初，经福谦在重庆的临江门地区上小学，③一天放学回家，他看到家里堂屋横七竖八地站着、躺着、坐着许多国民党的官兵。让他印象最深刻的是，堂屋的柱子上拴着几个破衣烂衫的劳苦青年。他从家人那里得知这是国民党军队抓来的壮丁。耳边突然响起了尖厉的防空警报声，他看到官兵们慌慌张张跑出去躲进防空洞。警报解除后，他们又陆续地回来，打牌、抽烟、吆五喝六。④ 他看到了这些官兵对乡亲们的凶神恶煞，也看到了他们面对日本飞机的狼狈逃窜。

1938 年 2 月 18 日至 1943 年 8 月 23 日，日本对重庆进行了长达 5 年半的战略轰炸。经贞谦回忆：

那太可怕了，警报一响，就往防空洞里跑。后来，到了乡下，日本的飞机一来，就往山上跑。日本飞机擦着山上松树的树梢飞行，连飞行员都能看见。我当年躲在树里能看见飞机里的飞行员。太猖狂

———————

① 经贞谦访谈，2015 年 5 月 8 日，北京。资料存于采集工程数据库。

② 江秉慧，杨洪成：谦谦君子，报国之心。见：《经福谦院士八十华诞文集》编辑委员会编，《经福谦院士八十华诞文集》。北京：原子能出版社，2009 年，第 118 页。

③ 在重庆采集时，去了邹容小学、渝中区档案馆、重庆市档案馆，都未查找到临江门小学的信息，当年是否存在临江门小学已不可考，只能说经福谦 1939 年年初在临江门地区上过小学。

④ 同②。

图 1-2　20 世纪 50 年代南泉小学（资料来源：南温泉小学）

了，太害怕了。①

9 月，为了躲避大轰炸，一家人又迁到当时相对安全的南泉山区居住。1939—1941 年，经福谦在当时的南泉小学②读五、六年级，算是安稳地读了两年书，他珍惜这个难得的机遇，发愤读书。

南泉小学是私立小学，首任校董事会主席、校长为陈果夫。抗战期间，南泉依山而建，山里面还修了几个防空洞，日本飞机很少来轰炸南泉，同时地形也利于避战。很多国民政府党政官员在南泉居住，给南泉带来短暂的繁荣，南泉小学为解决官员子女读书问题而建校的。

在南泉小学读书期间，经福谦在老师指导下开始读报写日记，学唱抗日歌曲，他曾经回忆：

虽然那时候并不懂得为何看报，但也知道了一部分知识，例如英法德打仗等。当时老师还在班上举行"英日是否会打仗"的辩论会，使我对时事有了兴趣。③

在上学的路上，经福谦又听到了"前方吃紧，后方紧吃"的歌谣，年幼的经福谦开始思索为什么前方将士在流血、拼命，后方却是奢侈糜烂？

①　经贞谦访谈，2015 年 5 月 8 日，北京。资料存于采集工程数据库。

②　现重庆巴南区南泉街道的南温泉小学。重庆市九龙坡区教育局编写的《九龙坡区教育志》中记载了南泉小学建校时间。"民国 28 年 4 月，私立南泉小学开办（30 年立案），校董事会负责人陈果夫，学生 526 人。"与经福谦填写的个人简历中时间吻合。

③　经福谦：自传，思想检查。见经福谦人事档案。存于中国工程物理研究院。

为什么中国人就要受日本人的欺侮？[1]

1941年夏，因父亲工作调动到第三战区长官部工作，经福谦便随同家人由重庆迁到江西上饶居住，他当时小学尚未毕业，南泉小学校长鉴于他品学兼优，临行前破例发给了他一张小学毕业证[2]。到了上饶后，经福谦和父母亲住在一起，暂时告别了祖母。

1941年夏天，抗日战争进行到最艰苦的阶段，日军疯狂扫荡，江苏省所属各县大部沦陷，办在苏北的临时中学和临时师范多半停办，在皖南的江苏省校只有第五临中一所学校，录取人数有限，由于经费有限，学校无力接纳络绎不绝的学生。当时的教育部长陈立夫决定，在安徽屯溪创办江苏省立临时中学（简称江苏临中），专为收容江苏、上海等沦陷区流亡到内地的中学生。由吴则中[3]任筹备主任，勘定校址、修建校舍。计划中的江苏临中，学生的食宿用具和被服鞋袜拟全由学校供给。[4]

经福谦的父母得知江苏临中招收失学的江苏籍学生并免去学杂费，为了经福谦能够继续求学，同时在屯溪有曾经一起逃难的亲戚赵二爷一家，因而将年仅13岁的经福谦送到离家几百里的地方去求学。1942年的春天，经福谦投考了江苏临中初一，在独立生活中逐步养成了严格要求自己、刻苦学习、自我管理的习惯。

在炮火纷飞、颠沛流离的环境下，经福谦能够一直坚持上学，这和经家长辈崇教尚学的传统有关，同时妹妹经贞谦也给出了非常朴实的回答：

> 小孩子一定要上学的，天经地义的，是成长的事情。到了一个地方安顿下来，我家的家长肯定会送孩子去念书的，日本人打过来了就逃难逃一段。只要安顿下来就去上学。念书是肯定的，部队上的人到哪，都让插班，随时去就可以插进去念。[5]

---

① 江秉慧，杨洪成：谦谦君子，报国之心。见《经福谦院士八十华诞文集》编辑委员会编，《经福谦院士八十华诞文集》。北京：原子能出版社，2009年，第118页。

② 同①。

③ 无锡人，在临中任职时间1941年11月–1942年1月。

④ 江苏临中史料。见:《瑶溪校友——江苏临中1942–1946屯溪》，第一期，内部资料。1998年10月，第4–5页。

⑤ 经贞谦访谈，2015年5月8日，北京。资料存于采集工程数据库。

　　屯溪由于独特的地理位置，远离战火，相对平静、稳定，江苏临中校址设在离屯溪 15 华里的瑶溪雁塘村，瑶溪四周是丘陵，碧绿清澈的新安江缓缓流过，自然环境幽美清静。江苏临中利用位于新安江畔台地上的江家大院徽式二层楼房，并于其果园中建造了几排简易教室，考试分班后开学上课。

　　江苏临中当年拥有一支以教务主任吴增芥先生为首的高学历、高水平的优秀教师队伍。吴增芥先生早年毕业于南京中央大学教育系，是著名的教育学专家。临中的教师也是从上海、江苏等地沦陷区聘来的。他们不畏艰险，千里跋涉，从大中城市来到瑶溪这个偏僻的小山村，过着清贫的生活，有的还带了妻儿，凭一颗火热的爱国心，秉持着"教育不亡，国家就不亡"的信念。1942 年秋在江苏临中任教的王博文老师曾经回忆：

　　　　临中创办时，抗日战争已进入相持阶段，半壁河山已沦入敌手，漫天烽火正在受难的祖国大地上燃烧，临中学生是从沦陷区陆续来报到的，来后都是先住下，然后根据考试成绩编入水平相近的班级，由于原来学习的基础很不平衡，所以教学难度确实很大；但他们年纪轻、脑子灵、能吃苦，学习热情都很高，进步也快，上课时个个专心听讲，课后认真复习做习题，练习本都是用当地土制的粉绿色纸自己装订的，每日按时送给老师批改。当时我刚大学毕业，缺乏教学经验，每晚油灯伴月，坚持备课、批阅作业，比较起来，我在教师宿舍中是睡觉较晚的；除学习外，很多班级都办了墙报和学习园地，学校还组织了歌咏队和篮球队，经常去屯溪参加比赛和演出，虽然是一所初创的战时中学，一切还是蛮正规的。由于江苏临中的创办，使雁塘这个小山村，突然活跃起来。①

　　教师队伍的稳定，保证了学校的教学质量不断提高，使江苏临中的声

---

　　① 王博文：忆在临中工作的峥嵘岁月。见：《瑶溪校友——江苏临中 1942-1946 屯溪》，第八期（内部资料）。2002 年 2 月，第 4 页。

望与日俱增，因而屯溪及皖南地区的中学生都以能进入江苏临中为荣。[1]

但是教学条件非常艰苦，用竹片、泥巴作为建筑材料的简易教室难抵外面的风雨。冬天寒风刺骨，衣单被薄，学生们入夜即便蜷缩一团也难以入眠；夏天则蚊蝇侵扰，更是难以入寐。原来计划只收容六七百学生，后来沦陷区的学生纷纷前来，学生剧增至一千五百人之多，那时以办十个班的经费，维持千余学生的生活，校舍和师资都十分缺乏，教学设备也很简陋，实在是捉襟见肘。紧接着浙赣线战事爆发，后方经济困难，同时物价飞涨不已，学校日常生活一度难以维持。

在这样困苦的日子里，经福谦和同学、老师们每日只能依靠两餐稀粥度日。一只直径不到一尺的木盆，经常盛着边皮残叶，就着咸菜干，偶尔有黄豆汤配几片豆腐，算是每周的加餐了。在这种艰苦情况下，临中依然照常上课，并且书声琅琅，经福谦和同学们都格外珍惜好不容易得到的学习机会，同学之间团结友爱，互相帮助。

刻苦耐劳、勤奋好学在临中蔚然成风，每至黄昏，经福谦便和三五同学围坐在一盏桐油灯下，一缕青烟袅绕，孜孜不倦，如饥似渴地读书。

由于雁塘校舍容量有限，初中部设在雁塘东南的傍霞瑶村，距雁塘三华里，村上居民不多，几乎见不到小孩，但房屋很多而且分散。因傍霞瑶教室尚未盖好，就读初一的经福谦和同学们，食宿在傍霞瑶，步行到雁塘上课。[2]

在江苏临中的生活是艰苦的但同时也是快乐的，瑶溪的偏僻为沦陷区来的学生们营造了暂时的安宁。初中部的学生每天要在雁塘、傍霞瑶之间的青石板小路上来回走好几趟，经福谦和同学们走在空旷田野中的小路上，正如他的同学蒋庆榆回忆的那样：

　　　　我们自由自在地行走在祖国后方的乡村小路上，我们欢呼雀跃，

---

[1]　蒋庆榆：初到临中。见：《瑶溪校友——江苏临中 1942-1946 屯溪》，第四期（内部资料）。2000 年 1 月，第 15 页。

[2]　江苏临中史料。见：《瑶溪校友——江苏临中 1942-1946 屯溪》，第一期（内部资料）。1998 年 10 月，第 4-5 页。

几乎忘怀了已经沦陷的家乡。特别是在雨天，我们头上戴着大笠帽，身穿短裤，赤着双脚走在一条长长的水珠四溅、雾气腾腾的银白色地毯似的石板路上，耳边只听到笠帽上滴答的雨点声，身前身后一片白雾茫茫，隐约地见到远处的雁塘、傍霞瑶，兴冲冲地奔向我们的教室、饭厅。我们几乎忘却了战争给我们带来的一切苦难！①

然而好景不长，平静读书的日子不足半年，1942年6月，浙赣战役爆发，日本侵略军沿浙赣铁路线发动猛烈进攻，继金华、衢州之后，上饶等地相继沦陷。上饶的沦陷使经福谦和家里失去了联系，同时由于瑶溪一带卫生条件差，随着夏季的来临，经福谦感染上疾病，生活一度陷入困境。经福谦曾经这样回忆：

8月，失学，同时身患疾病，于是到安徽省太平县一个远房亲戚赵哲家养病。后来，因为另一位亲戚在皖南太平的国民党军队的医院中工作，在1942年的夏天，我又搬到这位亲戚的家中去住。②

1942年年底，浙赣战役中皖南解围，父亲将经福谦接回江西上饶的家中，回家团圆原本是件喜悦的事情，而经福谦面对的却是两个幼小的弟、妹和怀有身孕的母亲相继离世的悲痛消息，本来就在病中的经福谦回到家中再也看不见慈母的容颜，再也听不见小弟小妹呼唤哥哥的声音，身心俱疲，病情更加严重。即便是这样，病中的经福谦也不忘上学，他只有一个想法："病好了，我马上读书。"③经贞谦至今依然记得，那时哥哥在家经常是捧着一本书如饥似渴地读着，所以便有了一个绰号：书呆子。

回忆起那段苦难岁月，经贞谦潸然泪下：

我不清楚弟弟、妹妹得的是什么病，人家说是伤寒。我记得我

---

① 蒋庆榆：初到临中。见：《瑶溪校友——江苏临中1942-1946屯溪》，第四期（内部资料）。2000年1月，第15页。

② 经福谦：自传。见经福谦人事档案。存于中国工程物理研究院。

③ 同②。

们三个人，去庙里玩，他们两个玩了一会儿，就跑出来说，冷得要死，就一病不起了。大概十来天，一直也治不好，农村的医疗水平也不高，两个人都不在了。我妈妈那个时候怀有身孕，伤心过度也生病了，我也不清楚具体什么病。我母亲的病怎么也治不好。我母亲好像是秋天去世的。我母亲去世后，我老是想不通，我妈去哪了？然后就精神失常了好长时间，我记得那时是吃柿子的季节。日本人进攻，我们就从上饶逃难到铅山。我觉得很奇怪，

图 1-3  1941 年夏，经福谦与弟弟妹妹们合影，站立者（中）为经福谦（经小川提供）

家里人生病我一直没有生病，但我妈去世后，我却生病好长时间，一直神志不清，直到抗战胜利。[1]

1943 年的夏天，第三战区长官部迁到了铅山，经福谦又随祖母迁到铅山，这时，父亲与继母单独生活，经福谦和祖母一起生活，生活来源由祖父及父亲共同供给。

1943 年 9 月，经福谦投考了当时设立在铅山县内的省立九江中学。[2]每每到了开学的前夕，小兄妹俩就要犯难，因为继母一定要他们叫了妈妈才肯把学费给他们，兄妹俩从情感上一时还未能接受继母，妹妹坚决不肯去，这时经福谦就会牵起她的手说："走走走，叫她一声就可以上学

---

①　经贞谦访谈，2015 年 5 月 8 日，北京。资料存于采集工程数据库。
②　游华新：《江西省九江第一中学百年校庆丛书 百年志》（内部资料）。2002 年。

了呀。"[1]

经福谦在九江中学上学时，开设的课程有国文、英文、数学、生物、中外历史、地理、体育、音乐、美术、劳作等学科，每星期授课五天半，每晚自修 2 小时。

当时学校设在铅山县杨村，不仅教学条件艰苦，物质生活也极端困难。学校极力提倡勤俭节约，组织师生参加生产劳动，并以"艰苦卓绝以图自立，奋勇迈进以图自存"的精神教育学生。

为了培养学生的民族意识，救亡图存，学校提出每天做好三件事：做人、做事、做学问，并作为跑操时的口号。经福谦和同学们每天早操时跟着领队教师一起高呼：

> 领：同学们！忘了我们的国忧吗？
>
> 学生齐呼：不敢忘。
>
> 领：怎样才能解除困难呢？
>
> 学生齐呼：要努力做好三件事。
>
> 领：第一件是什么？
>
> 学生齐呼：做人。
>
> 领：第二件是什么？
>
> 学生齐呼：做事。
>
> 领：第三件是什么？
>
> 学生齐呼：做学问。

经福谦在校期间，在抗日救亡的旗帜下，学校结合校训，提出"训导合一、文武合一"的教导方针，以童子军课（初中）、军事训练课（高中）为管理核心，对学生实行封闭式管理。因此当时经福谦住校就读，睡铺着竹席的大通铺，每晚有值班老师查铺，按学校的要求，穿布质中山装，剃光头。学校有严格的作息制度、请假制度、奖惩制度，禁止学生吸烟、赌

---

[1] 经贞谦访谈，2015 年 9 月 8 日，北京。资料存于采集工程数据库。

博以及其他不良嗜好。

在严格的制度管理下，九江中学的学生虽然来自贫富不一的家庭（其中有地方官、第三战区长官部官员子女），但大家都严格遵守校规校纪，从而形成了良好的校风学风。

在当时极其困难的条件下，师生们尽一切努力维护正常教学秩序，老师认真教、学生刻苦学，当时的校长缪正①招揽了一批有真才实学的老师，其中有随校内迁的骨干老师（如方应尧、李剑安、蔡希欧、徐达章等），也有就地聘任的优秀教师，还有特约兼课老师。他们大都毕业于国内名牌大学，有的还曾留学英、美、日、德，学识渊博，教学经验丰富。更为可贵的是，他们具有强烈的责任感和务实的敬业精神。尽管条件艰苦、生活窘迫，但他们仍旧坚守岗位、孜孜不倦地进行教学工作。这为提高教学质量提供了可靠的保证。

由于处于战争环境，老师依然很缺乏，经常是一人身兼数科的教学任务。从法国留学回来的蔡希欧老师是经福谦的化学老师，但同时教授物理课、数学课、法语课。当时课表上有英语课，但实际是碰上哪个老师从哪个国家留学回来就教哪个国家的语言。

现任九江一中校长万金陵回忆起那个年代的学生和老师，依然感慨万分：

> 我们九江一中那些老教师、那些学生胸有救国之志，以天下为己任。学生为国求学，为民族、为天下而读书的精神、气魄就是从那个时候培养起来的。老师品德高尚，爱生如子、勤俭、热爱教育，因为九江一中有这样一批名师，所以才能够培养出这么多有志之士，这么多院士，这么多科学家。②

曾任九江一中校史办主任丁仙玉对这段历史也有这样的回忆：

---

① 1931年9月—1949年10月任九江中学校长，国立东南大学理学学士。

② 万金陵访谈，2015年7月14日，江西九江。资料存于采集工程数据库。

1938—1946 年，是九江一中第二个辉煌时期，当时杨村地处三镇交界也是一个商业比较发达的地方，所以当地所有的商会、大家族的祠堂、寺院、教堂能够腾出的空间全部腾出来供九江一中办学使用，分文不取，虽然缪正校长口头上是以租赁的方式资金补偿，但最后他们分文未取，说明这个地方有一种精神，对振兴民族教育的一种热衷和支持。

我们在这待了七年，"艰苦卓绝"这四个字在九江一中这七年的治学史上，创造了历史上第二次辉煌。越是艰苦卓绝的时代，越能造就人才，这个人才是心怀天下的人才，不仅仅是为一己之名、一己之利的人才。九江一中培养出来的五位院士全部都是在这个时期就读的。[①]

九江一中在经福谦求学经历和品格形成上书写了重要的一笔。九江中学在抗战时期提出的每天做好三件事：做人、做事、做学问，是在民族生死存亡的时代背景下提出的，与时代紧密挂钩的一个教学特点，每天清晨跑操时的喊操强化了学生们的认识，融入学生们的思想中，在他们人格和品格的形成期起到了举足轻重的作用。经福谦正是用一生来践行这三件事：谦逊做人，踏实做事，严谨做学问。

当年通货膨胀、物价上涨，九江中学因是省办学校，费用是从省政府直接划拨，战区学生依靠政府津贴为生，津贴不能及时相应增加，以致伙食质量难以维持。学校将所有战区学生的津贴交给膳食委员会，让战区学生与自交膳费的学生同样用餐，导致伙食质量进一步下降。以前早餐最起码不下三个小咸菜，还有一小碟臭豆腐，后来只有一小块臭豆腐，膳食委员会克扣学生的钱，学生吃不饱肚子，平常打四两米的饭最初舀两瓢，后来是舀一瓢，而且米饭不是正常的米而是霉米了，油水就更是看不见，伙食水平大幅度下降。

1944 年 3 月上旬，在一次全校大会将要结束的时候，学生代表登上讲台发言，向学校当局提出两点要求，第一点是成立学生"自治会"；第

---

① 丁仙玉访谈，2015 年 7 月 14 日，江西九江。资料存于采集工程数据库。

二点是废除膳食委员会的统收统支制度，公开伙食账目。当晚学生起草了《告各界宣言》，油印后分寄本省各有关机关、团体和学校。

经福谦平日里住校，亲身感受了伙食水平的日趋下降，因而他赞同同学们要求膳食委员会公开账目，支持成立学生"自治会"，他作为班级代表，参加了和校方的谈判。后来该校大批学生被开除，经福谦也迫于愤怒退学。对于好学如命的经福谦来说，一定是要回学校上学的，1944年9月，经福谦考入国立第三战时中学。

1944年年底，国民党军队在豫湘桂战役节节败退，长官部又勒令全体工作人员的眷属离开铅山，经福谦和祖母一块搬到了福建邵武。

1945年春，经福谦进入福建邵武格致中学①初二下学期学习，这是一所教会学校。格致中学所使用的教材与其他地方完全不一样，经福谦在这所学校读得很吃力，勉勉强强读了半个学期。日军投降了，终于可以踏上返家的路程。

抗战结束后，经福谦跟随祖母又回到了江西上饶，1945年9月改名经正，以同等学力资格考入第三战时中学读高一。数星期后，经福谦又随祖母迁到浙江杭州。同月，复名经福谦，考入杭州私立宗文中学就读高中一年级。

频繁地换学校对经福谦的学习造成了一定的影响，自学成了贯穿前后学习的主要途径。妹妹经贞谦回忆：

> 其实我的学习跟不上和我们的颠沛流离有很大的关系。因为，从小学开始就没有正经在学校里念上三五年的书。我们逃难从南京开始，又是水路，又是旱路，陆陆续续的，这住一段时间，那住一段时间。学习不是系统地学下来，每到一个地方，我要去插班念书，我哥哥应该也是这样的，我的成绩保持不低于60分，就达到要求。学习没有连贯性，我就不自学但哥哥就琢磨自学，他的成绩就很好。②

---

① 现为福州格致中学，1929年建立，1941年福州沦陷，迁校邵武，1945年回迁福州。

② 经贞谦访谈，2015年5月8日，北京。资料存于采集工程数据库。

经福谦不仅自己爱琢磨学习，同时也经常督促妹妹经贞谦学习。抗战胜利后，经贞谦在南京汇文女中读书，后转到南京私立第二女子中学读完高中。在哥哥的引领和自己的努力下，经贞谦于 1950 年顺利考入金陵大学林业专修科学习。

经福谦的初中阶段，时值抗战时期，学习条件极为艰苦，三年时间辗转三地更换了四所学校，其中还因病休学一年，期间痛失慈母。对于这段苦难经历，经福谦曾经对经家同族后辈经守俊如是说：

> 确实比较艰苦，但是都挺下来了。因为一个民族的灾难，要比个人的灾难更重，每个人要坚持下来。真正刻苦的人，还是要面对这个艰苦的环境的。因为当时国破家亡，必须要勇敢面对。[1]

正如经福谦所言，苦难教会了他坚强面对，培养了他坚韧的性格品质，激发了他的爱国之心。

# 就读金陵中学

1946 年春天，因父亲工作调动，经福谦又回到了南京，就读私立金陵大学附属中学（简称金陵中学）[2] 的高一，至 1947 年秋天高二下学期结束。在南京，经福谦大部分时间和父亲及继母生活在一起，短期与祖母生活在一起。经福谦非常珍惜来之不易的平静的学习机会，愈发刻苦，他曾经回忆：

> 抗战胜利后第二学期读了金大附中，这个学校中反动官僚和资产阶级出身的同学很多，他们的派头比我以前在一些小城市学校里的派

---

① 经守俊访谈，2015 年 9 月 14 日，北京。资料存于采集工程数据库。

② 邹正：《金中魂》。南京：南京师范大学出版社，2011 年，第 19 页。

头要大得多，他们整天胡闹，不好好读书，使我有些看不起他们。[①]

经福谦暗下决心，要把过去由于颠沛辗转落下的功课补起来。1946年全年在金大附中住读，到了1947年上半年因为家里经济情况不好改为走读。

图1-4　1925—1926年，金陵中学全景（资料来源：金陵中学）

金陵大学附属中学和金陵大学同一校训，为"诚、真、勤、仁"。以诚为本、以仁为怀、勤勉执着、唯真求是，形成了金陵中学独具的特色。

金陵中学名师辈出，长期以来，形成了"人文主义与科学精神相结合、严谨治学与开拓创新相结合、推崇教师与尊重学生相结合、全面发展与关注个性相结合，重视英语、体育、实验、阅读、课外活动"的优良办学传统与特色，出类拔萃的校友数以百计。[②]经福谦于1946年进入金陵中学，得以在众多优秀的老师教导下完成高中学业。

当时学校分为文科、理科班，经福谦就读的是理科班。班上有四五十人。经福谦在金陵中学读高二时，当时的课程有公民、国文、英文、代数、化学、本国史、本国地理、体育、图画、音乐，每周32至36课时。

金陵中学历来重视英语，选用的教材多是英文原版，教师往往自编高水平的讲义。1936年金陵中学毕业，后来长期从事英文翻译和英语教学工作的张兆锟校友，在回忆录《别具一格的英语教学》中谈道："就教材而言，高一开始就读《格列佛游记》，高二是用一本《世界短篇小说选》，高三读英国'太史公'Macaulay写的《约翰逊行述记》，外加一份《密勒

---

① 经福谦：自传。见经福谦人事档案。存于中国工程物理研究院。

② 邹正：《金中魂》。南京：南京师范大学出版社，2011年，第20页。

氏评论周报》。图书馆里还有一份英文《大陆报》。英文文法课和阅读课不放在一起，每周另有 3 课时，用的课本是《正确英语》。高二语法课本用的是一本《世纪手册》。在教法上亦与今日的教法迥异。教师先给学生布置三到四页课预习，学生回去查字典，弄懂课文。第二节课，由学生提问，不论是语音、语法、内容，教师只负解答之责，很少领读课文；既不是传统的翻译法教学，也不是填鸭式的词句分析，一切由学生自己去掌握。第三节课，教师给学生进行小测验，每次都认真记分，作为平时成绩。第四节课，教师进行小结，提纲挈领地再理顺课文，加深所学印象。因此，教师必先深入细致地备课，以便应对学生提出的各种问题，为学生解惑。"[1]

即便在今天看来，金陵中学当时的英语教学模式都是非常先进的，教材丰富多彩，教学生动有趣。同时要求也非常严格。

> 英语课要求比较严格一点，比其他的学校要求更严格一点。以要求学生要好好学英语，我记得当时学英语，印象比较深刻的是教英语的刘老师，每天会布置一些阅读或背诵的作业，第二天要检查，对学生要求非常严格。因为金陵中学对学习要求严格，当天讲的东西都要自己消化，做好复习。[2]

在金陵中学，经福谦得以系统地学习英语，由于基础太弱，英语成绩一直在 70 分左右，但对于频繁更换学校的经福谦来说实属不易。

金陵中学另一个教学特点是重视实验，物理、化学、生物实验室齐备，实验仪器都为进口，实验用煤气由老师自制，显微镜保证人手一架，图书充实。经福谦在金陵中学读书时的同班同学余寿熙回忆：学校要求我们比较严格，化学也好，物理也好，实验条件都比南京的其他中学要好得多。"[3] 经福谦在金陵中学就表现出对物理课的兴趣，喜欢动手做实验，金

---

① 邹正：《金中魂》。南京：南京师范大学出版社，2011 年，第 98 页。
② 余寿熙访谈，2015 年 9 月 15 日，南京。资料存于采集工程数据库。
③ 同②。

陵中学的求学经历更是为他今后科研工作的实验能力打下了基础，他曾经在大学毕业自我鉴定时评价自己动手能力强。同学余寿熙还记得，经福谦上课听讲非常认真，遇到不懂的问题就向老师请教，下课后还积极和老师讨论。

学校还规定了严格的考试制度、评分标准、升留级制度、招生制度，一律不准"开后门"。因此，学生们都非常刻苦，尽管学校距离新街口等闹市区很近，但晚自习时，谁都不敢稍稍放松学习，否则就可能考试不及格，两门功课不及格就要留级，这也督促经福谦倍加努力地汲取知识。

课间，经福谦偶尔也会和同学聊起时事，因为家庭背景和一直生活在国统区，他一直认为蒋介石是民族的抗日英雄，虽然也知道国民党内部的腐朽，但总认为这完全是孔祥熙、宋子文等人所致，因此对国民党的每次改组都曾寄予了希望，而对共产党并没有深入的了解。同时家中长辈也告诫他不要入仕途，所以经福谦一直以成为科学家为自己的奋斗目标。

经福谦在高中阶段除了喜欢物理，还曾经喜欢看文学书籍，最初是看巴金、茅盾的小说，很欣赏小说中的一些革命思想；后来又开始看一些外国小说，如《少年维特的烦恼》《琥珀》《飘》，对苏联的革命小说更是感兴趣，如《钢铁是怎样炼成的》等。与此同时，经福谦开始尝试写一些文章并向报纸、杂志投稿。在1946年的秋末冬初，中央日报副刊连续刊出了他的两篇文章，其中一篇题为《小桥流水》，大意是：寂寞中怀念起早死的母亲，心中感到孤独，一个人走在屋后的小桥上，无言地将手中的花朵，一瓣一瓣地向水中丢去，任花瓣随波逝去，飘向天涯海角。文字虽然不多，却表述了母亲逝去后自己内心的孤寂。[①]

在1947年的暑假，经福谦连续写了多篇文章，先后在《南京日报》副刊、《曙光》半月刊、《徐州日报》副刊上发表。其中一篇名为《星夜》的散文，大意是在一个繁星的夜晚，在荒凉寂静的原野的旅途中迷了路，后来看到天际处的大熊星，方才看到了希望。[②] 从这些文章中，可以看到经福谦内心情感的细腻及浪漫主义情怀。

---

① 经福谦：解放前向伪报刊投稿情况。见经福谦手稿。存于中国工程物理研究院。

② 同①。

金陵中学优良的教学质量和严格的管理制度给经福谦留下了深刻的印象，一年半的学习，给一直颠沛流离的经福谦提供了一个较好的学习环境，使得他能有机会将从前薄弱的学习基础夯实一些。

面对艰苦的学习环境和因不断转学带来的学习中断、知识的无法衔接，经福谦没有气馁，他积极想办法解决学习上存在的问题。他曾经回忆：

> 我中学时曾用暑假两个星期的补习时间，学完了中学三角知识。数学逻辑性很强，这是我培养纵向思维方法的起点。我的自学有两个特点，一是在短时间里集中学习一门，二是在不同的环境里向各有特长的老师学习。要在很短的时间内学完比较多的课程，就必须善于抓住主要矛盾，突出重点，在老师启发性指导下进行独立思考；同时由于不可能做大量的作业，只能挑选部分能反映问题特征的习题，以掌握它的内在规律性。社会环境和学习条件经常改变，促使我思维方法向多向性发展，随时都要考虑应付变迁，另辟蹊径，进行多谋善断的横向思维。[1]

---

[1] 经福谦："大科学"研究"小科学"补充。见：卢嘉锡编，《院士思维》第二卷。合肥：安徽教育出版社，2002年，第854页。

# 第二章
## 一波三折的大学岁月

经福谦的大学求学路依然波折不断，在江苏学院数理系一年级学年结束后，由于该学院停办解散，数理系学生被分配到山东大学，经福谦因错过分配时间而失学。求学之路被迫中断，父亲失业在家，家里失去了经济来源，甚至生活都难以为继，"求生"还是"求学"的问题现实地摆在经福谦面前。1949 年，20 岁的经福谦考入安徽大学物理系，21 岁转入南京大学物理系读书直至毕业。艰难的求学环境，不但没有消磨他求学的愿望，反而培养了他超强的自学能力和坚韧的性格。正如妹妹经贞谦所评价的：我觉得他这个人挺坚韧的，在什么环境下都能成为这样的人。①

## 从学校到杂货铺

1947 年秋，父亲经绍澄被调到徐州绥靖公署工作，举家赴任。在金陵中学刚上完高二的经福谦想跳级投考当时在徐州的省立江苏学院，② 当年

---

① 经贞谦访谈，2015 年 5 月 8 日，北京。资料存于采集工程数据库。
② 江苏学院校友会理事会：《江苏学院纪念册》。1995 年 2 月。

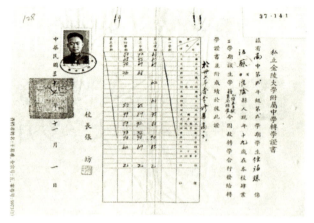

图 2-1　金陵大学附属中学开具的经福谦转学证书（资料来源：中国第二历史档案馆）

暑假，经福谦以同等学力资格报考江苏学院，但是未被录取。

当时经绍澄的同事、徐州绥靖公署总务处副处长黄仁与江苏学院院长徐镇南相识，经绍澄便想通过黄仁托关系设法让经福谦进入江苏学院上学。因而经福谦没有在金陵中学继续读高三，跟随父亲去徐州准备进入江苏学院。

经福谦到徐州后，带着黄仁的介绍信到江苏学院联系上学，教务处的一个办事人员看了介绍信后，告之他过几天再去联系。在经福谦第二次联系学校之前，有不少人托关系办理了入学手续，引起了在校学生的反对，院长徐镇南只得把这些办理了入学手续的学生又清退了。受到这一影响，当经福谦第二次去联系时，办事人员告诉他学院准备办个先修班，经福谦可以就读先修班。[①] 而当时金陵中学已经开学，经福谦无法返回金陵中学再就读，无可奈何只得进入江苏学院先修班学习。

1947 年秋季开学时，全院共有 8 个学系，28 个班级，在校学生 613 人（其中女生 41 人），加上先修班，全院学生共达 700 人，这时可谓江苏学院的鼎盛时期。

1947 年秋季，经福谦进入江苏学院先修班学习，班主任是曹一华，数学老师是曹中权，全班有五六十人，都是走读生。上午上课，下午在家复习，所开课程都是为来年报考大学准备的，包括数学、物理、化学、英语、国文等。先修班的学生也要经过考试才能升入江苏学院继续学习。

据经福谦江苏学院数理系同班同学李鸿德回忆：

---

① 经福谦：解放前我在伪江苏学院先修班的一些情况。见经福谦手稿。存于中国工程物理研究院。

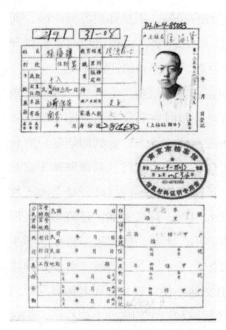

图 2-2 1947 年，经福谦随父亲到徐州
的迁移证（资料来源：南京档案馆）

图 2-3 江苏学院在徐州时的教学楼（资料
来源：江苏学院校友会理事会编著的《江苏
学院纪念册》。内部资料，1995 年，第 1 页）

    当时江苏学院是 8 个系，中文系、历史系、政治系、数理系、外语系、经济系、法律系、工程机械系。为什么是 8 个系呢？学校把数学系和物理系合并成数理系，它一分开就正好够 9 个系，一个院是 3 个系，3 个院就是大学了，那时候国家不批准成立大学，所以还是江苏省立江苏学院，当时学生就请愿改制，请了 3 次愿都没有实现，那个时候就是所谓的学潮。①

    学潮过后正值 1947 年秋季开学，当局对学生的监控、监视更严，唯恐再闹风潮。学生们心中郁闷，只有专心攻读。经福谦喜欢数理科，特别是对代数、几何等产生浓厚兴趣，平时除自己攻读理科外，还帮同学们解决学习上的困难。他一心钻研，打算先修班结束后报考中央大学。

    1948 年 9 月，经福谦升入江苏学院数理系一年级学习。新学年开始，

---

① 李鸿德访谈，2015 年 11 月 15 日，江苏徐州。资料存于采集工程数据库。

图 2-4　经福谦在江苏学院留影（经小川提供）

江苏学院碰到的问题，不是如何办好学院，而是奉命南迁。9 月开学，经福谦和同学们就开始忙着整理行装，10 月初南迁镇江。

10 月中，江苏学院校产和师生陆续抵达镇江。因无院址，暂时寄居江苏省立图书馆。随院早来者还能有住的地方，晚到的同学只有自己找地方居住。江苏省政府找到谏壁镇王家花园做院址。该花园在古运河河畔，是上海王姓银行家的私人别墅，环境秀丽，建筑考究，但做学校并不够用。于是，四年级一百多名学生留在省图书馆，一、二、三年级二百多名学生去谏壁。谏壁镇距镇江仅十多公里，但交通不便，经福谦和老师及同学只能经长江转运河运输，行舟困难时，经福谦和同学们需要上岸拉纤，经过一周时间，才得以到达谏壁镇。

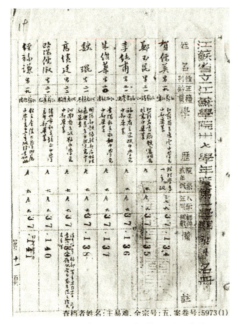

图 2-5　江苏学院 1948 学年数理系一年级新生名册（资料来源：中国第二历史档案馆）

11 月中旬，虽然条件简陋，但是学校勉强开课。到职的教师人数不够，因而所开的课程也不全。经福谦求学心切，课堂之外业余自学，无心参加社会活动。

在谏壁镇，学生遇到的最大困难是生活问题。井水只够烧饭，饮用、盥洗全是江水，无法讲究卫生条件了。更严重的是由于国民党政府实行限价政策，物价飞涨，商人惜售囤积，粮、米、蔬菜很难买到。学生会曾同运河畔米坊交涉，但是米坊答说没有米卖给学生。一怒之下，学生们砸了招牌，米坊才给少量大米，学生得以勉强维持到寒假。

1949年春，辽沈、淮海、平津三大战役相继取得胜利。人民解放军沿长江中下游集结北岸，准备渡江，国民党形势岌岌可危。谏壁镇毗邻长江，国民党军队占驻王家花园，学生只好全体迁回省立图书馆。这年寒假，部分教授及南方学生离开了学院。

由于校址一迁再迁，经福谦与家人失去了联系，如何维持日常的生活成了摆在面前的困难。为了生存，经福谦以家庭经济来源断绝为由向江苏学院申请了助学金。[①]

李鸿德回忆：

> 1947年招生，学生入学的分数考得比较好的，可以申请助学金，助学金一个月8块钱，其中6块钱的伙食，还能剩下2块钱用来剃头、洗澡。[②]

由于徐州直接受内战的影响，学校发展计划受到多种限制，仅靠江苏省政府拨给的有限经费，不仅教学、设备、仪器等物质手段不能补充齐备，而且难以维持现状。因此，一些教授相继离校，师资力量削减，直接影响教学甚至排不齐课。学校只好在本地或外地请客座教授兼课。外地有南京、上海、香港等地的大学教授来徐州兼课，其中不乏名师，但只能短期突击，集中填灌，有时一学期的课集中在一个月内上完。李鸿德回忆道：

> 在一个系里面，比如9门功课，有4门是常住教师，另外5门基本是聘请来的代课教师，为什么要这样呢？有些课程要求老师的水平要高一些，基本上是中央大学、南京师范学院、金陵大学等的教授来代课。[③]

---

① 经福谦因家庭经济来源断绝向江苏学院申请资助的文书。存于江苏省档案馆。
② 李鸿德访谈，2015年11月15日，江苏徐州。资料存于采集工程数据库。
③ 同②。

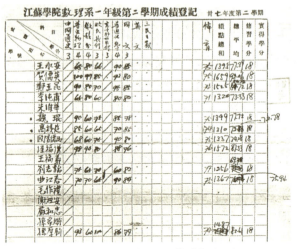

图 2-6　江苏学院数理系一年级第二学期成绩登记表
（资料来源：徐州市档案馆）

从 65 分提高到 98 分。①

在如此艰难的环境下，经福谦依然刻苦学习。他针对自己存在的问题，积极找老师补习，在数学老师曹中权教授的指导下，花了一个月时间重点学习微积分课程。到学期末，他的成绩有了显著的进步，微积分从一年级上学期的 72 分提高到 90 分，普通物理的成绩也

1949 年 1 月中旬，学期即将结束，院长徐镇南奉顾祝同之命策划学院继续南迁问题。先由总务主任王玉明以徐州籍身份和徐属同学会秘密洽商迁校事宜。消息传开，学生思想波动。

经福谦出生于国民党军官家庭，同时一直在国统区生活，思想上一直认为国民党是好的，只是高层存在腐败问题。随着各大战役取得胜利，经福谦的思想也产生了较大的波动：

> 淮海战役初起时，我认为双方主力之战，国民党尚可孤注一掷，鹿死谁手尚不得而知。随着淮海战役的胜利，国民党军队被歼，心中认为蒋介石处境甚惨，后来认为李宗仁是真正要和平的，但看着国民党大势已去，情绪上有些消极失望。②

1 月 19 日，学生自治会决定召集学生代表讨论迁校问题。赞成迁校的学生代表竟中途退席，抵制会议，致使形不成决议。住在谏壁镇的学生全

---

① A2-5-279，1948 年江苏学院数理系年度学习成绩表。存于徐州市档案馆。
② 经福谦自传。见经福谦人事档案。存于中国工程物理研究院。

体来到镇江，继续讨论迁校问题，争论激烈数天不休。反对迁校的同学还搞了反迁校签名活动，签名达一百多人。几天后，校方宣布上级决定，迁往上海，同暨南大学合并，一劳永逸，再不迁动。凡不随迁者，停发公费。校产由学校负责迁移，留院学生发给旅费自行去沪。当时有很大一部分学生离校参加了革命，经福谦对国民党尚存一丝希望，于是和上百名同学随学院抵达上海暨南大学。到达上海时值寒假，根本无人接待，食宿没有着落，只能待在空荡荡的教室里。

2月中旬，校方又动员在上海的一百多人去闵行镇，学生无奈，乘汽车前往，被安置在闵行孤儿教养院、白楼、红楼一带。图书等校产存在黄浦江码头仓库内。

3月初，江南籍同学陆续到校。近三百学生，有些分散住在民宅，办学条件比在谏壁时更差，师生有苦难言，课也上不成，经福谦躲进住房内自学，每日的三餐也不过就是没有菜的米饭。

4月23日，南京解放。消息传来，多数师生且喜且忧，情绪激动，期盼上海早日解放。当时学校里各种传言不断，人心惶惶，有同学呼吁成立"应变会"。一天晚饭后，经福谦看到墙上呼吁成立"应变会"的大字报后，便和同学贺儒英议论此事，面对混乱的学院，并且听说伙食也可能随时中断，因此一致认为应该支持此事。随后，经福谦拟稿、贺儒英稍加修改之后，由经福谦用毛笔誊写在一张旧报纸上，并在第二天将大字报贴到学校操场的墙上。这张大字报文字不多，只有五六句话，内容为口号式，大致是支持成立"应变会"之类的话。

在留院师生推举下，傅伯愚、顾牧丁、庄树棠、鹿崇文、赖叔虞、杨天顺等组成"应变会"，维持院务，等待解放。

4月28日，闵行轮渡被炸，沿江房屋塌毁严重，学院库存图书、设备损失殆尽。经福谦和同学们不得不随市民四处躲藏，躲避国民党飞机轰炸扫射。4月30日下午，解放军南渡黄浦江。

江苏学院再次面临去留的问题，当时在同学间形成了两派，徐州的同学主张学校迁回徐州，江南的同学则主张留驻江南待机与他校合并。江苏学院是留在上海还是回迁并无明确说法，经福谦的心情也是动荡的，对人民政府、对共产党不甚了解，不知道该何去何从：

> 学校有人报名参加了西南服务团，同学也有人报名了，我也想报名，其原因是想谋出路。后来也是因为家庭的原因，又恰好是政府明令公布理工农医四学院的同学不必报名，才这打消了"闯出路"的念头，这也可以说明我当时的心情。①

随后，1949 年 5 月 27 日上海解放，6 月初，上海人民政府通知学院迁回徐州。在学院回迁徐州的过程中，经福谦的内心困惑、对前途茫然，中途在南京下车回了家："回到家，看到家中因剧变而衰落了，面对着这样'残酷'的现实，我还有什么办法呢？"②

家境之所以衰落是因为父亲经绍澄失业在家。1949 年芜湖解放，经绍澄随第三绥靖区撤退，撤退至浙江正准备继续撤往福建时，恰好经福谦继母生病，当时就脱离了国民党军队到江西上饶的继母家中，不久经福谦的继母去世，经绍澄返回南京家中，家中唯一的经济来源就此断了。

当时包括经福谦堂哥、祖母、伯母在内一家六口都没有工作，妹妹经贞谦、堂兄经守谦尚在上学，日子过得非常拮据。经福谦和堂兄、父亲三人开了一间杂货店，靠卖一些旧衣服勉强度日。妹妹经贞谦回忆："就没有什么生活来源，相当困难的，几乎上顿连不了下顿。"③

经福谦白天在杂货店卖旧衣服，晚上便背着装有旧衣服的麻袋到夜市，将衣服一字摆开吆喝叫卖。这样的日子和从前的生活有天壤之别，从前虽然求学环境艰苦，颠沛流离但还不至于饿肚子，也不至于为家里的生计担忧。经福谦内心并不想就此碌碌终日下去，"于是报考了转学北大，但未被录取，很灰心"。④

最后一步就是回江苏学院，这时经福谦才得知江苏学院已被解散了。

---

① 经福谦自传。见经福谦人事档案。存于中国工程物理研究院。
② 同①。
③ 经贞谦访谈，2015 年 5 月 8 日，北京。资料存于采集工程数据库。
④ 同①。

当时徐州人民政府鉴于江苏学院几经搬迁，早已师生星散，图书、设备损失殆尽，徐州市正各业待举、百废待兴，无力恢复该院，根据上级指示，将残剩图书、物理化学仪器等分别移交给市图书馆、师范学院和第三中学。同时，在做好思想工作的基础上，教职员工由政府安排介绍工作，学生则介绍回原籍就学就业。对学生进行分配只持续了两个月的时间。这期间，学院能联系到的学生都去了相应的大学。分配结束后，江苏学院将档案全部移交给政府，自此解散。

经福谦听说数理系的同学被分配到山东大学，于是回到徐州也请求分配。但是经福谦回到徐州时分配已经结束，学院已不复存在，再无人过问学生学籍之事，故而失学。他反复去找徐州教育局，"数度交涉无结果，徐州教育局既不善加解释又不安慰说服，我怀着沉重的心情回到了南京。"①

因为这个原因，当时经福谦的内心是有些失望的："江苏学院的解散，事先既没有通知离校的同学，事后也没有通知离校的同学，又何况当时同学回家学校又未明令禁止，这就是政府对教育、对知识分子的政策吗？"②

经福谦内心是彷徨、苦闷和矛盾的，一边是对继续升学的强烈渴望，一边是家中日益艰难的生活状况，经福谦曾经写道：

> 我承受了当时整个家庭的悲哀，摆在面前的是"吃饭"问题，已落到仅仅是吃饭的问题了。当时在我心中呈现两个方面的矛盾，为家，为家庭的油盐柴米呢？还是为自己，自己的升学呢？这个矛盾重重地向我压过来！当升学的愿望支持着我整个的心情的时候，家庭的一切问题我都不管了，强烈的追求个人前途的愿望支撑着我，继续读书！这是我当时的结论。③

---

① 经福谦自传。见经福谦人事档案。存于中国工程物理研究院。
② 同①。
③ 同①。

# 考入安徽大学

1949 年 4 月 23 日，安徽安庆解放，6 月，军代表进驻并正式接管国立安徽大学。1949 年 10 月，军代表靳树鸿在全校教工大会上宣布，奉华东局的指示，学校迁到芜湖与安徽学院合并，组建新的安徽大学。

1949 年 10 月，中华人民共和国成立后新组建的安徽大学在南京报纸上刊登了招生启事，除招收一年级新生外，还招收二、三、四年级的转学生。得知这个消息，渴望读书已久的经福谦看到了希望，他立即报名参加物理系二年级的考试。当时经福谦的堂兄经守谦为了一家生计的考虑，大学没有毕业就离开学校，依靠土木工程给排水专业的学习经历，在南京排水公司找了一份工作，缓解了家里经济窘困的局面，经福谦也才能安心报考安徽大学。当时考点设在南京工学院的一个图书馆里[①]。收到录取通知后，经福谦由衷地感叹：升学的愿望总算是又达到了，心中很兴奋！[②]

1949 年 12 月 5 日，迁校工作完成，国立安徽大学与安徽学院组成全省唯一的学科门类齐全的综合性大学——安徽大学，设置中文、历史、地理、教育、数学、物理、化学、林学、农学、法律、经济共 11 个系。迁到芜湖后，校址设在赭山南麓，校舍和办公用房主要利用原抗战时期日本侵略军建的三座军营，经过改造建成教学大楼。

1949 年 12 月上旬，经福谦带着简单的行李来到了安徽芜湖。初到芜湖安徽大学的情景，经福谦在安徽大学的同班同学马文蔚这样回忆：

> 到了位于芜湖的学校，行李很简单一个铺盖卷儿再加一个小箱子，学校门口有老生等着，被他们带到了一个临时的宿舍，宿舍有

① 马文蔚访谈，2015 年 9 月 15 日，江苏南京。资料存于采集工程数据库。
② 经福谦自传。见经福谦人事档案。存于中国工程物理研究院。

四五十平方米，大家打地铺，十来个地铺一列两边，中间是过道，条件十分艰苦，吃饭是在一个草棚里吃的。当时有三栋房子，一栋比较长，大概50米的两层楼的房子，另外还有两栋楼，大概有20—30米，物理系就在比较小的一栋楼里。[①]

进校一个月左右，经福谦和同学们便搬到学校新建的平房里，八个人住在一间摆了四张上下铺的房间里，房间很小没有书桌。经福谦很珍惜这失而复得的学习机会，很少待在宿舍，经常到图书馆看书或者到教室里去自修。

当时物理系主任是吴锐，他非常重视学生实验。学校刚从安庆搬过来，教学设备比较少，特别是实验仪器缺乏，经费也很紧张，除了一些较为复杂的仪器到上海去买，很多实验仪器是教师们自己动手做的。吴锐动手能力很强，例如要做 X 射线的实验，没有实验所需的玻璃管，他就自己吹玻璃，物理系就这样通过多种方法保证了实验的正常开展。吴锐非常和蔼，在课余也会和学生们聊天，经常讲起费米[②]、迈特纳[③]等物理学家的故事，拓宽了学生们的视野。还有一位粟遥生先生，他教电磁学、电力学，教学很认真，一丝不苟。[④]

当时经福谦家境困难，为了减轻家中的经济负担申请了助学金。甲等助学金是 60 斤大米。

我觉得经福谦朴实、认真，他很谦让，当时我的经济条件比较差，他也一样，但是他拿的不是甲等助学金，当时同学里头有一种风气，就是能不拿甲等的就不拿甲等，因为一个甲等可以分给两个人，

① 马文蔚访谈，2015 年 9 月 15 日，江苏南京。资料存于采集工程数据库。

② 恩利克·费米（Enrico Fermi 1901.09.29-1954.11.28），美籍意大利著名物理学家、美国芝加哥大学物理学教授，1938 年物理诺贝尔奖得主。费米领导小组在芝加哥大学 Stagg Field 建立人类第一台可控核反应堆（芝加哥一号堆，Chicago Pile-1），人类从此迈入原子能时代。

③ 迈特纳（1878-1968），奥地利裔瑞典籍物理学家。主要贡献是发现了镤并予命名，研究了核同质异能现象和 β 衰变。

④ 同①。

因为是总量控制的，不是无限制的，所以就要相互照顾，相互理解。[①]

在马文蔚的记忆中，经福谦是一个爱提问的学生。当时的老师们很善于提出问题让学生自己思考，同时课堂气氛很轻松，允许学生提出不同的观点，经福谦经常会在课堂上对老师所讲的一些问题讲讲自己的看法。受到老师们的影响，这种在学术上的讨论甚至争论，成为经福谦追求学术真理的一种习惯，并保持终生。

1950 年，长江全流域发生洪水灾害，尤其是长江下游，很多围堤都溃堤了。学校组织学生参加了修堤复圩，经福谦看到解放军有组织地在大堤上挖土、扛沙包，给了他思想上很大的触动，对比中华人民共和国成立以前，经福谦曾经多次看到国民党军队抢劫老百姓，感觉天壤之别。

这是我一次看到军队为人民工作着，这一点对我的思想有某些刺激。我认为政府才成立没多久，竟有如此的魄力大胆放手，为修堤复圩发行折实公债，内心感到很佩服，觉得确是为人民办事的。在发行胜利折实公债的工作中，自己也参加了一些宣传工作，在工作中又有了新的体会，看到了人民中新思想表现的新人新事，体会到这样的一个政府（人民政府）能够在极短的时间内做出这么大的事，它的成功不是偶然的，我开始觉得党和政府是好的，否则不可能取得成功。[②]

课余经福谦开始看毛主席的《新民主主义论》《在延安文艺座谈会上的讲话》等一些文章，同时联系在这一段时间他目睹的人民政府所做的事情，认识到共产党的确是和国民党有着很大的不同。马文蔚回忆起那时和经福谦的共同感受："和 1948 年相比，觉得社会比较开明了，大家心里很兴奋，也很有期盼。"[③]

---

① 马文蔚访谈，2015 年 9 月 15 日，江苏南京。资料存于采集工程数据库。
② 经福谦自传。见经福谦人事档案。存于中国工程物理研究院。
③ 同①。

同时生活是清苦的，因为蔬菜全部被淹了，米饭可以保证，一天三餐吃萝卜拌酱下饭。同学们的内心是积极的、兴奋的，校园里到处是一片欣欣向荣的景象。

在安徽大学，经福谦和金陵中学同班同学余寿熙重逢，余寿熙因为停学了一年在安徽大学化学系上一年级，老同学再次见面都非常高兴，常在一起学习、散步，感情就更深厚了，余寿熙在学习上遇到问题就去请教经福谦。因为经福谦学习努力、乐意帮助别人，物理系、化学系一年级的同学在学习上有了问题也爱找他。

通过学习和工作，经福谦对党团开始有了进一步的感情。

> 认为党团所做的都是好事，尤其是觉得党团的上层干部很好，但是认识还并不够深入，对党团的实质是没有丝毫了解的，相反地也认为国民党之所以腐败，也是它的上层分子已经开始腐化堕落。这种思想指导我当时对新事物的看法，当时我对这些新事物的感觉有些敏感，感情上有些接近，但是总是不能够大踏步地靠拢。[①]

经福谦有一位很要好的同学，是候补团员，经常在课余时和经福谦谈团的性质，鼓励经福谦积极申请入团。在同学的鼓励下经福谦向组织上申请了入团，申请在理学院分支会上被通过了，当时经福谦非常高兴。但是后来，团总支并没有批准经福谦的入团申请，具体原因不详，之后团总支的负责同志也没有找过经福谦谈话，帮助他分析没有能够入团的原因以助他改进，经福谦感受到："我的自尊心从未遭受到如此的'伤害'过，心情很沮丧。"[②] 这样的心情一直持续到两个月之后的暑假前夕，团总支书记让经福谦提出第二次入团申请的时候，经福谦害怕再受"打击"，同时因要准备投考南京大学的转学生考试，便没有第二次申请，入团之事暂时告一段落。

---

① 经福谦自传。见经福谦人事档案。存于中国工程物理研究院。

② 同①。

# 转学南京大学

虽然全国院系大调整是在 1952 年，但是在 1950 年华东区教育部批复同意将安徽大学艺术系、土木系并入南京大学，同时还调整了一批学生，物理系的学生只要通过转学考试也可以转入南京大学。南京大学在新中国成立前是中央大学，经福谦在江苏学院先修班时就和同学表达过要考中央大学的意愿。当知道有机会可以转学南京大学，他内心非常高兴：如果能够通过转学考试，不仅可以去梦寐以求的大学，而且可以经常回家看望慈爱的祖母。经福谦积极准备考试，终于如愿以偿在 1950 年 9 月转学至南京大学物理系三年级。

南京大学物理学科是中国高等学校中建立最早的物理学科之一，其历史可追溯到南京高等师范学校于 1915 年创建的理化部物理科，国内第一个物理实验室就诞生于此。

在物理系，曾经有数十位老一辈杰出的物理学家在这里上学或工作。我国物理学界前辈吴有训、赵忠尧等大师都曾在这里授课，美籍华裔科学家吴健雄也曾在这里学习过。新中国成立后，施士元、魏荣爵[1]、徐躬耦[2]等一大批大师在这里长期教书育人，并在自己专长的领域开拓了有自己特色的新天地。经福谦曾经回忆：

> 我在南京大学学习期间，数学、化学、地质等理科专业都在一个

[1] 魏荣爵，1937 年毕业于金陵大学物理系，1950 年在加利福尼亚大学洛杉矶分校获博士学位并留校任教，1951 年回国，担任南京大学教授，同时在金陵大学兼课。1952 年，南京大学院系调整后，魏荣爵任物理系主任，到 1984 年卸任，任期 33 年，成了中外物理系历史上任期最长的系主任。他是我国著名的声学专家，也是中国声学研究事业的奠基人之一。

[2] 徐躬耦，1943 年毕业于唐山交通大学，1947 年赴英国留学。1950 年秋天到南京大学任教，1953 年代理系主任一年。1955 年 9 月，奉教育部调令赴兰州大学任物理系主任，在兰州大学建立了理论物理、无线电电子学、磁学、半导体等专业。1979-1985 年，先后任兰州大学副校长和校长。1985 年，徐躬耦辞去校长职务，回到南京大学从事教学与科研工作。

大楼里，具有不同专业背景的同学可以自由交往，互相旁听课程，不自觉间会使人受到浓郁科学气氛的感染和对科学事业的崇敬。[①]

初到南京大学，由于大一、大二的相继转学，特别是大一基本是在学校辗转搬迁中完成，故而基础打得不牢，经福谦感觉要跟上功课有些吃力，思想上也有压力，情绪上难免有些沮丧、消沉，但他暗想要发奋赶上别人。

当时南京大学物理系主任是施士元[②]先生，据经福谦南大同班同学戴元本回忆，当时施士元教光学，沙玉雁教热学，傅承义教理论力学，鲍家善教电磁学，恽英是热学实验负责人，冯端负责筹备实验。

戴元本至今记得施士元讲光学的时候，花了很多时间讲几何光学，例

图2-7 2002年，经福谦和同学在施士元家中
（前排为施士元，后排从左至右依次为：戴元本、章综、经福谦）（经小川提供）

① 经福谦自传。见经福谦人事档案。存于中国工程物理研究院。
② 施士元是物理学家、诺贝尔奖获得者居里夫人的学生，我国最早从事核物理研究者之一。施士元1933年留法归国后即到中央大学物理系任教，2007年去世，他把毕生精力和科学生涯贡献给了南京大学物理系。

如透镜、聚焦、像差等书上没有的知识，同时自己编写讲义。魏荣爵、徐躬耦是新中国成立后从国外回来的，带回来近代物理方面的知识，在学校里面开了新的课程。徐躬耦教授统计物理、量子力学；魏荣爵用费米讲义授课，讲授了原子核、宇宙射线、粒子物理方面的知识。这些在当时都是很新的知识。这些老师共同的特点是黑板板书一半都是英文的，授课讲中文，但是也夹杂一些英文的名词。经福谦自金陵中学时期便对物理充满了浓厚的兴趣，在南京大学得到名师指点，更加用心学习，特别是喜欢做物理实验。

南京大学物理系的学习给经福谦留下了深刻的印象，同时也奠定了他后来学术成就的基础。2002年南京大学百年校庆时，经福谦特意电话相约戴元本一起回南京看望施士元、魏荣爵、徐躬耦、冯端等几位先生。

经守俊还记得经福谦回忆起老师的情景：

南大的这段求学经历对他来说，极其难忘。而且他感觉曾经受过先生们的教诲，很荣幸或者说很难忘。每次提起，脸上都呈现着幸福感。谦公说先生们治学很严谨，教给了他做人的原则和治学的精神，每次提到先生们都是满含深情。[1]

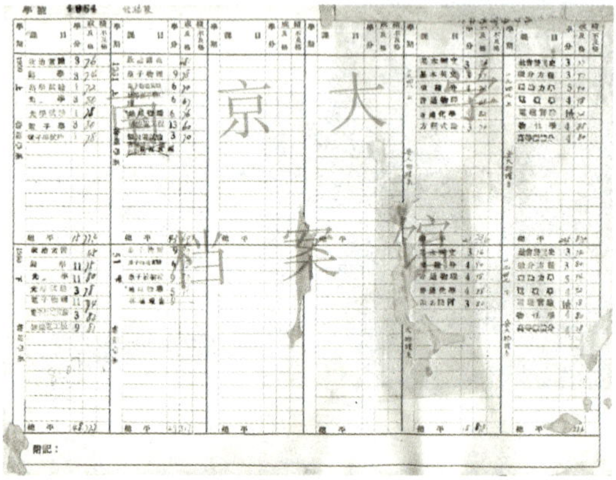

图 2-8　经福谦南京大学成绩汇总表（资料来源：南京大学档案馆）

在南京大学，尽管经福谦非常刻苦努力，但是成绩依然不是出类拔萃的。对于南大的求学经历，经福谦曾经回忆：

事实上，我是以很一般的成绩毕业于南京大学物理

---

① 经守俊访谈，2015年9月15日，江苏南京。资料存于采集工程数据库。

系的。其原因当然与自己的天资和当时的民族灾难有关。在理应打好文化科学基础知识的中小学阶段，大部分是在抗战期间的颠沛流离中度过的，随家逃难迁徙。①

尽管大学成绩并不优秀，但是这仅仅只是一个起点，在以后漫长的人生路上，经福谦从未停止过学习的脚步，他的坚韧与淡然、执着与钻研的人生态度，成就了今后他在高压物理领域的一方天地。

在南京大学，经福谦参加了很多群众性活动，大家都很友爱，从他们身上经福谦看到了一些更新鲜的东西。经过比较多地接触团组织活动，经福谦的眼界扩大了，对于共青团也有了进一步的看法。参加了"思想改造""抗美援朝""三反五反"等政治运动，进一步受到了爱国主义的教育。

1950 年 6 月 25 日，朝鲜战争爆发。10 月 8 日，毛泽东以中国人民革命军事委员会主席的名义签署了组建中国人民志愿军的命令。10 月 26 日，中共中央发出"关于在全国进行时事宣传的指示"，1951 年初，政府一声号召，全校报名参加军事干校和援朝医疗团的师生多达 1130 人，占当时在校人数的 38%。

经福谦从一些具体的美军暴行和美国政府实施的一切措施联系起来，通过多次的控诉会及朝鲜前线美军暴行的通讯，对祖国有了进一步的情感。

经福谦激情澎湃，感受到祖国的召唤，为身边同学的踊跃报名而深受感动，思想上展开了剧烈的斗争。

> 我想我不是也爱祖国吗？但我有一个相依为命并且年老的祖母。随之一想，谁没有一个可爱的家？在这中间我考虑了很久，情绪上很不安，也很怕见人。②

---

① 江秉慧，杨洪成：谦谦君子，报国之心。见《经福谦院士八十华诞文集》编辑委员会编，《经福谦院士八十华诞文集》。北京：原子能出版社，2009 年，第 118 页。

② 经福谦自传。见经福谦人事档案。存于中国工程物理研究院。

　　经福谦终于下定了决心，回家同祖母正式谈了这个问题，家里人都不赞成，他连续回了四五次家反复和家人谈，直到最后一次，祖母哭了，握着经福谦的手说"我将来还依靠谁？"[①] 经福谦是祖母一手带大，对祖母有着非常深厚的感情，祖母的眼泪和期望让他无法再坚持参军。在报名的最后一天，经福谦鼓足勇气走进报名处，看到了很多同学都在踊跃报名，内心也非常激动，正当掏出钢笔签名的时候，祖母的影子又出现了，"我站在那儿，待了一会儿，终于退了出来，做了一次逃兵。"[②] 在这以后一段时期内，他都感到万分懊恼，背上了一个沉重的负担，"第一次感到站在革命的外边是多么的痛苦和可耻，在一段时间内我怕看到其他同学的眼睛。"[③]

　　其实，像经福谦这种思想上波动的人当时并不少见，大家都知道参加抗美援朝保家卫国是对的，但是舍不得难得的上学机会。这种思想矛盾也真实反映了学生们对来之不易学习机会的珍惜。

　　自 1950 年开始的思想改造运动，当时任南京军管会高教处副处长兼南京大学军代表的孙叔平曾在学习动员会上指出："整个中国社会要改造的出发点，就是自己的思想改造。"[④] 在旧社会中成长的知识分子，由于各方面的原因导致对马克思主义并不了解，甚至抱有偏见。经福谦由于家庭背景和一直生活在国统区，在思想上确实存在对新社会、新政府不了解的问题。通过学习，经福谦在思想上有了一些显著的变化，新的思想渐渐萌发、新的道德标准开始树立。在"三反五反"的学习中，经福谦的思想有了更大的进步，"认清了旧社会的本质，感受到祖国的伟大，初步建立了革命的人生观。"[⑤] 经福谦看到中华人民共和国成立以来，祖国在党的领导下进行抗美援朝、镇压反革命、土地改革等运动，各地展开了轰轰烈烈的工业农业建设，充分地显示出祖国明天的美好远景。渐渐地，祖国这两个字在经福谦的脑海中形成了一个更具体的形象，尤其是后来参加南京大学物理系内的宣传活动，在参与这些实际工作中，经福谦第一次体会

---

①　经福谦自传。见经福谦人事档案。存于中国工程物理研究院。

②　同①。

③　同①。

④　王德滋：《南京大学百年史》。南京：南京大学出版社，2002 年，第 294 页。

⑤　同①。

到系内党、团的力量是如何在支持着整个系内运动的开展，"我体会出这是一股力量，这个力量是巨大的，心中觉得他们做得很好，也感到有些羡慕。"①

经福谦开始积极学习团章、团纲，他曾经写道：认识到团是先进青年的群众组织，党把团结青年一代为祖国社会主义建设创造条件的任务交给共青团，而社会主义的远景也已经成为自己的理想。因此，为了更好地献身社会主义事业，我要申请入团。②在"三反"学习的末期，经福谦再次向组织提出了入团申请。

1950年年初，南京大学开始着手改造旧教育，其中一个重要组成部分是对课程设置和教学内容的调整，即课程精简与改革，努力使"每一个科系组的全部课程或每一年级的课程具有组织性，显出中心所在"。南京大学的课程改革大体分为两个方面，一是从政治着眼，"把旧本质的课程改变成新本质的课程"的改革；二是针对以往大学教育缺乏明确培养目标，课程编制漫无原则等弊端而进行精简、调整。确定一、二年级的学习中心在"基本理论知识的奠定"，三年级的学习中心在"理论课程的综合和应用"，二、三年级学期汇总及暑假内均安排短期和长期的野外实习。③

因而，1951年经福谦大三学期结束后，暑期参加了系主任施士元组织的到陕北油田的实习活动。接到去西北的实习通知后，经福谦心中异常兴奋，带着这一份兴奋的心情踏上了实习的路途。在去往西北的火车上，车内是整洁的车厢，车外所经之处无不是一片新景象，陪同带队的老师对学生们照顾得无微不至，经福谦深刻地体会到祖国的飞速进步以及祖国人民对青年学生寄予的希望与关心。心里不禁联想到自己应该怎样"报答"这样一个可爱的祖国。

途中经过延安，参观毛主席住过的枣园，也到了毛主席办公的地方，经福谦的心中涌起了对祖国无限的敬爱和仰慕；看到延安的文化古物陈列馆内所陈列的陕北起义时代的武器，如榆木炮等，也使他认识到革命先烈

---

① 经福谦自传。见经福谦人事档案。存于中国工程物理研究院。

② 同①。

③ 王德滋：《南京大学百年史》。南京：南京大学出版社，2002年，第300页。

们是如何英勇搏斗的。后来，经福谦饱含深情地写下："在离开延安的时候，我感到延安的一草一木都分外可爱；尤其是那一道延水，那延安的宝塔、枣园都时常浮现在我的脑海中。"在去延安的道路上，看到了解放区农民的生活，看到了大群的牛，看到了漫山遍野的庄稼，他愈发对祖国生出了爱慕之心。

经福谦和物理系的同学一行七人及北大的十几人，来到延安矿上，并从带队的赵队长那里了解到石油局对他们实习活动的重视，矿上和队上的同志们不辞辛苦地指导他们实习，在这一段实习中，经福谦印象最深的便是矿上的刘科长和几个参加过长征的老同志跟他们的谈话。在与那几位翻雪山、过草地的老同志谈话中，经福谦和同学们深深地感受到他们伟大的胸襟和气魄、高尚的人格以及对于劳动人民事业的无限忠诚。

老同志们处处提到一切事业的成功，个人所起的作用是很渺小的，只有在党的教育督促和组织之下才可能使革命事业成功；刘科长说共产党员应该吃苦在前。经福谦在延安听到的、看到的以及感受到的，使他真正了解与体会到党的力量贯穿在革命征途的每个环节，支持着、领导着和推动着革命事业的前进。于是，经福谦感受到自己对被新事物鼓舞着，暗自反省自己对家庭问题处理的不善：

我的家庭问题主要就是祖母的问题，在每次遇到考验的时候，如参军、统一分配等。在行动上、在思想上都免不了一场斗争，我最近想到这一问题的时

图 2-9　1951 年 7 月，在陕北实习时同学们合影，卡车上左一为经福谦（经小川提供）

候，想起了一些英雄们，想起了保尔·柯察金对冬妮娅所说："我第一是属于党，第二是属于你"，这样一个爱憎分明的态度，这样无限热爱与忠诚于劳动人民的事业的优秀品质，在这样的品质之下，我太自愧不如了。[①]

在延安接待学生们的万政委告诉他们，国家与敌人正面斗争的时代已经过去了，今天祖国经济建设事业的责任重重地落到青年知识分子的肩上。经福谦和同学们听了万政委的讲话后，感到激情澎湃，他曾经写道：

> 不但对所学知识到形成现实生产力的过程有了深切的体会，而且对新中国工人阶级旺盛的劳动热情有了亲身的感受，对立志投身祖国建设事业的信念起了很大作用并加深了对团的认识。中华民族源远流长的历史、中国民主革命的艰辛和革命老区的淳朴民风，使我深受感动，对我立志投入祖国建设事业的人生观起了很大作用。[②]

在陕北的几处石油勘探队和延长油矿的现场实习中，经福谦和同学们将当时主要的地球物理探矿的方法都实践了一遍，包括重力探勘、地震探勘及在延长的电测油井的实验，在此过程中，经福谦表现出非常浓厚的兴趣，做得也非常认真，戴元本回忆：

> 四年级的时候，经福谦选修了地球物理的课，这门课程是在物理系开设的，中央研究院的专家来讲的课。他是唯一一个陕北实习回来后对这个事情感兴趣的学生。[③]

这次实习和选修地球物理的课程，奠定了经福谦将来从事地球物理研究的基础，期末考试地球物理取得了 96 分的好成绩。在 1952 年毕业分配的"自我鉴定"一栏中经福谦写道：

---

① 经福谦自传。见经福谦人事档案。存于中国工程物理研究院。

② 同①。

③ 戴元本访谈，2015 年 5 月 8 日，北京。资料存于采集工程数据库。

在统一分配的学习中，我真正体会到这是思想改造的继续，初步地建立了革命的人生观；我认识到祖国无限美好的前途，认识到个人前途是包括在集体利益之内的。因此，在今天我愿意也愉快地服从统一分配，做好祖国人民交予我的一切任务。①

同时在对今后工作的要求及希望一栏中他写道：

我的兴趣是想搞地球物理（物理探矿部分），因为我感到自己的个性是好动，喜欢做实际工作，并且也能够吃苦耐劳。②

南京大学物理系对他的意见是"学习用功、作风谦和，宜做物理探矿工作"。1952 年，经福谦在南京大学物理系顺利完成了学业，服从祖国分配，到新建的东北地质学院物理探矿系任助教，担起了地球物理探矿专业的教学、筹建实验室和组建教研室的重担。

图 2-10　南京大学物理系欢送 1951 年度毕业同学合影，前排左七为经福谦（经小川提供）

---

① 3-1-1，一九五二年华东地区高等学校毕业生鉴定书，中国工程物理研究院档案馆经福谦档案。

② 经福谦自传。见经福谦人事档案。存于中国工程物理研究院。

# 第三章
## 在长春地质学院的日子

1952 年，东北地质学院建校，同年，经福谦大学毕业分配到此。在参与学院建设的过程中，他经历了人生的第一次改行，所学专业从普通物理改为地球物理。通过自身的不断努力，经福谦成为颇受学生喜欢的老师，在承担教学任务的同时，他圆满完成了电子学实验室的筹建工作，组建了物探专业教研组，培养了大批优秀的地质工作者。

## 初出茅庐挑重担

中华人民共和国成立初期，百废待兴。1949 年以前仅有的 299 名地质技术干部远远不能满足新中国经济建设的需求。1952 年，为适应大规模经济建设的需要，国家根据"培养工业建设人才和师资为重点，发展专业学院，整顿和加强综合性大学"的方针，在全国范围内进行院系调整。当时刚成立不久的地质部会商教育部决定成立北京、东北两所地质学院。

东北地质学院由东北地质专科学校、山东大学地质矿物学系、东北工学院地质系和物理系的一部分以及大连工学院部分教师合并组成。学院下设矿产地质及勘探、水文地质及工程地质、地球物理探矿三个系和专业，系与专业同名。

1952年7月，刚刚大学毕业的经福谦被分配到东北地质学院[①]物理探矿系任教。当时正处于建设初期的东北地质学院，在如何办学方面主要参考借鉴苏联的经验，虽然按照学科组建了专业课教研室，教研室下设实验（实习）室，但是很多专业课程由于师资力量不足无法开设，实验室也没有建好。经福谦虽然刚刚走上工作岗位，也被安排负责承担筹建电子学实验室的任务，可是实验室该怎么建？要开什么实验？用什么仪器设备和资料……？这些事先都不了解，也没有人能给予指导，经福谦独立自学的能力在这时得到了发挥。他和大家一起边建设边学习，用心琢磨每一项工作的各个细节，常常夜以继日，在最初的几年里，基本上没有享受过寒暑假，付出的艰辛可想而知。在他的一份回忆录里曾这样描述当时的心情：

> 到校不久，就被告之要独当一面地承担"地震勘探"课程的备课任务。这是一门为高年级本科生讲授的主要专业课。虽然我在大学时也曾听过一门"地球物理探矿"选修课，该课先后由顾功叙、傅承义、李善邦三位老先生讲授，他们都是当时国内这个领域中很有权威的学术界前辈，但由于不是主课，课时少，学的自觉性也不很高，只了解了些皮毛。当时东北地质学院没有现成教材，我一人从编教材到讲课、实验课和野外实习等方面，准备必须在一年内就绪，困难是很大的，只能是靠放弃休息和娱乐时间以作弥补。[②]

据当时与经福谦同在东北地质学院任教的章冠人回忆：

> 虽然我们这个系叫物探系，但当时并不知道物探是要做些什么工作，中国也没有这方面的老师，后来地质部从苏联请来了几个搞物探的

---

①　1957年1月8日，东北地质学院更名为长春地质勘探学院。1958年12月4日，改为长春地质学院。见：《长春地质学院院史（1952-1992）》前言。

②　经福谦：三点重要的启示。2005年，未刊稿。资料存于采集工程数据库。

专家，让我们到长春地质学院跟苏联专家学。苏联专家开办了一个培训班，不仅有长春地质学院的老师们参加，还有北京地质学院的研究生，大家一块儿学习。我们一边学习、一边教学生，物探系就这样搞起来。①

当时学院面临专业师资力量严重不足的问题，为此学院也采取了多种方法解决，例如抓现有教师水平的提高、派出教师到外校脱产进修、选择优秀的学生留校任教。1953 年，学院安排经福谦赴北京脱产进修，主要学习地震勘探的专业知识。据当时就读于东北地质学院的李舟波回忆：

> 那个时候专家是国家请来的，专家在哪个学校讲课，其他学校的老师都可以去听，不同的学校请的专家不一样，教的课程也不一样，不会重复。北京地质学院请的渥尔维奇是讲地震勘探的。②

在跟随渥尔维奇学习的这一年，经福谦首先要解决的是语言关，他原先在大学里学的是英语，可苏联专家教学用的是俄语，交流非常困难。因此除了听课学习专业知识，他很多时间都在自学俄语，没过多久就克服了语言困难。

通过这一年的进修，经福谦巩固和强化了自己原本并不扎实的地球物理探矿方面的专业知识，这对他回校之后开设专业课起到了很大的帮助。李舟波回忆：

> 刚毕业来的老师第二三年就要开设专业课，可以想象他们当时是付出了多少努力，当时没有专业用书，即使有也是俄文的，但是老师们大多数在学校学的是英语。老师们要下功夫学习俄文，听懂苏联专家的专业课。经老师是学物理的，改学地震勘探，他是学校第一个开地震勘探课程的。③

---

① 章冠人访谈，2015 年 5 月 6 日，北京。资料存于采集工程数据库。
② 李舟波访谈，2016 年 6 月 24 日，吉林长春。资料存于采集工程数据库。
③ 同②。

经福谦第一次讲授专业课带的就是毕业班，在讲台往下一看，有的学生年龄与他相差无几，他的内心还是有点小小的紧张，觉得一节课的时间好长。在他的回忆中曾有这样的描述：

> 地球物理探矿，主要是用人工地震的方法探测地下的含（石）油构造。石油就是那么怪，大多潜伏在地下的隆起构造中，地质学家已对含油构造有了许多解释。困难当然是有的。从地质到地球物理很多东西都没学过，准备好几个小时的课，上讲台半个小时就讲完了。①

虽然第一次讲专业课，经福谦觉得很煎熬，可是学生们却对这个新开课的年轻教员以及他的课程反响很好。受到鼓励之后，经福谦又陆续讲授

图 3–1　1958 年冬，经福谦与长春地质学院部分教师合影，前排左一为经福谦（经小川提供）

---

①　经福谦：一个国防科技工作者的谈心。1990 年，未刊稿。资料存于采集工程数据库。

了"普通地球物理勘探""综合物探方法"等课程，为了达到更好的教学效果，每一门课他都提前着手准备，除了在开学前就将讲义编写完成之外，在每周上课之前还要反复备课，自己画了很多挂图帮助同学们了解课程的内容。

经福谦的学生徐世浙在回忆中说：

> 他的渊博学识，特别是对学生的启发式教学，把一些难懂的知识用通俗语言表达出来，同学们十分钦佩。经老师除了讲授地震勘探专业课外，还给学生开了一门"石油综合地球物理勘探"，这是一门既有理论又密切结合实际的专业课，虽然课程内容很难讲，但经老师的教学效果非常好，大家喜欢听，他是最受学生欢迎的老师。[①]

# 从师生到伉俪

1953 年，经福谦在东北地质学院担任教师期间，被派往北京地质学院进修，这一年，他和同样被派往北京地质学院学习的杨秀会走到了一起。

杨秀会是 1952 年东北地质学院建院初期招收的专修科的学生，东北地质学院历史上只招收过一届这样的专修科，学制两年。

杨秀会在学习上带着股不服输的倔强。她的家族"重男轻女"的思想非常严重，家族中所有女孩儿都没有地位。没有人关心杨秀会是否会去考学，也没人关心她想考哪一个学校，她觉得在这个家族里必须自己要硬气，她不愿意输给任何人。家族的环境让她从小养成了自立自强的个性，天资聪敏的她虽然家境较好，但自己对物质生活的要求却很低，一门心思都在学习上，就是要争口气。考上东北地质学院之后，杨秀会以极大的热情投入新学校的生活。

① 徐世浙：我的老师——经福谦先生二三事。见：《经福谦院士八十华诞文集》编辑委员会编，《经福谦院士八十华诞文集》。北京：原子能出版社，2009 年，第 19 页。

作为杨秀会的老师，经福谦只比她大四岁，身姿挺拔，外表俊朗，话虽不多，却一派儒雅之气，引起了杨秀会的注意。那时经福谦刚刚参加工作不久，大部分工资都寄给父亲，生活比较拮据。冬天，他上课时就穿一件大棉袄。有一天上课，教室里特别热，经福谦就把棉袄扣子一解，直接露出了里面的背心，上面都是大窟窿。目睹这一幕，杨秀会觉得很意外，以后就不由自主地越发关注他。

由于当时全中国只有北京和东北两所地质学院，专业老师很少，杨秀会在上完第一年的基础课后，第二年该上专业课的时候，东北地质学院没有老师教，恰好北京地质学院请了苏联专家渥尔维奇来讲授地震勘探专业课，于是学院安排杨秀会所在班级的学生们到北京地质学院上专业课。巧合的是，此时经福谦也被学院派往北京进修，跟杨秀会是同一专业。

原本经福谦对杨秀会并没有深刻的印象，因为他根本无暇顾及工作学习以外的任何事情。这次学院派他到北京学习把他推到了离杨秀会更近的距离。

图 3-2　1953 年，在长春地质学院，经福谦与杨秀会合影（经小川提供）

两人一起上课下课，从互相见面点点头到开始聊天，逐渐熟悉起来。在食堂打饭的时候，杨秀会看到经福谦基本上只打素菜，得知他把大部分钱都寄回了老家。杨秀会家经济条件比较好，她总是会有意无意地拉经福谦一起去食堂吃饭，经常打上肉菜跟他一起分享。交往得多了，经福谦慢慢喜欢上了这个活泼开朗的女孩。这个资本家出身的"大小姐"，身上并没有"骄娇"二气，她善良而热情，聪明又特别爱读书，学习成绩很好。他们就这样在学习中相爱了。

1954 年 7 月，结束了在北京地质学院的进修后，经福谦回到东北地质学院，除筹建实验室和教研室的任务外，还担任了繁重的教学工作。一个月后，杨秀会也从北京地质学院毕业回到东北地质学院。

两个人家庭背景十分相似，一个是国民党军官的儿子、一个是资本家的女儿，平时他们都很谦恭做人，不参与议论时政，全部心思都扑在工作上，除了看书、学习，他们几乎没有别的爱好。共同的事业加速了两人感情的升温，1955年秋，相恋两年多的两个人终于走到一起，组成了家庭。

# 不一样的暑假

由于专业课程的需要，野外实习一直是物探教学的一个重要环节。从1953年开始，东北地质学院就把野外实习作为理论联系实际的一项重要内容来抓，既是培养工作能力的一种方法，又是进行爱国主义教育的一大时机。在如何组织开展好野外实习工作方面，经福谦也做了一个有心人。

1955年春，经福谦申请参加济南、唐山的实习，学院经过审查同意了他的申请。这次教学实习的主要任务是收集资料，回来后承担一部分同学毕业设计的课程指导工作。虽然专业课有苏联专家的指导，但野外实习环节专家并没有具体教授，老师们凭着书本上的知识到野外自己摸索。这期间，经福谦修仪器，解释数据，一点一滴地逐步积累野外实习的经验，编写实习大纲。

此后，他开始自己组织学生们开展野外实习，每一个环节他都做得十分用心，为把书本知识转化为实际工作经验不遗余力，有时候为了搞清楚一个问题通宵达旦。经福谦的工作常年排得满满的，除了日常的讲课任务、暑假的野外实习、每年上半年还要指导七八个学生的毕业设计。

1955年，地质部副部长许杰提出了"关于1955年石油天然气普查工作的方针与任务"，决定组织25个地质队在新疆吐鲁番盆地和准噶尔盆地，四川川西、川南和川中地区，柴达木盆地，六盘山地区和华北平原找油。1956年2月4日，根据中央指示，东北地质学院地勘系抽调了119名本科生参加地质部组织的赴全国各地进行地质调查找（油）矿及勘探工作。与此同时，学院的暑期野外实习也与国家建设紧密联系，如火如荼地开展。

因为学生一般要利用暑假进行实习，那个时候国家地质部门还没有专门搞地质勘探的人，假如有单位要做勘探工作，我们就领着一帮学生去那个单位实习。地质部门也很欢迎我们，考虑到一方面是我们教学的需要，另一方面是地质部门找矿的需要，双方签订合同，地质部门解决一部分实习的费用和来往的路费，我们的实习结果要形成一个勘察报告交给他们。经福谦是搞地震勘探的，就是通过测量地震波的波速，根据波速的快慢判断地层的结构是结实的还是疏松的，构成结构是什么，勘探它的形状。这只是勘探工作的第一步，之后地质部门还要再做很多其他的工作，比如钻探，进一步确定地下有没有石油，有没有天然气。[1]

每年暑假，学院都会派出多个这样的学生队伍奔赴祖国各地参加实习，这种勤工俭学地震勘探队与以往单纯组织学生们的野外实习是有一定差别的。普通的野外实习是教学内容之一，是学生们的必修课，而勤工俭学地震勘探队则是自愿参加，人员组成可以是学生也可以是老师，大家自由报名。

1957年暑假，经福谦第一次组织物探队到长春附近的营城煤矿进行为期两个月的勘查工作。营城煤矿位于吉林省长春市九台区境内，距离长春市区59公里，是一个从清朝末年起就开始进行开采的老矿区，曾经被日本掠夺性开采。1954年，营城煤矿提出"全面生产改革具体实施方案"，推行正规循环作业，改革采煤方法，促进煤炭生产。这次勘查主要是确认该矿区边缘有没有进一步延伸开采的可能性，为营城煤矿的发展前景探路。地质勘查是一项非常辛苦的野外工作，经福谦既是这次勘查任务的技术负责人，又是勤工俭学地震勘探队的组织者，虽然任务争取来了，但是有没有人愿意参加还未可知。经福谦怀着忐忑的心情在系里做了动员，由于他在学生中的影响力，很快就有不少人报名，一些老师也自愿参加，这支由师生共同组成的队伍很快就出发了。两个月的风餐露宿，经福谦带领师生们克服重重困难，圆满完成了任务。

---

[1] 章冠人访谈，2015年5月6日，北京。资料存于采集工程数据库。

1958 年 5 月，党中央召开了八届二中全会，制订了"鼓足干劲、力争上游、多快好省地建设社会主义"的总路线。以勤工俭学为主要内容之一的群众性教育大革命开始在东北地质学院全面展开，这一年室内教学几乎停止，生产代替了教学，全院师生大搞野外生产的积极性十分高涨，物理探矿系地震队和电法队都加入松辽平原地质勘探工作中。

松辽平原位于东北的松花江、辽河流域，因松花江和辽河而得名，涵盖黑龙江、吉林、辽宁和相接壤的内蒙古部分地区，盆地数千米厚度的中生代沉积岩适合生成储油的地质条件，富含石油天然气矿藏。

从 1958 年暑假起，经福谦带领着几十个人组成的地震勘探队来到松辽平原地质勘探队。当时，松辽地质勘探队是大庆会战前负责全面地质普查的勘探队之一，主要任务是用人工地震方法探测地层构造的区域性变化概貌，搞好从松花江向北延伸到景星地区的一条长距离人工地震剖面的普查工作。经福谦仍然是勘探工作的技术负责人。野外勘查中，经福谦他们常常是自己背着仪器，工作到哪儿，就住到哪儿、吃到哪儿。那时有农村公共食堂，只要粮票和钱就可以搭伙吃饭。主食基本上是东北特有的苞米碴子粥、高粱米饭、土豆、窝头，没有炒菜，有点咸菜或大葱蘸酱就很好了。物质生活的贫乏丝毫不影响他们工作的热情，为了完成这么大范围的勘查工作，他们经常加班加点。经福谦曾经在自己的回忆里描述过当年找（油）矿的情形：

> 从南部的松花江边，到北部的富拉尔基、景星地区，顶着月亮抢工，坐在汽车顶上搬家。有一天夜里，抢剖面，深夜 12 点才收兵回队。我留在后面检查掉队的，不幸汽车开走了，心里真害怕，听说有狼群。北大荒上夏日的赤热，深秋的寒意，赶不走的蚊蝇，吃不尽的土豆，作为一个从小生活在大城市的青年人，当然是不习惯的，但当时凭着年轻人的一腔热情，都走过来了。现在回想起来，仿佛也有一点诗意。[1]

---

① 经福谦：一个国防科技工作者的谈心。1990 年，未刊稿。资料存于采集工程数据库。

图3-3　1960年7月，经福谦带领学生在大庆油田实习合影，前排左三为经福谦（经小川提供）

在这次勘探中，经福谦他们有了收获，发现了肇州地区的地下存在一段地层隆起，有隆起就说明这一段地质结构与周围不同，地下很可能有石油，他把勘探报告上交地质部门。在这一年的松辽平原石油普查工作中，经福谦并不只是单纯地完成了普查任务，他一贯重视教学与生产实践相结合，充分利用实践的机会手把手地教导队伍中的年轻人，让他们轮流担任地震队数据解释组组长和仪器组组长，指导他们编写金属物理探矿专业的地震勘探教材。

1959年，长春地质学院恢复了正常的教学秩序，对师生参与劳动和社会活动的时间加以控制，引导学生注重课堂学习。从野外回归课堂，经福谦又提出了新的学习方式，他在地震教研室举办了"弹性波动力学问题研讨会"，要求教研室的全体老师每月一次轮流做读书报告和讨论，以启发大家对地震波理论研究重要性的认识，这一做法极大地提高了年轻教师的业务水平。经福谦在回忆中谈道：

> 就在这种又忙又难的磨炼中，我们的专业教研组成立并发展了，同事们也大都是我教过的学生。一届届的学生们毕业了，走上了开发祖国矿藏的岗位，今天不少已成为行业内的栋梁。在这个过程中，也培养了我的自学能力，懂得了科学的学习方法和锻炼了组织工作能力。[1]

1960年暑假，经福谦再次带队来到大庆，对松辽平原地震勘探所获得的资料进行综合解释，这也是他最后一次带队进行地震勘探。

---

[1]　经福谦：三点重要的启示。2005年，未刊稿。资料存于采集工程数据库。

# 第四章
## 走进原子弹研制的秘密历程

1960 年，由于中国核武器研制工作的需要，经福谦从长春地质学院奉调进入第二机械工业部，这是他人生的第二次改行，从地震波研究转入冲击波研究。当时这一领域在国内尚属空白，经福谦和同志们一起克服种种困难，在极为艰苦的条件下起步，协力开创了我国高压物态方程实验研究这一新的研究领域，建立了一套比较完整的实验设计方法、测量技术和方法，为原子弹的成功研制发挥了重要的作用。

## "一百单八将"中的一员

20 世纪 50 年代，核武器成为大国发展的战略重点，同时也是实现世界和平的重大因素之一。面对美帝国主义的核威胁与核讹诈，以毛泽东为核心的党中央认为，要反对核战争，必须要有强大的国防，必须要有自己的核武器。

1955 年 1 月 15 日，这一天被全世界记录为"中国正式下决心研制核武器的起始日"。《美国核战略》的作者麦乔治·邦迪认为中国所作的选择，除了确实感到核讹诈的威胁，还有更深刻的原因。他在书中写道："中国的决定'既是出于国家安全所受到的直接威胁，也是基于民族的根本利益'。中国必须永远摆脱受强权欺侮的命运，这一直是毛泽东在革命中的一个坚定信念。"

1956 年 7 月，周恩来总理向毛泽东主席、党中央报告，建议成立原子能事业部。同年 11 月 16 日，在第一届全国人民代表大会常务委员会第十五次会议上，通过了设立中华人民共和国第三机械工业部的决议（1958 年 2 月 11 日，第三机械工业部改为第二机械工业部，以下简称二机部；1982 年 5 月，改为核工业部），具体组织领导我国核工业的建设与核武器的研制工作，宋任穷任部长，刘杰、钱三强任副部长。

1957 年 10 月 15 日，中苏正式签署了《关于生产新式武器和军事技术装备以及在中国建立综合性原子能工业的协定》（简称《国防新技术协定》）。协定规定，苏联将援助中国建立起综合性原子能工业；援助中国原子弹的研究和生产，并提供原子弹的教学模型和图纸资料；帮助中国设计试验原子弹的靶场和培养有关专家……1958 年 9 月 29 日，中苏双方又签订了《关于苏联为中国原子能工业方面提供技术援助的补充协定》（简称《核协定》）。

在中苏《国防新技术协定》签署之后，1958 年 1 月 8 日，第二机械工业部成立第九局，委派李觉任局长，负责组织核武器的研制工作。[1] 同年 7 月，九局在北京地区建立了研究所，对外名称为北京第九研究所（以下简称北京九所）。

1959 年 6 月 20 日，苏联单方面中止协定，在中国工作的 233 名苏联专家被陆续撤回，原来应该提供的设备也停止了供应。

苏联的毁约行为激起了毛泽东一定要研制成功核武器的决心，他说："敌人有的，我们要有；敌人没有的，我们也要有，原子弹要有，氢弹也要快。管他什么国，管他什么弹，原子弹、氢弹我们都要超过。"中央决策："自己动手，从头摸起，准备用八年时间搞出原子弹。"并提出"独立

---

[1] 《当代中国》丛书编辑委员会，《当代中国的核工业》。北京：中国社会科学出版社，1987 年，第 257 页。

自主、自力更生、立足国内"的方针，下达了"三年突破，五年掌握，八年适当储备"的任务。

　　为集中力量开展原子弹研制工作，中央厉兵秣马，从全国各地区、各部门抽调人员到九局北京九所，包括郭永怀、程开甲、陈能宽、王淦昌、彭桓武、朱光亚、邓稼先、龙文光等在内的 106 名（实际到位 105 名）高、中级科学研究和工程技术人员，专业覆盖了造船、精密机械设计、空气动力学、炸药、金属物理、工程物理、化学、光学机械等 50 多个领域，这些人是各专业的精英，由他们基本形成了中国核武器研制工作的骨干力量。大家把他们与梁山好汉联系起来，称之为"一百单八将"，经福谦正是这"一百单八将"之一。

　　1960 年暑假，经福谦正带着一些学生参加大庆会战，对大庆地区已获得的地震勘探资料进行综合解释，希望进一步取得地下含油构造的信息。某一天下午，经福谦突然被找去院长办公室，一个陌生人与他谈话，说是要调他到北京工作，限定 10 日内报到。经福谦未及告知家人就去北京报到了。

　　对于经福谦而言，这是一次神秘的工作调动，事先一点消息都不知道，到新单位去做什么也不知道，很多年之后他才搞明白为什么当初会调他这个搞地质的人来研制原子弹。苏联专家还未撤离的时候，曾经建议研制原子弹需要懂炸药的人，而地质学院从事地震勘探的人是懂炸药的，他们在野外作业时经常和炸药打交道，把炸药埋在地下，引爆之后测地震波。经福谦当时已经是长春地质学院地震勘探教研室的主任了，学院里也就只有他们这个教研室的人经常接触炸药，可是调他进二机部却有一番曲折。当时二机部到长春地质学院调人，学院本着认真负责的态度配合用人单位对经福谦进行了极为严格的政审，学院认为他政治条件不合适，并给出了审查意见，即："该生家庭及海外关系，不适合这项工作，国防工业我们不同意该生去。"可是，二机部要的这些人是国家专门抽调的特殊人才，经福谦当时可是地震教研组业务上最顶尖的人，不调他又调谁呢？学院领导考虑再三，最终还是同意了调动意见。

　　到达北京之后，经福谦跟绝大多数人一样，只知道自己所在的单位是一个国防绝密单位，但是具体要从事哪些工作并不清楚。九院党委向全体科研人员讲明：我们承担的是一项极其光荣而艰巨的任务，党要求我们自力更生发展中国核武器，首先要研制出第一颗原子弹，希望每个同志不要辜负党和国家对我们的极大信任与重托，要为开创我国尖端科技而奋斗。这对大家的震动很大，在为国争光争气的爱国主义精神激励下，大家很快统一了认识。①

# 从地震波到冲击波

研制原子弹是一项综合多学科研究的系统工程，当时既无资料又无经验，而对于在中国地球物理领域已经拓展出自己一片天地的经福谦来说，这是他人生经历的第二次改行，他自己称之为第二次创业。

如果说我在长春地质学院组建地震勘探教研组的过程是我一生中参与的第一次创业活动的话，那时总还有些现成参考书可供学习，还有些校外前辈可向之讨教，相比较来说，我参与的第二次创业活动遇到的困难就大得多了。1960 年，我被调往北京的一个科研机构，从事开拓高能量密度物理学领域的实验研究。这个领域是当时我国的一个亟待填补的学科空白。一来由于这个学科领域本身就比较新，国际上对它的研究也仅始于第二次世界大战结束的前后。二来由于在它的应用背景中有相当部分涉及军事科技，故除了少数属基础研究的文献资料外，基本上没有什么可供直接参考的资料，国内的学术界前辈也没有从事这方面研究工作的经验。以高压、高温等环境条件为主要特征的高能量密度状态，广泛存在于宇宙星体内部及其演化过程中，各种物质也正是在这种极端条件下表现出其独特和形态各异的物理、化学

---

① 姜悦楷：春雷。中国工程物理研究院党委宣传部，2014 年，第 26 页。

和力学行为的变化。以人们熟悉的太阳为例，太阳能在这种极端条件下产生，并向无垠的星际空间辐射，地球上的一切生命活动也因之得以发生、演化和繁衍。高能量密度状态可以通过多种途径产生，我所从事的是以流体力学冲击波为主要手段来产生这种极端状态，并研究在这种极端条件下凝聚态物质的行为。在新的岗位上，我与之打交道的对象从地震波变为冲击波，波幅强度一下子提高了许多数量级，而涉及的学科领域则从地球物理转到了凝聚态物理（特别是其中的高压物理分支学科）和爆炸力学。①

当时，北京九所有两个主要的研究室，一室从事理论研究，主任是邓稼先；二室从事实验研究，主任是陈能宽。经福谦被分配在二室五组，钻研状态方程。

陌生的单位、陌生的工作，经福谦等调入人员都面临"三道坎"：一是改变原来熟悉的工作而改行做陌生的新专业。为了保密，严格规定不准种"自留地"，即不能从事与当时任务无关的工作，也不能在国内外报纸杂志上发表论文，甚至和人交往也不能公开自己的身份、工作地点和专业内容。二是从外地调来北京工作不带家属，只身一人。三是这个单位的工作要接触有毒有害物质，有的还要同炸药和火工品打交道。②

令经福谦挠头的是，从地球物理一下子扎进冲击波动力学的研究领域，最初几乎是完全不懂：什么叫冲击波？冲击波的基本性质是什么？在冲击波动力学这个极端条件下，物质的运动形式将会发生什么样的变化？经福谦感觉自己就像刘姥姥进了大观园，眼花缭乱。他们高呼着"要争一口气""边干边学，干成学会"的口号，踏上了"学了一点，就干一点"的科研征途。③

测量特殊物质的状态方程，有很多实验工作要在远离北京的一个专

---

① 经福谦：三点重要的启示。2005 年，未刊稿。资料存于采集工程数据库。

② 任益民：原子弹研制时的几件往事。见：《经福谦院士八十华诞文集》编辑委员会编，《经福谦院士八十华诞文集》。北京：原子能出版社，2009 年，第 8 页。

③ 经福谦：一个国防科技工作者的谈心。1990 年，未刊稿。资料存于采集工程数据库。

门的爆轰试验场地进行。1959 年冬，中国西北核武器研制基地还未建成，但是现阶段的工作又急需一个场所来解决实验研究方面的问题，到哪里去找一个合适的试验场所是北京九所的首要问题。九局的李觉、郭英会两位局长

图 4-1 十七号工地（中国工程物理研究院提供）

亲自出马，打听到河北怀来官厅水库附近有一个工程兵的靶场，那里既隐蔽、符合保密要求，又距离北京不太远、方便工作。于是，李觉和郭英会一起去工程兵司令部拜访陈士榘上将，提出要借靶场的请求。

陈士榘非常关心核武器事业，不仅提供了场地还负责后勤和警卫工作。

1960 年 2 月，"十七号工地"悄然动工。仅仅两个月之后，我国核武器研制史上的爆轰试验第一炮，就在这个还没有全部完工的工地上打响了，在中国西北核武器研制基地建成之前，这个过渡性的试验场承担了大量爆轰试验任务，为早期中国原子弹研制工作立下了汗马功劳，被誉为"中国原子弹研制摇篮"。

十七号工地建成之后，经福谦经常到这里做试验，研究有关爆轰的一些基本理论、参数和方法，大家把每一次爆轰试验叫作"打炮"。经福谦的同事李国珍在回忆中说：

> 从 1960 年到 1963 年我们的两大任务，第一是学习现有的资料，各领域进行探索性研究，把过去调研和掌握的知识与核武器原子弹结合起来进行探索；第二是要拿出原子弹内爆压缩模型，确定之后拿出理论上的初步设计，各科室要拿出关键技术突破。[1]

---

① 李国珍访谈，2015 年 12 月 15 日，四川绵阳。资料存于采集工程数据库。

虽然我国是黑火药的发源地，但是当时在以高能炸药为主要研究对象的爆轰学、冲击动力学方面却是空白，由于核武器研制工作的需要，我国现代爆轰学研究从此开始起步。

经福谦所在的二室五组的工作主要围绕核武器内爆动力学实验研究展开。所谓内爆，就是与一般的爆炸不同，一般的爆炸是一点起爆的散心爆轰波从里向外传播，形成飞散；而内爆则复杂得多，它可以通过多点起爆，造成一个从外向里汇聚的球面波，形成压缩。内爆法是原子弹的一种起爆方式，我国研制的第一颗原子弹就是采取这种方式起爆。但是，内爆压缩很难，需要解决如何起爆、如何驱动、如何测试等技术问题，经福谦他们从实验研究高压状态方程入手，开始了艰难的探索。

当时，国外仅有少数几个研究机构从事此类研究，但由于保密基本上查不到公开发表的研究成果，国内没有人从事过这种条件下的状态方程工作。只能从实验中一点点摸索。回忆起步的艰难，参加过这项工作的刘敏还记忆犹新：

> 当时也没有什么基础，爆轰波这种技术在中国还没开展，我们看的资料，苏联的一本《爆轰物理学》就作为我们基础研究的一个基本课程，还有就是陈能宽建议我们学赵忠尧先生的《核物理基础》。刚开始我们不清楚爆炸物理跟原子弹是什么关系，后来才知道，我们做爆炸物理、做状态方程是为设计原子弹做准备工作的。
>
> 当时苏联专家撤走了，我们从头开始做这个工作。状态方程怎么做实验，虽然外国杂志上有一点，但光是些理论，说得不清楚，这些我们都自己摸索。[①]

《炸药理论》《高级炸药学》和《爆炸物理学》，是当时经福谦反复翻看的"工作指南"，也是在十七号工地工作过的同志们口中常说的"程咬金的三板斧"。当时《爆炸物理学》是俄文版的，北京九所几位曾到苏联留学的

---

[①]　刘敏访谈，2015 年 5 月 7 日，北京。资料存于采集工程数据库。

图 4-2　经福谦在十七号工地使用的"工作指南"
（中国工程物理研究院提供）

同志共同把它翻译了出来，于是这本书的译者叫作"众智"。经福谦也是通过对这三本书的仔细研读，在新的事业中逐渐起步。

五组的技术骨干只有 4 个人，其余都是刚刚毕业分配来的大学生。在 4 名骨干中，任益民、蒋宏耀、经福谦原先都是搞地质工作的，虽然经福谦过去开展过地震波的测试，研究内容里有很多属于弹性力学的范畴；力学所调来的叶钧道也曾经从事过塑性力学方面的研究，但那些都是低应变率的过程，与现在要研究的高应变率变形完全是两码事。经福谦说："这个东西，谁也没给我们讲过，我们应该做什么？应该怎么做？"① 为此，他开始了大海捞针式的调研。为协助经福谦开展调研工作，五组专门安排沈金华负责每天帮经福谦借还资料，经福谦要什么书沈金华马上就到市内去找，到北京图书馆、科工委图书室去查。因为相关资料不好找，借阅的手续也繁杂，加上经福谦调研的东西也多，阅读速度很快，沈金华几乎天天奔波在借书和还书的路上。

经福谦在爆轰物理方面并不比别人懂得多，可他在南京大学物理系学习时有着扎实的数学和物理基础，特别是材料的应力应变参数，他懂得一些基本理论，虽然压力范围、应变率不一样，但它的基本过程有相似之处，所以他进入得很快，善于学习的他成了大家的领路人。

工作之初，首先要掌握爆轰波速度、冲击波速度和自由表面速度的测试方法，可是他们从未接触过微秒级的测试技术，也没有人搞过光探针和高速摄影。一些年轻同志抱怨专业不对口，经福谦鼓励大家："你们觉得学的好像不对口，我也根本学都没学过，也是到了这个单位才开始学的。"② 他在工作上是一个很细致的人，对年轻人的要求也很严格。

---

① 经福谦：工作学习笔记，1990 年，未刊稿。资料存于采集工程数据库。

② 同①。

在开展动态物理图像研究时，获得的测试信号真假难辨，如何做出可靠的物理解释和推论，当时提出了严格的标准：①所得信号和图像要有三次以上的重复；②要用仅有的光子学方法、光学方法和回收技术相互验证；③要做出我们已了解的实验理论的解释。这样严肃认真一丝不苟的求是精神，使后来的科研工作和大型实验进展很快。[①]

当时组里人英语水平普遍偏低，看文献比较困难，经福谦就在十七号工地办了一个学习班，大家在晚饭后的休息时间挤到狭小的办公室里听他讲课。他手里曾经有一本《爆炸物理学》，从头到尾整天看，看透了、看熟了，就讲给大家，还把调研的很多英文资料翻译出来供大家参考。

经福谦在自己撰写的《爆轰实验研究工作的片断回忆》一文中，对当时的工作情况做了这样的描述：

> 我于1961年下半年以自由参加的方式，利用业余时间向组内年轻同志比较系统地讲授了关于"雨贡纽曲线实验测定方法及其技术"的学术专题，对开展高压物态方程的研究工作起了一定的推动作用。在从事爆炸驱动飞片的实验研究中，我们还观测了层裂、冲击波及爆轰整形、自由表面上微量物质喷射、支柱穿孔等现象，虽然当时仅限于对这些运动图像的定性观测，但对以后的第一颗原子弹内爆动力学过程的实验研究是很有益处的。[②]

经福谦作为副组长，除协助组长任益民指导全组工作以外，他的主要任务：一方面是做材料的状态方程，拿出特殊材料的雨贡纽曲线；另一方面是测量诊断飞层在飞行过程中的压力增加情况。除了完成好自己的工作，经福谦对组里的其他课题也同样关注，参与讨论并给予指导。

材料的状态方程涉及两个热力学状态量之间的关系，有很多曲线。雨

---

① 任益民：原子弹研制时的几件往事。见：《经福谦院士八十华诞文集》编辑委员会编，《经福谦院士八十华诞文集》。北京：原子能出版社，2009年，第8页。

② 流体物理研究所：《闪光的足印》。1999年7月，内部资料。

第四章　走进原子弹研制的秘密历程　　*69*

贡组曲线是状态方程中的一种，它是由一系列冲击压缩状态所构成的曲线。一般材料的状态方程，国外的资料中也有介绍，但特殊材料，特别是核材料的状态方程，因为涉及国防应用的问题，都是保密的，要靠我们自己来建立。但是在 20 世纪 60 年代，国家还很穷，科研经费十分有限，连原子弹里面其他材料的状态方程都不可能通过大量的实验来获得，更不用说核材料了。经福谦他们借鉴国外文献资料中的雨贡组曲线，在它上面选几个点来做爆轰实验，如果测量结果与资料上的曲线复合了，就用这条曲线，这样就节省了很多费用。

知道了"做什么"，下一步该"怎么做"，带着这些思考，经福谦把曾经在长春地质学院开展野外作业的经验带到了爆轰实验工作中，与同样具有地质工作经验的组长任益民一起，探索出了他们自己的"科研三步曲"。

　　我们做实验的时候是分三步走，第一步，调查国外的文献和与课题相关的国内外的情况，写出设想方案；第二步，进行实验准备、"打炮"；第三步，总结。经福谦是组长，各课题制定方案的时候，他要进行指导，帮着我们制定方案，调研有关的资料。①

　　当时经福谦跟陈能宽要求我们做实验记录一定要很详细，不然分析数据的时候，有些很重要的东西可能会被忽略掉，所以我们从那以后做事很严谨。经福谦还提出让我们搞实验的科研人员搞个草草本，实验当天来不及做记录就简单记录一下，但数据是没有优化的，这叫草草本，实验结束回去以后再整理成草本，草本经过大家的集体讨论后，再形成正式的报告。②

经福谦虽然相对于组里具体从事实验的科研人员来说到十七号工地去做实验次数少一些，但是在组长以上的领导里面却是次数最多的。除了到科研一线亲自参与"打炮"，经福谦主要精力都花在理论探讨、资料调研方面，他组织讲座，讲状态方程、讲冲击波物理，并用自己从海量的文献

---

① 叶钧道访谈，2015 年 5 月 7 日，北京。资料存于采集工程数据库。

② 刘敏访谈，2015 年 5 月 7 日，北京。存地同上。

里搜得的方法指导各
个课题组，帮助各方
案组探索和建立不同
的测试方法，不仅与
同志们协力创造了我
国高压物态方程实验
研究这一新的研究领
域，建立了一套比较
完整的实验设计方法、
测量技术和方法，而

图4-3　1961年春，二室五组部分人员游览北京颐和园
合影，后排左2为经福谦（李国珍提供）

且还培养了一批测试人员队伍，对核武器事业的起步发挥了不小的作用。

# 要争一口气

　　虽然十七号工地从建设到停止使用只有短短三年时间，但在中国核武
器发展史上却留下了不可磨灭的印记，除了科研工作，当年无比艰难的
生活也让曾在那里工
作过的人难以忘怀。
十七号工地最为繁忙
的三年，正是中国经
历了"大跃进"后国
民经济最为困难的时
期，物资极度匮乏，
工作条件和生活条件
相当艰苦。

　　工地距离北京100
多公里，地处内蒙古

图4-4　科研人员去十七号工地做实验
（中国工程物理研究院提供）

高原向华北平原过渡的末端，南北两端的群山呈"V"字形结构，是著名的大风口，每到冬季和春季，北风可以把地上的小石子刮得到处乱跑，风沙打在脸上生疼。

　　每次做实验，科研人员背着自己的铺盖卷从北京赶火车过来，做完实验后，又背着铺盖卷回北京。因为当时物资匮乏，置办铺盖所需的布票、棉花票非常紧俏，因此大家都只备有一套铺盖。

　　靶场距离生活驻地大约 3 公里，平时有班车接送科研人员上下班，如果遇到班车故障，大家就只能徒步前往。刘文翰回忆道：

图 4-5　十七号工地二室的宿舍兼办公室（中国工程物理研究院提供）

　　我们在十七号工地的班车经常发动不了，大家下来推，有的人编了一个顺口溜："一去二三里，停车四五回，修理六七次，八九十人推。"冬天有时候发动不起来，走几公里到工地去打炮也是经常的事。①

　　这个地方，夏天天气凉爽，但是在冬、春两季，气候恶劣。有时大风呼啸，飞沙走石，天昏地暗。上班时汽车走过的路，下班时就找不见了，我们得用铁锹把沙子铲走，汽车才能通过。兵营里让出几间砖瓦房给我们住，用木板架成一个通铺，上面铺上草垫子，几十个科研人员躺在上面。②

　　十七号工地的大通铺像北方的炕，但又不是炕，两排铺中间一个大

――――――――――
　　①　侯艺兵，曹科峰，姜洋等：《亲历者说原子弹摇篮》。长沙：湖南教育出版社，2014 年，第 64 页。
　　②　同①，第 226 页。

火炉。

由于地方小人又多，铺位很挤，晚上翻个身都会跟旁边的人脸对脸，谁要是起夜去上个厕所，回来都找不着自己睡过的地方，铺位被人挤占了。刘金汉为此还写过一个顺口溜：

夏夜十七号，住宿真热闹，都睡大库房，单间很难找。
一律大通铺，不管老和少，铺宽数十米，纵深一人高。
上铺芦苇席，下垫无名草。要问铺位数，谁也不知道。
设计四十人，实际经常超。来少和来多，一铺全能包。
行李自己带，好坏不用挑。加班深夜归，场面好热闹。
咬牙吱吱响，蚊子嗡嗡叫。鼾声似闷雷，屁像连珠炮。
汗腥或脚臭，气味真糟糕。彼此全一样，都怪不洗澡。
睡姿多花样，横竖和颠倒。张腿压王胸，李膊抱赵腰。
脚踢前下巴，拳打后脑勺。梦话不间断，彼喊此在叫。
那位半睁眼，这位对人笑。无暇多观景，赶紧快睡觉。
上铺挤个空，管它吵和闹。闷热似蒸笼，蚊子贪婪咬。
虽挂长明灯，驱蚊并无效。蚊帐无法挂，任它吃个饱。
臭虫身上爬，身下是跳蚤。管它天地陷，我睡我的觉。
虽困难入睡，只因饥肠闹。困极入梦乡，有幸吃小灶。
正在大会餐，可恨一泡尿。憋醒去厕所，返回没空了。
铺位被挤占，不知如何好。正在犯思量，吹了起床号。①

1960 年下半年，职工的粮食定量由每人每月 30 斤减到 28 斤，又没有什么副食，饥饿让许多人都得了浮肿病。工地每天的工作量很大，有时候几个组的实验都要在那儿进行，秘书每周要提前"排炮"，哪一天该哪个组，工作量再大也要完成。为了赶时间，大家做实验时都是跑步前进，经常是一个实验部件刚刚在土堆炸过，硝烟还未散去，实验人员便带着另一

---

① 侯艺兵，曹科峰，姜洋等：《亲历者说原子弹摇篮》。长沙：湖南教育出版社，2014 年，第 230 页。

个实验件过去，忙着打第二炮。每打一炮，都要堆防护沙袋，那是体力活儿，本来肚子就饿，常常觉得两腿打晃，眼冒金星。经福谦在《一个国防科技工作者的谈心》中就有这样的一段描述：

> 当时苦也苦，1960年开始的三年困难时期，大家都吃不饱，能够多吃一块饼，多吃一盘豆腐，都觉得了不起。
>
> 赫鲁晓夫卡我们，猪肉、大米都拿去还账，连朝鲜战场的军火钱也逼着还。毛主席说：中国人民连死都不怕，还怕困难吗？要争一口气，人一"别"气，也就"别"过来了。"要争一口气"，首先就在气势上不要败下阵来。大家齐努力，鲁迅说过：我是把别人喝咖啡的时间，都用到工作上了。①

工作之余，大家也会想办法填饱肚子：春天吃柳树叶；夏秋之际或找野菜、或去果园捡落在地上的沙果；秋收过后，到附近老乡的庄稼地里再仔细地翻找一遍，拾些别人散落的白薯、玉米或是土豆，他们把这诙谐地叫作"小秋收"。如果不是空手而归，夜晚大家就不会饿肚子了，几个人围在一起，一边用小锅慢慢地煮着玉米或土豆，一边研究资料、分析数据。

在那样艰苦的环境下，经福谦的内心世界却极大地丰富着。

> 生活物质条件上是苦的，但是在精神上有乐，在陌生中有新奇，而新奇中的乐趣只有那些探索者才有可能去品味、去享受。所幸的是，大约花了半年时间，我们开始进入这个新的研究领域。②

繁忙的工作之余，他在自己的笔记本上记录下对未来的美好憧憬：

---

① 经福谦：工作学习笔记。1990年，未刊稿。资料存于采集工程数据库。
② 同①。

塞外春早

鱼儿在跳
鸟儿在笑
塞外的四月春早
花蕾轻飘地
飞上了
沙果林的树梢

羊儿在叫
马儿在啸
塞外的四月春早
那寒冬漫天的黄沙
在牧羊人鞭子的深处
早已云敛风消

拖拉机在跳
双轮犁在笑
塞外的四月春早
那草原上广阔的大地啊
张开了黑黝黝的臂膀
向着撒下的第一颗种子
拥抱①

---

① 经福谦：工作学习笔记。1990 年，未刊稿。资料存于采集工程数据库。

# 第五章
# 金质奖章的背后

在参加我国核武器研制的过程中，经福谦不仅和同事们共同努力，填补了我国冲击波极端条件下物质性态研究的空白，而且还领导并亲自参加了许多相关实验研究工作，解决了物态方程数据测量中的多个技术难题，获得了很多荣誉和奖项。荣誉面前经福谦始终强调的是集体而不是个人，正如他自己所言："在底子薄和专业基础比较差的条件下，只能以十倍的努力去换取成功，笨鸟先飞。自己要率先拼搏，但名利方面要谦让，要'团结如一人'，才能打好科技攻关中的'团体赛'。"[①]

## 参加草原大会战

西北核武器研制基地简称221厂，位于青海湖北岸，在20世纪六七十年代，这里是一个绝对机密的地方。

1957年5月，为选定原子弹研制基地，李觉和吴际霖、郭英会、何广

---

① 经福谦：三点重要的启示。2005年，未刊稿。资料存于采集工程数据库。

乾以及外籍专家 10 余人，在飞机盘旋了甘肃、四川等地许多高山丛林之后，几经周折，终于选定位于青海高原的金银滩为厂址。理由为：四面环山，中间平地，宜于建厂；人口稀少，地域宽阔，便于疏散；边远闭塞，利于保密。

经过 1960 年一整年的艰难探索，从事原子弹研制的科研人员摸索到不少理论问题和关键技术，同时也找到了一些解决问题的途径，进一步认识到研制原子弹大体要经过三个阶段：组织力量初步探索、掌握必要的基本理论和关键技术、设计试制。1961 年，科研工作逐步由探索阶段进入掌握基本理论和关键技术阶段，到 1962 年下半年，基本掌握了原子弹的理论设计，同时在聚合爆轰实验、自动控制系统、中子物理、放射化学、中子源、金属物理工艺、弹体弹道等方面都攻克了许多技术难关，为设计原子弹做好了必要的技术准备。

1962 年 11 月，中央决定成立以周恩来为主任的中央专门委员会，以加强对原子能工业的全面领导。中央专委会批准了二机部提出的以两年爆炸原子弹为目标的"两年计划"，并逐项研究解决了二机部提出的一系列具体问题，主要包括：从全国各方面抽调 197 名高、中级科技干部加强研制力量；从全国调 1.5 万人加速青海核武器基地的建设进度；组织全国力量协同解决二机部各核工厂和北京九所需的材料、设备，九院开展大型模拟实验和研制原子弹所需的特殊材料、特殊加工件、专用元器件、测试仪器、仪表等大小共计 1000 多项内容，在周总理的统一组织下迅速安排到全国 20 个省、市、自治区的 400 多个工厂和科研单位，组织全国的力量协同解决。

1963 年春，青海 221 厂出现了蔚然壮观的抢建场面。随着基建工作的快速推进，在 221 厂基本具备了科研、生产、生活的条件之后，集中在北京的科研生产人员便陆续迁往大西北。与此同时，经中央专委批准增调的 126 名技术骨干也直奔青海报到。各路人马汇集，迅速全面展开工作，第一颗原子弹的研制在 221 厂形成总攻的态势。

221 厂位于青海高原，平均海拔 3200 多米，年平均气温低于零摄氏度，高寒缺氧，自然条件十分恶劣。得知单位要搬迁到那样一个条件艰苦的地方，有些同志开始犹豫，心里打起了退堂鼓。刚刚从 3 年困难时期走出来的人们才感受到北京逐渐丰富的物质生活，如果去青海，不仅户口要迁离北京，而且生活上将再次陷入艰难的境地。为鼓舞军心，中央军委副秘书长张爱萍专门为北京九所的同志们作动员，发出了"草原大会战"的战斗动员令。

经福谦亲耳聆听了张爱萍满怀豪情的讲话：大西北当然不比首都北京，是"黄河远上白云间"的地方，那里确实很艰苦，也像唐朝诗人王维的诗中所讲"西出阳关无故人"，但是那里已经有许多人在开辟基地、建设基地，他们在等着欢迎你们。唐朝诗人王之涣的诗中"春风不度玉门关"已成为历史了，现在"春风早度玉门关"了；你们的前往，会把和煦的春风带到玉门关。俗话说"知识分子手无缚鸡之力"，可是你们这些知识分子，你们这些大知识分子将亲手放飞原子弹。到那时，我们祖国各地将处处是春风……

动员会后，北京九所的科研人员为了实现"亲手放飞原子弹"的梦想，纷纷踏上西去的征程。根据组织安排，生产部和实验部的人员先期离京。1963 年 4 月，经福谦跟随第一批搬迁队伍到达青海。

科研人员在 221 厂先后建立了实验部、设计部、第一生产部、第二生产部、第三生产部。1964 年 2 月 25 日，二机部党组决定，九局、九所机构撤销，总院名称定为"第二机械工业部第九研究设计院"，简称九院。[①]

经福谦由于在工作上的突出表现，到达青海后不到半年，于 1963 年 9 月被任命为二室副主任，主任是任益民。尽管一些曾经在十七号工地工作过的年轻人都已经成长为科研骨干，但是面对新成员的加入、"两年计划"时间上的万分紧迫，对科研行为加以规范也是少走弯路的必要选择。在十七号工地工作经验的基础上，经福谦和任益民一起首先对科研管理和工作方法进行了规范，进一步完善和修订了科研"三步曲"，丰富了如何编写设想方案、编制实验大纲和实验结束后如何编写实验报告的内容，细化了具体做法，使之成为所有科研人员必须严格遵守的一项制度，为科研工

---

① 1985 年 1 月，核工业部同意九院使用"中国工程物理研究院"（简称中物院）名称。

作早日步入正轨奠定了基础。

当上二室副主任之后，经福谦除了从事科研工作，在管理方面也投入了大量的精力。经福谦在研究室内实行课题分级把关制，从调研报告、立项报告、设想方案、实验方案、数据采集、分析处理到总结报告，建立了一套"三查三测"制度。"三查"就是方案组自查、科研组复查、科研室抽查；"三测"即对实验数据方案组复测、科研组抽测、科研室核测。每一个课题报告最后都要汇总到他那里进行检查签字，这样一来，全室的整体工作状况他都了如指掌。"对人严格要求，对课题严格把关，对实验数据严格审查。"是人们对经福谦工作态度的总体评价。时任二室学术秘书的朱立昌回忆说：

老经审查科研文件，大到文章结构、章节设置，小到措辞用语、标点符号都一一推敲。他在科研文件中最不愿意看到的是"大概""可能"等不确定用语。记得有一次方案组处理实验数据时，发现有一个点偏离很大，方案组认为是"奇点"，提了3个理由：①样品厚度测量可能有错；②样品靶板可能沾胶较厚，结合不紧；③探针端部可能绝缘漆较厚，闭合滞后。老经看后非常不满，他说实验中得到的每个数据都是平等的，怎么能随便舍掉呢？如果不要它，应该像法院对人审判一样证据确凿。你们分析的三条能叫证据吗？要么补充令人信服的分析数据，要么补充重复实验数据。报告退回方案组，要求重新补充实验。

还有一次，一份简报中写道："在铜中测得冲击波速度为4.89毫米/微秒"。老经发现此速度不对，要我查证！我一查记录上是4.98毫米/微秒，我把简报改正确之后没当回事。第二天，我向老经汇报工作后，老经问我："昨天简报你怎么看？"我一下子蒙了。他见我想不起来，就提醒说冲击波数据错误，我这才想起来。他见我漫不经心的样子，就说："你不像搞科研的态度，你要知道绝大部分的科研成果最后都体现在数据上，数据错一切都错。还好，你这是简报，给上级领导看的，如果是科研报告，人家采用你的数据设计，那是要出大问题的。"这件事大大触动了我，教育了我。①

经福谦特别重视对年轻人的培养，身体力行地传帮带，室里很多同志要求经福谦讲课，他都是非常爽快地答应。从工作习惯、工作态度到治学精神，他就像一个标杆，年轻人从他的身上领悟到做一名合格的科研人员应有的品质。

工作再忙，文件再多，他都从不拖延、不积压，经常晚上加班加点批阅文件。特别对我们上交的科研计划、科技报告等文件中出现的问题，经常和我们及有关人员商讨，及时解决。

他对交给他的每一份科研报告、方案、计划都会逐字逐句地研读，认真细致地推敲物理概念、数据分析、结论和存在的问题。甚至报告中的错别字、标点符号、不规范的简化字，他都要一一指出。当发现有人常把爆轰波的"爆"字写成"灶"时，他就很认真地给人家指出来："没有这样的简化字"。许多科研人员收到被经院士批注、修改过的方案或报告时，都不禁从内心深处发出敬佩和赞叹。②

除了科研人员，单位里还有中专生和技术工人从事科研辅助工作，对于这部分人员，经福谦不管多忙，都会抽出时间给他们上课辅导，讲解关于爆轰实验方面的基础知识，提高他们的理论水平。他常常用自己的亲身经历给大家打气。

我中学是在抗日战争中度过的，校址迁了好几次；大学是在解放战争后期上的，当时教也无心教，学也无心学，所以我的基础并不好。我也不比别人聪明，不过是我把别人闲聊、扯皮的时间用来学习

---

① 朱立昌：严要求、勤教诲的好领导。见：《经福谦院士八十华诞文集》编辑委员会编，《经福谦院士八十华诞文集》。北京：原子能出版社，2009年，第70页。

② 刘光祥，蒋鸿志：我们学习的楷模。见：《经福谦院士八十华诞文集》编辑委员会编，《经福谦院士八十华诞文集》。北京：原子能出版社，2009年，第67页。

罢了！只要能苦学、苦思、苦练，久而久之总会有成就的。例如在三年自然灾害期间，大家一有空就谈吃、谈喝，美其名曰"精神会餐"。而我用这些时间来看书，补基础、想问题，既分散了对食物的欲

图 5-1　青海 221 厂大型爆轰实验场（中国工程物理研究院提供）

望，又增长了知识。有些人老是强调客观，业务不对口、基础差、工作忙等。我认为这不是根本！最根本的是没有勇气过"苦"这道关。为什么总是说苦学、苦思、苦练，因为学习、想问题、练功夫都是苦的。对一个问题三番五次搞不通，那个乏味、那个苦呀！但是你再坚持一下，弄通了问题，心里那个甜就不用提了，那是任何美味都比不上的，正所谓苦尽甘来呀！问题是要自己找苦吃，还要坚持到底，那不是任何人都能做到的。①

## "严重稀疏范围" 概念的提出

1963 年 8 月，二机部部长刘杰赴基地检查工作，决定把苏联来信拒绝提供原子弹教学模型和图纸资料的日期 1959 年 6 月作为第一颗原子弹的代号，即"596"，借以激励全体职工，坚决克服一切艰难险阻，制成原子弹。②

---

① 朱立昌：严要求、勤教诲的好领导。见：《经福谦院士八十华诞文集》编辑委员会编，《经福谦院士八十华诞文集》。北京：原子能出版社，2009 年，第 71 页。

② 《当代中国》丛书编辑委员会：《当代中国的核工业》。北京：中国社会科学出版社，1987 年，第 53 页。

当时，"596"核装置的物理设计已初步选定，按照中央"两年计划"的要求，计划在1964年原子弹要炸响，但是，许多设计参数还没有进行实验验证，缩比实验、模拟实验都还没有进行，时间万分紧迫。二机部要求九院对每个研制项目和关键技术、存在的问题和解决措施，都排出具体进度和完成时间，倒排、顺排，反复平衡，环环相扣，以确保"两年计划"总目标的如期实现。

> 为了保证大型实验一次成功，当时制定了明确的制度，简单地说就是把大实验分解成若干小实验，用小实验摸出规律确定参数后，再用到大实验上去。先尽可能选用力学相近的模拟材料做实验，最后再用实验用的真材料做检验。①

作为二室的副主任，经福谦对室里的每一个课题都十分关注，对于技术难点他都参与讨论，想办法解决。

在从事爆轰驱动波形数据的测试过程中，四组遇到了困难，实验测得的数据与理论部计算的数据对不上。主要是因为实验中边侧稀疏波影响非常大，实验人员布置探针点位必须在不受稀疏波影响的范围内，所测得的数据才能跟理论计算数据相符。但是边侧稀疏波能影响到什么范围？测试的时候探针必须放在什么位置才不受影响？这是测试技术上的一个最关键的问题。

在大量实验的基础上，经福谦指导课题小组成员对实验现象进行了观察、对比，在不同位置、不同时刻采取不同的测试方法，对比测试的结果，并与小组成员一起进行了充分的讨论。经福谦发现，用声扰动传播范围确定边侧稀疏区是对边侧稀疏边界的一种高估。据此，他提出了"严重稀疏范围"，即可以观察到的稀疏范围的观点。他利用库克（M. A. Cook）提出的"爆轰头"概念，认为由"爆轰头"确定有效装药长度是决定严重稀疏范围的主要控制因素，并在定量上得到了与实验基本符合的结果。后

---

① 任益民：原子弹研制时的几件往事。见：《经福谦院士八十华诞文集》编辑委员会编，《经福谦院士八十华诞文集》。北京：原子能出版社，2009年，第9页。

来有人对这个观点的数学描述作过改进，但基本思想并无改变。这个基本观点，对扩大模型实验能力和应用范围提供了理论依据。[①]

通过计算，经福谦不仅解决了测试技术上的难题，而且他提出的"严重稀疏范围"的概念，改变了实验设计，减少了两轮大型实验，从时间上加快了我国第一颗原子弹研制的进程。在突破氢弹实验中，根据严重稀疏范围的概念，将某次实验的结果与当年某次实验进行比较，给出了修正的不受干扰的一维结果，使氢弹研制省掉了某些实验阶段，从而缩短了研制周期。[②]

在原子弹设计基本完成之后，221厂组织召开了一次表彰动员大会，二室四组由于出色地完成了实验任务并缩短了原子弹的研制周期，被评为唯一的集体标兵，二机部部长刘杰亲自为他们颁发了奖状。回忆当时领奖的场景，叶钧道记忆犹新：

> 整个221厂开表彰大会，唯一一个集体标兵就是二室四组，个人标兵是马耀贤。经福谦是实验部二室的副主任兼四组组长，我是副组长。发奖的时候他让我代表二室四组去领了这个奖，这对我是很大的鼓舞。由这也可以看到经福谦在名利方面看得很淡。"596"大会战我们配合得很好，大型实验每次都是200多人，我们每次都是一炮成功，实验数据都是完整的，打一炮就是一次进步。我是做具体工作的，有贡献，但是我做的工作都是在他的指导下，他的贡献也应该肯定。表彰的时候他却把领奖的机会给了我，我觉得是他高尚情操的体现。[③]

1964年10月16日，新疆罗布泊上空一道强烈的闪光之后，爆发出惊天动地的巨响，巨大的火球转化为蘑菇云的姿态升腾而起，中国自行研

---

① 刘文翰访谈，2015年5月7日，北京。资料存于采集工程数据库。

② 董庆东：难忘的回忆。见《经福谦院士八十华诞文集》编辑委员会编，《经福谦院士八十华诞文集》。北京：原子能出版社，2009年，第59页。

③ 叶钧道访谈，2015年5月7日，北京。资料存于采集工程数据库。

图 5-2  国家自然科学奖奖章和证书（流体物理研究所提供）

究、设计、制造的第一颗原子弹爆炸成功。经福谦虽然没能在现场亲自参加这次实验，但是他和许多为此拼搏奋斗过的人们一样，百感交集、激动万分。

由于在原子弹研制工作中的突出贡献，1982 年，"聚合爆轰波人工热核反应研究"项目获得了"国家自然科学奖一等奖"，经福谦在十位获奖人中排名第七。经福谦始终认为核武器研制的爆轰实验任务是一项集体性的事业，虽然获奖名单上只有以王淦昌、陈能宽为代表的十人，但是在这枚金灿灿的奖牌背后，是几百名没有列上姓名的科技工作者，他们是这项神圣事业中的无名英雄。

## 实现"绝对保护"

按照毛泽东"原子弹要有，氢弹也要快"的指示，周恩来在我国首次核试验成功之后，也提到氢弹研制能否加快，并要求二机部就核武器发展问题做出全面规划。

在研究更深层次的内爆动力学全过程中，一项关键性技术是对信号传输线进行保护的问题。因为要获取产品的各种爆轰参数，必须要安排布置一些探测装置，连接装置的测试传输线要经过一个专门的通道引出来，将信号传输到记录仪器上。但是，当产品发生剧烈爆炸时，这个专门的信号传输通道以及传输线都会受到挤压破坏，这样一来就可能根本采集不到产品的数据。如何解决这个问题是摆在科研人员面前的十分紧迫的任务。

从 1963 年年底起，经福谦带领实验人员围绕在爆轰区域，如何实现从测试靶上引出的光、电信号线不被破坏的问题进行了多种思考和尝试。他和课题组成员董庆东合作提出了两种思路，绝对保护和相对保护，并指导课题组成员设计了多种实验方案。

> 做了几轮分析对比实验后，老经指出应走绝对保护的技术路线，建议用高密度材料作保护锥筒，以延迟爆轰产物和碎片到达信号引线的时间，使光、电信号线在信号采集之前不受破坏。我们搞了好多个实验方案，做过一些爆炸实验。当时在经福谦的指导下我们设想了两种保护方法，一个是怎么让界面尽量延缓它的运动时间，让它运动得比较慢，等最后得到了测试信号再把通道压死，这就叫绝对保护的方法。但这个能不能做到，我们并不知道，通过计算和模拟分析，觉得是有可能的，但需要试验来验证。还有一种是想办法降低对通道壁的爆炸破坏程度，我们当时把它叫作相对保护方案，就是允许有冲击的应力传到通道上来，冲击载荷的一些信息、信号，我们通过改变通道里面信号传输的介质，增强介质的抗压或者抗破坏的特性，降低材料里应力参数的强度，通过这种手段让信号虽然受到冲击波信息的影响，但能够正常传输。[1]

在经过大量的实验之后，经福谦发现延缓通道壁运动这种绝对保护的办法是可以实现的，虽然还有好多技术手段没有掌握，但是方法是可行的。要充分掌握这项技术还需要开展大量的试验验证。

1965 年上半年，为适应突破氢弹研制的需要，实验部进行了机构重组。在原二室的基础上组建了新的 2 室、21 室、22 室、23 室和 24 室。经福谦担任 21 室主任，领导 21 室进行材料冲击压缩性能及相关动高压技术和界面不稳定性等方面的研究，"绝对保护"研究工作被搁置。

---

① 董庆东访谈，2015 年 12 月 15 日，四川绵阳。资料存于采集工程数据库。

由于我们突击氢弹时间比较紧，"绝对保护"相关研究工作就暂时停下来了。后来随着我们工作的再深入一步，这项技术变得不可跨越，必须得掌握了，我们才回过头来又继续开展研究。①

虽然此时经福谦已经不再从事这项技术研究工作，但研究人员还是按照几年前已经确定的绝对保护的技术路线进行了探索实验，最终获得了成功。若干年之后，这项"绝对保护"技术获得了国防科技进步奖一等奖，申报国家发明奖二等奖也获得了批准，但是在获奖人名单中，却未有经福谦的名字。尽管如此，经福谦在这项技术中所起到的奠基作用还是得到了大家的认可。

① 董庆东访谈，2015 年 12 月 15 日，四川绵阳。资料存于采集工程数据库。

# 第六章
## 非常岁月，初心不改

20 世纪 60 年代席卷中国的"文化大革命"对正在发展中的核武器研制事业造成了严重的干扰和破坏，也对这一事业中的众多科技人员造成了很大的伤害。在这场政治风暴中，经福谦被迫停止工作、隔离审查，身心遭受摧残。但是，他始终淡然面对，从没有放弃过对事业的热爱。恢复工作以后，他仍以百倍的热情投入工作，初心不改。

## 停止工作进"牛棚"

1965 年年底，221 厂开始"四清"运动，经福谦一下子就成了清查对象。

所有干部，不管是主任还是书记，都要"四清"，科研组长以下的不用。老经的父亲是国民党的军官，他自己过去也曾填过"三青团"的表，在那种政治气氛之下，肯定是要审查他。①

---

① 李国珍访谈，2015 年 12 月 15 日，四川绵阳。资料存于采集工程数据库。

好在"四清"运动对经福谦的影响不太大,组织上通过审查,澄清了所谓"三青团"成员,无非是他当年受同学影响填写了一张入团的表格,此后并没有参加过任何三青团的活动。

1966年"文化大革命"开始了,此时正值氢弹研制的关键时刻。9月25日,周恩来主持召开了中央专委会第十六次会议,他在会上宣布:"中央已决定,工厂企业、研究机关、农村、党政机关、群众团体一律不组织红卫兵。已经组织了的要协商取消,把劲头用到科研生产上去。原子弹爆炸,有专家的功劳。这些人只要积极工作,即便是在思想上有问题,在工作上还是要团结。"10月8日,周恩来明确提出,对核试验要武装保卫,排除"红卫兵"的干扰,保证实验安全进行。

1966年年初,九院组成设计、实验和理论三结合突击队,全面展开了对新的设计原理的实验研究。仅仅用了10个月的日夜奋战,同年的11月就完成了新设计原理的热核实验弹。1966年12月28日,氢弹原理性实验取得圆满成功,证实了新原理和理论设计方案都正确。中国人完全掌握了制造氢弹的理论和技术。

1967年年初,青海221厂先是成立了"草原红色战斗队"的群众组织,很快又成立了一个"革命联合指挥部",两派针锋相对,大字报开始铺天盖地地贴了出来,大批专家和科技骨干被戴上"专家路线"和"白专道路"的帽子而遭到批判,在"政治可以冲击一切"的"革命"口号下,正常的科研生产秩序受到严重干扰。

为保证核武器研制能够按原定计划进行,从1967年3月到11月,毛泽东、周恩来、叶剑英、聂荣臻等中央领导人,向核工业主要生产厂、研究所、建设工地签发了22份电报,明确指出这些单位的"文化大革命"只能在业余时间进行,各个群众组织必须"按照行政单位调整改组","不准夺权、不准停产、不准串联、不准武斗"。5月底,毛主席亲自签发电报,令青海221厂暂停"四大运动"(大鸣、大放、大辩论、大字报)。6月底到8月中旬,中央又三次派出调查组,到221厂和酒泉原子能联合企业了解情况,维持正常生产。为防止"造反派"的夺权行为干扰核武器研制,周恩来与毛泽东商定,首先在国防工业等相关系统实行军管。所有这些措施，对核武器研制工作在"文化大革命"初期仍能按计划进行，起了重大作用。

1967年6月17日，中国第一颗氢弹爆炸成功。氢弹实验成功之后，221厂又恢复了"四大运动"，两派群众组织于1967年7—8月连续发生了两次武斗，科研生产陷于瘫痪。虽然没有硬性要求什么，但是经福谦还是每天都到办公室看书，不参加任何政治运动。没过多久，他被迫停止了工作，原因还是家庭出身问题。

> 因为他父亲是国民党军官，一直在坐牢，坐牢的时候经福谦还给他寄书、寄生活费。①

在那个年代，经福谦对父亲的牵挂让自己戴上了"国民党特务嫌疑分子"的帽子，组织上停止了他的正常工作，让他认真反省，老老实实交代思想问题。在儿子经二力的记忆中，原来一心扑在工作上，经常在办公室忙得不能按时回家的父亲一下子变了：

> 突然我爸爸就天天回家，在家里也不怎么出声，有的时候就拿一本《毛泽东文选》看，我记得看的最多的是矛盾论、实践论，还有杜聿明的投降书等这些。②

1969年3月，黑龙江珍宝岛爆发了中苏两国的武装冲突，苏方密谋对我国实施外科手术式的核打击，全国进入"要准备打仗"的临战态势。由于221厂过去是根据苏联专家的意见修建的，上级要求在敌人发动战争之前，以最快的速度向"三线地区"转移。11月，221厂开始分批转移。11月4日至19日，在搬迁过程中，连续发生了三大事故：热电厂1号电缆线短路爆炸，造成厂区大面积停电；第二生产部229工厂炸药件加工爆炸，炸死了3名正在加工的工人；实验部七厂区核心资料"丢失"。周总理当

---

① 刘文翰访谈，2015年5月6日，北京。资料存于采集工程数据库。
② 经二力访谈，2016年3月17日，广东深圳。存地同上。

即指示："要加强领导，充分发动群众，查清问题。"可是军委办事组派到221厂调查问题的人员一到青海就把周总理的指示丢在一边，他们不听汇报、不作调查，就给"三大事故"定性为"三大反革命案件"，说是"埋藏很深的反革命敌人有组织、有计划搞的"，肯定九院有"长期潜伏的反革命集团"。

当时，221厂军管组组长是原海军副司令、国防科委副主任赵启民，副组长是原空八军副军长赵登程，两人被大家合称为"二赵"。"三大案件"之后，"二赵"被赋予了先斩后奏、边斩边奏的权力。他们自1969年11月28日进厂后，在两年的时间内，制造了数十起冤假错案，残酷镇压广大职工和干部。对百分之八十以上的科、室、车间干部，以审查为名进行政治迫害。院机关及四个科研生产部副主任以上技术干部，百分之九十以上打成了各种牌号的"特务""反革命"，切断广大职工和干部与厂外的一切联系，一段时间内，不准通信、不准职工探亲，也不准家属来基地探亲。尽管已经过去了数十年，但是从那个年代走过来的刘敏对当时的情况仍然记忆犹新：

> 二厂发生了爆炸事故，军代表们把一些人打得受不了了说是西北派遣军国民党派来进行破坏的。我认识一个人是二厂的，他被打得受不了就乱交代，胡乱把认识的几个人名字都写了，把我名字也写了，所以我也成了嫌疑犯。那几个人都被抓到监狱里面，被抓进去的人还会挨打，我不是二厂的，也不让回家，连我父亲去世也不让回。[①]

所有的技术领导被集体停止工作，坐冷板凳、关牛棚、接受审查。牛棚就设在各科研室，每个室专门腾出一间办公室，里面放上一张床，有战士看守，关押期间不能回家。

> 当时说经福谦是特务，让他交代为什么不跟他爸爸划清界限；他在研究室里面怎么推行专家路线，搞关、卡、压等问题。明明是他好

---

① 刘敏访谈，2015年5月7日，北京。资料存于采集工程数据库。

心帮大家做了好多的事情，搞运动的时候却说成相反的事情。比如经福谦和杨秀会夫妇对大家比较关心，有时候做实验回来晚了赶不上吃饭，这两人就把同志们拉到家里面去吃饭，最后这也变成经福谦的罪状，说他拉拢腐蚀青年。①

"二赵"有一个非常残酷的政策叫"熬牛"，就是如果这些"牛鬼蛇神"不交代就不让睡觉。在军代表的看守下，接受审查的人72小时不让睡觉，很多人熬不住了就临时瞎编一个说法，编完以后被允许睡两个小时，睡完起来让把具体情况写出来，本来就是瞎编的，这时候全忘了，就会被认为态度不老实，再继续熬。

经福谦在这种严刑之下，没有的事儿就不说，是什么就是什么，没牵连任何一个人。你要是乱交代，我承认我是特务了，特务总得要发展，我发展谁了？我的上级是谁？那么别人就会被牵连进来。在这一点上，经福谦做得真不错，再熬、再打、再体罚他都一概不乱说。②

由于核心资料的丢失，221厂对嫌疑分子的宿舍进行搜查。经福谦的家也未能幸免，儿子经二力回忆起来至今心有余悸：

第一次抄家的时候我家住黄楼，全厂保密大检查，每个楼梯口都架着机枪，两个持枪的大兵站在门口，工宣队、积极分子去搜查，军代表巡逻，气氛肃杀。搜查完之后，家里被翻得乱七八糟。很快那个地方就不让我们住了，我和妈妈住集体宿舍。

后来开公审大会，主席台上的人宣布死刑名单后，马上就拖到后面枪毙。我们被要求必须去看。③

---

① 刘文翰访谈，2015年5月6日，北京。资料存于采集工程数据库。

② 同①。

③ 经二力访谈，2016年3月17日，广东深圳。资料存于采集工程数据库。

在那场政治风暴中，221 厂先后枪毙了 5 人，抓、关了所谓的"反革命特务集团"50 多人，批斗了 3800 多人，百分之九十的高、中级科技人员都受到了迫害，基地领导人吴际霖遭受百般折磨而死，另一名领导人王志刚、著名炸药专家钱晋也被残酷迫害致死。

相比之下，经福谦还算幸运。平时他对同事们很好，在他受难的时候，同事们都想方设法地保护他。他没有被拉到厂里批斗、游行，批判大会就在室里的走廊上，经福谦坐在走廊尽头接受大家的批判，多数同事并不为难他，只求在军代表的眼里能过关就行。开完批判会，他又被关进自己那间小黑屋，或写思想汇报材料，或进行自我反省。时任室副主任的朱立昌回忆起当时的场景还有非常深刻的印象，他说看到经福谦在那样的境遇下还抓紧时间学外语，虽然不准带进任何学习资料，可是凭着记忆，竟然可以把英汉字典背下来。

囚禁期间，经福谦被剥夺了自由。运动后期，经福谦在看守人员的监管下，很晚才到食堂买饭，面容十分憔悴，也买不到什么好菜。[1]

经福谦自己的境遇已经很不好了，妻子杨秀会在那段日子里也同样难熬，在儿子经二力的记忆里，妈妈那个时候很压抑，基本上不怎么说话，在家的时候经常默默地流泪，资本家的出身加上丈夫的问题，让原本性格活泼开朗的她只能夹着尾巴做人。她所在的科研室两派斗争针锋相对，哪一派都不放过她，她这个资本家的大小姐必须接受组织的帮助，在劳动人民的监督下改造自己。她被调离涉密岗位，开始参加政治学习、参加批斗大会。由于无法知道经福谦具体的情况，杨秀会内心受到了极大的煎熬。有一次开公审大会，通知杨秀会不能去，联想到之前的公审大会结束后会枪毙犯人，杨秀会当时非常紧张。事后她和朋友说起："当时我真以为经福谦要被枪毙，特意不让我去。当时我想好了，如果经福谦被枪毙了，我就带着儿子马上从楼上跳下去。"[2]

---

[1] 金孝刚：科研战线的好领导。见：《经福谦院士八十华诞文集》编辑委员会编，《经福谦院士八十华诞文集》。北京：原子能出版社，2009 年，第 73 页。

[2] 经二力访谈，2016 年 3 月 17 日，广东深圳。资料存于采集工程数据库。

# 押送赴川

在221厂开展清理阶级队伍运动的同时，整体向三线地区搬迁过渡的工作也紧锣密鼓地进行着，因为人员众多，搬迁工作分期分批进行。经福谦以及和他一样所谓问题还没有查清楚的同事们此时仍然没有解除看守，他们并不知道外面发生的一切，不知道自己的家人此时的状况。他们失去了行动自由，如果要到哪里去，还得戴上手铐，由军管人员押着才能出去。原三分厂副厂长孙维昌说起那段日子仍是不堪回首："一听说要戴手铐了，我们就得赶快把所有的衣服都穿在身上，不然戴上手铐，衣服就穿不上了。那里是高原，早晚温差大，凉呀！"儿子经二力也清晰地记得他曾经见到过父亲的样子：

> 有一次我在楼下，看到一大堆当兵的押着一溜戴着手铐的人走过。突然有一个小孩指着一个人说那是你爸，我看见我爸一直扭头看着我，旁边全是大兵，拿着枪。

按照当时的搬迁计划，驻院军代表在搬迁前对九院的每一名职工进行了仔细的审查，那些被扣上"地、富、反、坏、右"帽子，家庭成分或个人成分有点问题但本人又没有什么大问题的人，被认为不适合留在九院继续工作，被第一批派往设在河南驻马店上蔡县的"五七干校"，他们将在那里接受劳动锻炼。杨秀会由于资本家出身问题，也被认定是需要清理出九院的人，再加上丈夫经福谦的国民党特务嫌疑问题还没有彻查清楚，于是杨秀会的名字也列入了去河南的人员名单。

> 最初宣布去河南的名单里没有我们家，走的前一天，突然一大帮人跑到我们家来，拿一大堆木头钉箱子，我妈妈问"你们干什么"，

他们说"去河南"，我妈妈就说"好像没有我啊，你们是不是搞错了"，他们说"你不用管"。十几个人把木头板子钉成一个大箱子，把我们家东西往里装，第二天我们家就跟着走了，也不知道目的地。我们坐闷罐火车，分成男女车箱，车箱里面黑黑的什么也看不清，地上铺上一大堆稻草，就在稻草上睡。中间停靠兵站，送水和饼，有时候车门打开，就坐在那儿看看风景，大家也不敢问去哪。①

派遣完去河南"五七干校"的人，入川的人员才开始动身。此时，经福谦以及和他一样问题还没有查清楚的人在军代表的看守下跟随大部队登上了去四川的火车，他不知道久未谋面的爱人和孩子并不在这趟列车上，也不知道他和他们的距离已经向着不同的方向越来越远了。

初抵四川，经福谦仍然被关押，没过多久组织上给他安排了一个新任务——食堂喂猪。因为新单位建在山高林密的山里，虽然打起仗来是个十分隐蔽的好地方，可以继续搞科研，但生活上却很不方便。当时为了改善生活，每个科研室都要想办法自给自足，组织职工到农场劳动。经福谦所在的二室有个职工回山东老家探亲，顺便带回了一个小猪崽儿，是头母猪，想着如果把它养大，母猪下小猪，小猪长大还可以继续繁殖，这样就可以解决职工的吃肉问题了。可是让谁来养呢？这个时候室里想到了经福谦，因为经福谦还在关押期，不能出来自由活动，他又是一个人在四川，让他去养猪看守起来也方便。

从一个科研工作者变成了猪倌儿，经福谦坦然接受。他喜欢有事情做，在他看来，比起精神上的折磨，身体上受点苦并不算什么。也许是学者的天性使然，经福谦不管做什么都特别认真，他让人找来养猪的专业书籍，一点点认真地学习起来。多年后，儿子经小川在回忆父亲时说：

小时候有一次跟我爸走在路上，看到所里养的猪，我爸说：你看那猪还没我养得好呢。我养猪那会儿，每天都要把猪圈里的猪粪铲干

---

① 经二力访谈，2016 年 3 月 17 日，广东深圳。资料存于采集工程数据库。

净，湿的地方找老乡要干稻草吸干，在干的地方铺一层厚稻草，猪都会去那儿睡觉。猪长得非常快，每三天我都要给猪洗一次澡，拿刷子把猪身上的脏东西还有跳蚤都给它刷下来，猪就特别舒服。他说他养的猪比旁边农民养的长得快得多。他跟我说这事儿的时候，正在写实验物态方程那本书，他说，要是有时间他再写本怎样养猪的书。①

# 恢复工作

在停止工作的这 4 年间，经福谦除了被批斗，低头认罪外，就是在食堂养猪。原本就性格谦和的他话越来越少，腰也常常弓着，尤其是养猪之后，长期的劳作让他的腰越发直不起来。在朱立昌妻子的记忆里，曾经的经福谦是何等的帅气：

> 1965 年我们刚分去的时候，我印象特别深，老经那时候身材非常好，腰笔挺笔挺的，"文化大革命"那时候老是弯腰批斗，后来就弯了。我第一次见到他的时候，他穿着银灰色毛料裤子，天蓝色确良衬衣，当时我想这室主任真帅。②

1971 年，发生了"九一三"林彪坠机事件，九院内部的局势突然发生了变化。政治部主任把和经福谦一样还没有解除关押的一批人逐一叫到办公室对他们说："把你们的那些交代材料都烧了吧，你们没事了，可以继续从事科研工作了"。虽然那一纸认定他们清白的书面平反意见还没有正式下达，但是他们几年来压抑在心里的沉重负担终于可以放下了。

解除关押之后，经福谦得知妻子在河南上蔡，于是请假去河南探亲。当时在河南"五七干校"有 800 多人（包括小部分家属）都是当初从全国

---

① 经小川访谈，2015 年 5 月 6 日，北京。资料存于采集工程数据库。
② 朱立昌访谈，2016 年 4 月 17 日，上海。存地同①。

各地或抽调或毕业分配来到九院的职工，是各行各业的佼佼者，在我国原子弹、氢弹突破中，他们都作出了贡献。当时河南"五七干校"除了地方政府划出的一片空地外，连最基本的居住条件都不具备，这800多人大部分被安排住进了当地农民家里腾出来的牛棚、马厩、猪圈，最急迫的任务是自己动手盖房子。每天，杨秀会都和大家一样到指定的地方参加劳动，儿子经二力也只得插班到当地农村的学校读书，学习环境很不好。杨秀会不想让儿子就这样荒废学业，她给天津老家的亲戚写信，希望把儿子送回老家上学，同时想找机会出去联系工作，离开九院。在得到了老家的答复后，她立即启程送儿子回天津，同时联系调动工作的事。"九一三"事件发生后，"五七干校"的这批人又被动员留在九院继续工作，杨秀会此时也暂时搁置了在天津联系工作的事。

就在组织上即将给经福谦落实政策、恢复他的领导岗位之前，经福谦忽然查出得了甲肝，杨秀会看到他身体状况很差，坚持要带他回天津老家养病。

> 到天津之后，当时甲肝也没有什么药，我妈就四处求人买一种特别贵的进口药，叫免疫球蛋白，她几经辗转，最后终于搞到了3支。[1]

一个月之后，经福谦的身体在妻子的精心调养下逐渐恢复。回想起这几年在九院的经历，看着爱人备受折磨的身体，杨秀会心里对九院生出几分怨气，她瞒着经福谦去了天津大学，天津大学在了解了她们的情况之后，十分爽快地答应了她的调动请求，非常欢迎像他俩这样既有理论水平又有教学经验的人到天津大学任教，还答应给他们提供住房。杨秀会原以为经福谦吃了那么多苦，肯定也不愿意再在原来的单位待下去，对这次调动应该不会有什么意见，就算是为了孩子的将来考虑，调到天津也是很好的一件事。可是此时，经福谦却沉默了，考虑了很久，他才对妻子说：我还是留在四川，你带着孩子调去天津。杨秀会完全没有想到这一份事业竟

---

[1] 经小川访谈，2015年5月6日，北京。资料存于采集工程数据库。

然对经福谦有如此大的吸引力，可以让他舍家弃子。虽历尽磨难，但却始终不改初心。

"既然你不走，我当然也不会走了，我怎么能把你一个人留在四川？"从此以后，杨秀会绝口不提调动的事。两人直到去世再没有离开过他们所热爱的事业。

1972 年，经福谦恢复科研工作，仍然具体领导状态方程及动高压技术研究，并新增加了核爆高压技术研究的内容。他仿佛忘记了自己曾经经历过的种种磨难，把全部的热情又重新投入自己的工作中。

> 恢复工作以后他更是兢兢业业，他有一种感恩心理，因为好多和他差不多的人都还在关押中，他比较早地重获自由并恢复他的主任职务，这个在当时还是比较特殊的。[1]

二室有个别同事在批斗经福谦的时候言辞比较激烈，经福谦重新当室主任之后他们害怕经福谦会记恨，因此背上了沉重的思想负担。经福谦知道后主动找他们谈话，说过去的事情不怪你们，是那个特殊年代的产物，我们都

图 6-1　关于经福谦的平反决定（流体物理研究所提供）

不要再提了。他是这样说的，也是这样做的，没有人听他聊起过他在"文化大革命"中的艰难岁月。儿子经小川说，只知道父亲在"文化大革命"中去喂过猪，而且每每说起养猪的事儿都挺乐观，很有意思的感觉，不知道他受

---

① 朱立昌访谈，2016 年 4 月 17 日，上海。资料存于采集工程数据库。

过哪些苦。他的妹妹经贞谦在多年之后见到曾经英俊挺拔的大哥腰已经弯得直不起来时说:"不用问都知道他那些日子不好过。"在经福谦的人事档案中有一份平反决定,上面有这样的描述:"'二赵'无事实根据地将经福谦打成'历史和现行特务',给其编造了'打击腐蚀工农技术干部'和'黑五家店'等莫须有的罪名,将经福谦关押审讯 11 个月,放出后仍对其实行专政。由于长期遭受精神的折磨、生活的虐待、法西斯的摧残,致使经福谦同志腰部骨质增生,不能完全直立,两腿风湿性酸痛,心脏二、三级杂音,牙床萎缩……"这些文字真实地反映了经福谦所经受过的磨难。

恢复工作以后,经福谦依然和从前一样,每天忙到很晚,要把"文化大革命"中一度中断的研究工作再捡起来,有很多的事情等着去做。室里各课题组也有好多难题需要解决,不管谁找到他,他都跟以前一样,很耐心地给予指导。

# 第七章
## 动高压领域的开拓者

在核武器研制过程中，经福谦逐步意识到高压物理工作的重要性，决心推动我国高压物理学科的发展。面对当时高压物理学科"先天体弱"，后又受到"文化大革命"的影响，国家投资少、队伍规模小的困境，他花费了数十年的心血，打出了一套漂亮的"组合拳"：积极推动组建了高压物理专业委员会，让这一领域的科研人员有了"主心骨"；组织建成了轻气炮、爆炸塔等设施，为拓展深化基础研究提供了先进高效的实验手段，使得我国的动高压技术进入了一个标志性的发展阶段；总结了多年来积累的高压实验技术和方法，编撰了《实验物态方程导引》，为从事高压物理研究的工作者提供了入门教材；随后他倡导并组织出版了《高压物理学报》，打造了学科交流的园地；他组织全国 11 家科研单位，申请了高压物理领域的第一个国家自然科学基金重大项目，给高压研究者打了一剂"强心针"。由于在高压物理学科发展方面的卓越贡献，经福谦于 1991 年入选中国科学院学部委员。

公认的世界高压研究领域学术领袖毛河光院士[1] 对经福谦深表敬佩，亲笔写下：经福谦先生是国际顶尖的科学家。在动高压领域，久享盛誉。

---

[1] 毛河光，美国卡内基研究院研究员，美国科学院院士、中国科学院外籍院士、中国台湾"中央研究院"院士、英国皇家学会物理学外籍院士。

他研究的深度、动静结合的思想、对青年后进的鼓舞、和同行的合作，都是我们的楷模。中国高压事业幸而有经先生的开启。①

# 成立高压物理专业委员会

我国的高压物理研究始于 20 世纪 50 年代。按照加压原理区分，高压物理中有静态高压技术和动态高压技术两类。前者是利用高压容器和顶砧对试件的强制性约束，造成对试件的持续受压环境、稳压时间可达若干分钟、若干小时，甚至更长。试件与周围介质有充足时间进行热交换，因此它是一种等温压缩技术。从事静高压研究的主要是吉林大学、中国科学院高能物理研究所和物理研究所等单位。

动高压技术是采用脉冲加载方式（利用如爆炸、强放电和高速运动物体的冲击等方法），外载荷影响是通过波传播而逐渐传入试样之中，对试件的加压约束则是基于材料本身的惯性响应特性而获得的。以核武器研制需求为牵引发展起来的动高压技术主要集中在中国工程物理研究院。

从 1960 年起，经福谦就参加与领导了我国动高压领域的研究工作，这个研究集体主要承担炸药驱动系统设计技术的研究。当时，国外仅有少数几个研究机构从事此类研究活动，而且由于保密无公开发表的科技资料可供参考，在国内科研领域中也是一块未开垦的处女地。

经福谦等人利用高能化学炸药在一定的外界刺激下（冲击、燃烧等），炸药的组成分子离解，发生放热反应，并快速释放出化学贮能，从而对其周围介质做功，产生强冲击波，使物质处于以高压力和高温度为特征的高能量密度状态之中。在这一过程中，经福谦带领团队对其中的冲击波稳定性、界面不稳定性、炸药能量利用率等基础问题，开展了大量的和系统的研究，获得了许多基础数据、积累了对基本规律的认识，对国防科技发展

① 毛河光写的对经福谦的评价，2015 年 7 月 18 日，资料存于采集工程数据库。

起到了积极作用。

"以任务带动学科发展，以学科发展促进任务完成。"这是经福谦在研究工作中一直坚持的思想。在完成任务中解决了一系列关键技术和获得了一批物理数据之后，他的头脑里装进了一大批科学技术的新事物。通过阅读大量专业文献，分析所获得的知识、技术以及重要的物理数据，他察觉到一门介于天体物理、等离子体物理、地球物理、高压物理、材料物理以及爆炸力学学科之间的高能量密度物理研究方向正在形成。在以高温、高压为主要特征的极端环境条件下，各种物质表现出独特的和形态各异的物理、化学和力学性态的变化。这种极端状态可以通过多种途径产生，在实验室中可用强冲击波手段实现，于是他决心在我国开拓这方面的研究。

但是，由于高压是一种极端条件，高压合成需在温度、成分变量的基础上进行压力作用参量的研究，工作量与常压状态相比增加了 3—10 倍，并且常压下容易测量的物理量在高压下增加了很大的技术难度。国内由于以前投资很少，高压设备十分缺乏，从事高压研究的队伍规模很小。在"文化大革命"期间，许多科研工作者受到残酷迫害，众多领导和专家也受到严重冲击，原来就不多的高压研究工作者又纷纷离散。据陈俊祥描述：他们从事高压物理研究的人在"文化大革命"中都散了，那时候实际上北京没有几个人了。[①]

1978 年 3 月 18—31 日，中共中央、国务院在北京隆重召开全国科学大会，这是一次改变中国科学命运、具有非凡历史意义的大会。在开幕会上，邓小平同志发表了重要讲话，指出"四个现代化"的关键是科学技术的现代化，重点阐述了科学技术是生产力这个马克思主义的观点。全国科学大会给中国知识分子带来了福音，使他们重新振奋精神，全身心地投入科学事业中去。随后几年里，全国各种学科学会和专业委员会纷纷恢复停滞已久的学会学术活动，同时又有很多新的学会相继成立，全国呈现一片生机勃勃的新景象，令人欢欣鼓舞。

以何寿安、经福谦等人为首的科研人员看到了发展中国高压物理学

---

① 陈俊祥访谈，2015 年 12 月 16 日，四川绵阳。资料存于采集工程数据库。

科的希望，他们在联系中交流了看法，都认为"科学的春天"形势大好，而且当前动静高压的基础研究力量齐备，是最好的发展学科的时机。经福谦认为，其中有利的条件之一就是中国工程物理研究院这支动高压的科研队伍，虽然在"文化大革命"中经历严重冲击，但是队伍基本完整，主要科研人员依然坚守岗位。有了这样的"靠山"，经福谦信心满满。

为了把全国高压物理的同行凝聚起来，共同推动我国高压物理学科的发展，1978年，经福谦与何寿安、苟清泉、邹广田等联合，策划召开第一届全国高压学术讨论会。以中国科学院物理研究所、中国工程物理研究院流体物理研究所和吉林大学为主，先期在无锡开了筹备会议，确定了会议的主题并部署了相应的会务事宜。

随后，经福谦等人联系了吉林大学、国防科学技术大学、中国科学技术大学、中国科学院物理研究所、中国工程物理研究院流体物理研究所等单位从事高压物理研究的人员，于3月14—19日在广州组织召开了首届全国高压学术讨论会。讨论会上，交流了静态高压和动态高压技术，其中包括为进行固体物理、地学和新材料合成研究的各种超高压实验装置及一系列实验技术；高压下物质的相变、结构及性质的实验和理论研究；高压下固体状态方程的理论和实验研究；高压下新材料的合成工作，其中人造金刚石和立方氮化硼等超硬材料已推广使用；金属氢问题的讨论，也引起许多高压工作者的兴趣；高压地学研究及高压加工等已开展的研究工作。

据此次会议简讯记载：这次会议表明，过去的二十多年中，我国广大的科学技术人员建立和发展了高压物理这门学科，并取得了可喜的进展，但是由于"四人帮"的干扰、破坏，发展速度受到很大的影响，受到破坏最严重的是基础研究工作，因而使我们与世界先进水平之间的差距拉大了。[①] 会议期间，代表们从"四个现代化"的宏伟目标出发，谈了高压物理如何实现赶超，如何为加速实现"四个现代化"作出更大的贡献，并就赶超目标、重点课题、国内外学术交流、人才培养、情报出版等问题进行了认真的讨论，提出了相应的措施。

---

① 首届全国高压学术讨论会简讯。《物理》，1978年第7卷第3期，第191页。

此次会议还就学科的命名问题进行了讨论。

会议之后，何寿安和经福谦向中国物理学会递交了申请报告，申请成立物理学会下属二级分会——高压物理专业委员会。经过一段时间的酝酿，在广大高压科学工作者的支持下，以何寿安和经福谦教授为首，中国高压物理专业委员会于 1983 年正式组建，何寿安担任高压物理专业委员会主任，经福谦任副主任。

邹广田院士曾经这样评价："成立了专业委员会之后，每两年开一次学术会议，国内组织其他学术活动，大家互通有无，有利于发展。学会的目标就是把做高压研究的人凝聚在一起，互通有无。做这事主要是热心人来做，完全是义务的，积极开展活动，引导中国高压学科快速发展。"[1]

# 工欲善其事，必先利其器

进一步推动学科的纵深发展，就必须提高科学实验的效率和实验数据的准确性，为此，经福谦特别注重实验设施的建设和技术手段的改造。

20 世纪 70 年代前期，高压物理研究主要侧重于解决武器研制迫切需求的问题，如本构关系、动态断裂和材料的状态方程等，仿照当时苏联所采用的爆轰加载方式，当时经福谦团队用于产生动高压的手段也主要是炸药爆轰加载。

炸药爆轰加载具有测试范围大、一次实验可以得到较多实验数据等优点，同时也存在缺陷：在炸药爆轰驱动飞片撞击靶子的过程中，炸药的药量越大，则驱动飞片击靶的速度越高，但装药增多，会因为边界的影响，使实验测量的精度变差。同时，经过经福谦等人多年的技术攻关，发展了多种爆轰增压技术，最高压强达到了 500GPa，压力再往上升已是十分困难，而且效率很低。

---

[1] 邹广田访谈，2016 年 10 月 25 日，四川绵阳（电话访谈）。资料存于中国工程物理研究院流体物理研究所。

由于当时中国工程物理研究院的炸药制作能力与苏联相比存在较大差距，炸药生产车间规模小、供应量也少，同时炸药的加工、制作周期较长，在国防任务繁重的情况下，炸药根本无法满足开展基础研究的需求。开展爆轰实验要到偏远的实验场地进行，路途遥远、往返不便；实验受到气候的限制，不仅下雨不能做实验，甚至风大了都可能影响实验的开展。面对诸多影响因素，利用炸药爆轰加载的方式开展高压物理的基础研究很难。

随着科研工作的进一步推进，经福谦率领团队在材料冲击压缩性的研究中逐步深入、研究范围逐步扩展，除了原来利用高级炸药爆轰驱动增压技术测量材料冲击绝热线外，还增加了超高压实验技术、低压实验技术和相应压力条件下的材料特性研究，对加载装置及能力提出了更高的要求。因此，寻找更高效的加载方式已经迫在眉睫。

经过调研，一种高效的加载方式吸引了经福谦的注意，即轻气炮加载，利用轻气炮发射前端有飞片的弹丸碰靶以达到加载的目的。与炸药爆轰加载技术相比，轻气炮加载方式工作效率高，能够在更宽广的压力范围内获得极好的飞片击靶波形。

为此，经福谦积极开展了轻气炮的筹建工作。建设之初，也遭遇了一定的阻碍。时任流体物理研究所副所长的陈俊祥回忆：

> 当时他主要是搞轻气炮建设，建轻气炮的申请送到院里，有一年多的时间都没有批下来，因为当时院领导也有一些保守思想，为什么呢？因为苏联就没有搞轻气炮，全是搞炸药装置。虽然美国搞了，但是苏联从来不搞，当时是跟苏联走，觉得没有必要。另外搞装置就需要配人员，九院没有那么大的力量来搞这个东西，所以一年多都没有批。在这个过程中经福谦他们到处游说，找领导、找王淦昌、找朱光亚，找各方面的人，充分说明搞轻气炮的必要性。①

当时国内只有中国科学院力学所和国防科工委 29 基地建造了轻气炮。

---

① 陈俊祥访谈，2015 年 12 月 16 日，四川绵阳。资料存于采集工程数据库。

在对美国相关科研文献进行调研的基础上，经福谦亲自带领工作人员赴力学所和 29 基地进行了实地调研和考察。经过充分论证，他向中国工程物理研究院上报了可行性论证报告，报告中轻气炮的参数指标达到了当时国际先进水平。经过一番努力，院里批准了建设轻气炮，其主要目的是用于开展基础科研。

在轻气炮实验室确定着手土建时，1983 年 9 月，国家计委、国防科工委下发通知，《关于核工业部九院建设布局调整问题的请示》经国务院、中央军委原则批准，列为国家重点项目，代号为"839 工程"，即将中国工程物理研究院整体搬迁至绵阳科学城①。国务院指示：要建设一个新的基地，要建设先进的设施，要建设科学城式的科研基地。②

抓住新科研基地建设的机遇，经福谦向上级报告，将轻气炮实验室列入"839 工程"重大科研设施项目中，将原先的一级轻气炮设想扩展到二级轻气炮系列，将原来设定的一门炮改为三门炮，为开展冲击波物理与爆轰物理实验增加重要设施。由于轻气炮方面的调研着手较早、准备工作充分，轻气炮的工艺设计和设备研制以及加工很快得到落实。于是，一个具有国际水平的轻气炮实验室，被列为"839 工程"首先开工建设的项目，并且作为"839 工程""边建设、边运行"的试点工程验收。

据陈俊祥回忆：

> 我们当时提的要达到第一宇宙速度，弹丸每秒 8 公里，这个炮的速度在亚洲都是第一位。当时亚洲没有。还有两门一级炮，一级炮的速度是 2 公里至 5 公里。高低速度要有一个系列，要连起来。然后提出测试方面，光、电、X 光三门测试技术都有。因为开始"839 工程"建设时，其他单位提不出先进的设备建设需求，正好我们流体物理研究所有轻气炮设备建设调研的数据和基础，把这个作为第一个项目，院里很快就批准了。③

---

① 绵阳科学城简称为"839"地区。后同。
② 陈俊祥访谈，2015 年 12 月 16 日，四川绵阳。资料存于采集工程数据库。
③ 同②。

图 7-1　1998 年 10 月，经福谦在二级轻气炮实验室与科研人员交流，左一为经福谦（流体物理研究所提供）

为了轻气炮实验室的整体性，并能与"839 工程"进度保持协调，经过共同商讨，决定将三门轻气炮（口径分别为 57 毫米、100 毫米的一级轻气炮二门，口径为 30 毫米、37 毫米共用一套发射管的二级轻气炮一门）的设计、加工、安装、调试全部通过外协解决。1983 年 7 月，流体物理研究所向国防科工委 29 基地 5 所、七机部 210 所和中国科学院力学所等单位发函，联系设计加工单位。1984 年 11 月，210 所设计方案在流体物理研究所通过设计评审，院所领导研究决定，委托七机部 210 所承担设计、制造、加工、调试直至运行等任务。1989 年三门气炮安装调试完毕，院所、"839 工程"领导对三门轻气炮进行验收，所有技术指标均达到设计要求。轻气炮实验室 1990 年正式投入运行。这套设施的建立，为流体物理研究所动态加载技术的研究提供了一套弹丸速度每秒 40—8000 米的高精度加载气体炮系列。

由于炸药爆轰加载也具有其自身的优越性，经福谦同时着手加强这方面的设施建设。为了提升爆轰实验的效率，避免因气候等因素造成不必要的延误与损失，经福谦提出要建设 1 千克爆炸当量的爆炸塔。后来利用"839 工程"的契机，他将建设 1 千克爆炸当量的爆炸塔改为 5 千克爆炸当量的爆炸塔。作为进行爆轰引发、传播和驱动等基础研究的重要实验场地，也是解决武器相关设计机理性问题的重要实验场地，爆炸塔在多年的使用过程中不断改进完善，已成为测试手段齐全、综合测试能力强的爆炸实验室，国内处于领先水平，与国外先进水平基本持平，为探索高速爆轰过程的物理、化学规律提供了技术支撑，提高了科研和学术水平，对提高我国国防实力具有非常重要的意义。

在冲击波与爆轰物理实验中，高效的加载实验设备是提高实验水平的保障之一，而精密的诊断设备和技术是保证实验研究质量的重要条件。流体物理研究所三大重要测试手段就是光学测试、X光测试、电学测试，在武器发展初期作出了很大的贡献。早在地下核试验期间，对于记录底片受核辐射和核爆电磁场干扰而"黑"了的问题，经福谦着手解决了实验中测量高压状态方程的几项关键技术，创造性地建立了强辐射场中电探针失效的定量判据；提出了利用瞬时趋肤效应建立了外干扰电磁场屏蔽设计中的时间躲避技术；用传输线类比法解释了外干扰电磁场沿屏蔽管道的衰减规律，为采用"局部双屏蔽"设计提供了理论依据。

　　随着冲击波与爆轰物理研究的深入，必须更精确的获取在高温高压等极端条件下材料的状态方程（压力、温度与体积）、本构、弹塑性等基础数据，才能够更好地探索其中的物理规律。经福谦意识到，要达到这一目的，不仅要提高测试技术，更关键的是必须不断提升仪器设备的测量精度、测量速度、测试压力范围等。为此，经福谦在流体物理研究所任职期间全面安排所测试技术的配套、升级和改造。

　　1972年，美国洛斯·阿拉莫斯国家实验室首次报道了测量任意反射面的激光速度干涉仪技术（VISAR），该技术具有非接触（不改变被测样品状态）测量、测量精确度高和连续测量等优点，可以对高速运动事件进行非接触的连续性测试，成为极端条件下速度测量技术的首选。但是这一技术难度非常高，美国在随后足足花费了20年才使VISAR实现广泛应用。

　　当时，经福谦获悉这一消息后，查阅了国外文献，对其中所展示的有限信息进行了仔细分析。他认为，开展这一技术研究并自行制作VISAR干涉仪，将能够极大地提高实验测量精度，进而有利于提升我国高压物理实验研究的深度和广度。

　　经福谦安排了二室的胡绍楼等人开展了相关研究。但是，开展VISAR研制工作困难重重——从国外文献上所获得的仅仅是理论方面的有限信息，元器件该如何设计？能否达到如此高的精度指标？在武器任务如此繁忙的前提下，从本就紧张的科研经费里再抽出一部分来做这项看起来好像遥不可及的研制工作，会不会劳而无功，甚至影响主体工作？大家心里都没有底。对于这一点，经福谦却有着自己的执拗劲儿，他认准了 VISAR 具有非常重要的应用价值，就一定要克服万难将其研制出来！

经福谦从人力物力等方面对该项工作给予了大力支持，并经常与科研人员们一起讨论分析所遇到的困难并协助解决。1987 年，经过流体物理研究所人员的不懈努力，第一代 VISAR 干涉仪终于研制成功，并顺利通过了核工业部的鉴定。当时中央电视台新闻联播栏目中介绍了 VISAR 干涉仪，称其填补了国内空白。经过近 20 年的不懈努力，流体物理研究所相继研制成功了第二代和第三代 VISAR 干涉仪，解决了高功率与单频连续激光器、高纯度和高面型要求的光学元件设计与加工、快响应探测器与高带宽记录系统、仪器设计与研制以及应用技术研究等关键问题，使我国的极端条件下速度测量技术得到突破，极大地推动了高压物理实验技术的发展。当时，仅美国和我国掌握了这一技术。

通过自行研制和引进相结合，经福谦等人将电学、光学和 X 光测试设备配套，并引入计算机数据处理和存储系统，逐步实现了测试技术的现代化。同时发展了激光干涉测量、激光全息测量、光纤测量和电磁测量等新技术，电学测量时间分辨率从微秒（$10^{-6}$ 秒）级提高到纳秒（$10^{-9}$ 秒）级，光学测量时间分辨率从纳秒级提高到皮秒（$10^{-12}$ 秒）级，X 光穿透照相的能量提高了十几倍。这段时期，流体物理研究所的实验设备和测试技术得到了迅速发展。

图 7-2　从左至右依次为：1987 年研制成功的第一代干涉仪，1990 年研制成功的第二代干涉仪，1998 年研制成功的第三代多点干涉仪（流体物理研究所提供）

一级轻气炮、二级轻气炮的顺利建成，以及一些先进测量技术如激光速度干涉仪等的投入使用，使得我国的动高压技术进入了一个标志性的发展阶段。到目前为止，经过各级研究人员的不懈努力，已发展出了一系列高速、超高速发射技术。这些装备技术已经成为动高压研究的主力设施，满足了日益迫切的国防科研工作需要，并且在研究的质量和精度方面，跨入了更高的技术水平领域。

# 编撰实验高压物理的"入门书"

经福谦认为，一门学科的建立离不开著作，写进书里的是沉淀下来凝固了的学识，是长期以来经过验证后正确的东西。他曾谈道：这项工作具有重要的现实意义和长远意义。按我个人的理解，这项工作实际上是研究工作的一个重要组成部分。撰写专著是对同一领域论文系统性的再归纳，是对基础性研究长期积累成果的总结，更是需要有"耐得寂寞"和"厚积薄发"的心态才能办得到。①

在多年研究的基础上，特别是在动高压物理实验方面积累了大量经验之后，1976年，经福谦决定对本领域的成果进行系统性的再归纳，深入梳理透析这些成果所隐含的自然奥秘，为学科发展打造坚实的基石。

老同事陈俊祥回忆道：

写书的目的，就是要做一个东西让后来人有一个依据。以前实验室没有书，当时请朱建士讲过课，室内是经福谦给大家讲课，经福谦把以前的讲稿弄成一个书，弄成书更系统一点，大家学习有一个根据。写书的主要目的是推动基础研究。这个学科要发展起来，总得有一个根，没有根基不可能形成一个学科，因此经福谦要写书、办刊物。

他写书的时候正好我到所里去当常务副所长了，那年（大概是1975—1976年）安排他疗养三个月，疗养期间经福谦写了《实验物态

---

① 苏丹：自主创新，致力于物理学科的发展。见：《经福谦院士八十华诞文集》编辑委员会编，《经福谦院士八十华诞文集》。北京：原子能出版社，2009年，第114页。

方程导引》的初稿。①

在疗养期间，经福谦着手撰写《实验物态方程导引》，为本学科总结已有的理论成就和技术成就。在写作过程中，如何将概念表述得清楚明了，他反复琢磨；每一个公式，都要亲自重新推导一遍，确认无误。当时没有计算机，初稿是他亲笔写好。为了更清楚地展示内容，经福谦特意选择了方格纸撰写。每个字都整整齐齐、规规矩矩的位于每一个方格之中。插图则是自己画的草图，用尺子横平竖直，画得非常工整，并清楚的标明图注。有些需要修改的地方，他就从另一张纸上裁下同等大小的一片，将修改内容写在其上，再细心地粘贴在原稿相应的位置处。别说是一个字，就算是一个标点符号、一个字母写错了，他都会这样处理，最小的纸片仅小指甲盖大小。厚厚的手稿，干干净净，清清爽爽，一目了然。

对于这本书，经福谦将其定位为给从事高压物态方程研究工作者编写的一本入门书，也可供高等院校作为相应课程的教学参考书；同时，考虑到静高压技术已有一本比较完整的总结性专著，他决定将这本书的重点放在讨论冲击波高压技术。因此，经福谦本着删繁就简、突出重点的原则，在内容选择上特意注重仅讨论固体材料的实验技术，压力范围主要限于高压区。

考虑到读者知识水平的差异，经福谦在书的第一章介绍了适用于流体模型的、固体材料物态方程的基础理论；第二章介绍了流体力学知识，讨论冲击波的基本性质和分析材料中的波系。这些均属于基础理论，为非该专业毕业的学生提供必要的基础知识。为了使读者能够更直观地了解这些知识，经福谦在撰写的时候尽量避免了冗长的数学推导，而着重物理图像分析，更有利于读者掌握。在随后的章节里，经福谦将长期工作中积累的经验提炼总结后一一细化，系统地介绍了现今常用的各种冲击波高压技术的原理，重点是化爆高压技术的接触爆炸及飞片增压技术，给出了它们的设计原理和方法，也对其他几种冲击波高压技术作了一般性讨论；针对实

---

① 陈俊祥访谈，2015 年 12 月 16 日，四川绵阳。资料存于采集工程数据库。

验样品的设计原理和方法进行了分析，其中包括冲击压缩线的预估方法、样品设计原则等，还以很多材料为例，给出了典型的设计数据；介绍了测量冲击波过程的快速的光、电技术，也简要介绍了其他几种测量技术；针对数据处理，阐述了实验数据的拟合、修正，以及由冲击压缩线计算物态方程的基本方法。可以说，该书涵盖了冲击波高压技术从理论到实验设计、数据测量与处理全过程的知识，对高压物理科研工作者大有裨益。

> 作为实验工作者对这本书很重视，因为这本书对实验讲得比较具体，包括追赶法、碰撞法、光测、电测，探针怎么布置，原理、技术、实验技术方面的总结，数据都比较具体，对实验工作者是很好的参考书。①

在研究固态、液态、气态和等离子体等物质特性时，对目前实测难以达到的压力和温度区，《实验物态方程导引》中叙述了如何用理论方法或理论与实验数据的内插、外推的途径去解决。因此，这本书不但可作为高压物态方程实验研究工作者的一本入门教材，也可作为流体力学、气体动力学、弹塑性动力学、固体物理、地球物理、天体物理、爆炸物理等专业的大学生、研究生的参考书。

1980 年 5 月，经福谦完成第一稿；后来又经过反复修改，1983 年 4 月定稿；1986 年，科学出版社出版了该书的第一版。美国圣地亚国家实验室的 Graham 博士还专门申请了基金，将经福谦的专著《实验物态方程导引》全文翻译成英语，准备出版。虽然后来由于政治原因，《实验物态方程导引》英译本没有正式出版，但在互联网上仍可以查到并下载相应的英文版本。

十几年后，经福谦所带领的团队在实验高压物态方程研究领域又取得了许多新进展，加之高压物理学科发展日益深化拓展，已广泛渗入许多基础学科和应用学科，读者范围日益增多。为适应学科发展的需要，经福谦

---

① 陈俊祥访谈，2015 年 12 月 16 日，四川绵阳。资料存于采集工程数据库。

和陈俊祥说起：我们在爆轰实验上的那些研究成果一定要总结出来，要不以后的人就没有参考资料。他抓紧时间对第一版进行了修改和补充，科学出版社于 1999 年出版了该书的第二版。

此书出版后，诸如国防科学技术大学、四川大学、西南交通大学、华东理工大学、宁波大学等多所高等院校把它当作基本教材，不少科研机构的同行将其作为必备的参考书，几年之内销售一空，经福谦所在的单位和实验室不得不用复印本发给学生。

对从事物态方程研究工作二十余年的刘海风来说，这本书是她从事这个领域工作的"圣经"，她认为："《实验物态方程导引》是我的桌边常备的一本书。从经先生的这本书里，我主要是学到关于冲击波物理的基础纲要性的内容，还有冲击波物理的实验方法，特别是做状态方程研究，他积累的实验原理、包括一些测试手段，书里讲得非常清楚。相当于是入门必需的。这个书因为取之于应用，所以对应用研究的同志是非常好的一个参考。"[1]

随着高压学科的发展，有关方面呼吁经福谦出第三版《实验物态方程引导》。他在百忙之中收集了很多资料，并在同事、学生中广泛征求意见，同时针对第二版中存在的问题进行了修正，准备撰写第三版。遗憾的是2012 年 4 月在会议期间，经福谦不幸因公逝世。

经福谦除了撰写《实验物态方程导引》外，还与陈俊祥共同编写了中国工程物理研究院科技丛书《动高压原理与技术》，于 2006 年 5 月出版发行。该书主要内容为动高压产生原理和技术，其中包括炸药爆轰加载、气炮驱动飞片，强激光产生冲击波和驱动飞片，磁驱动飞片和准等熵压缩，电爆炸驱动飞片和轨道炮驱动飞片（弹丸）等。其应用领域重点针对基础科学研究方面，也介绍了有关平面冲击波传播、静水压缩与一维平面压缩的关系、物态方程及三类参考压缩线的关系等概念。该书可供从事高温高压凝聚态物理、高速弹丸及其撞击现象、爆炸力学、材料动态性质、武器物理等领域的高等院校学生及工作人员阅读和参考。

---

① 刘海风访谈，2016 年 4 月 11 日，北京。资料存于采集工程数据库。

# 创办期刊，打造交流园地

经福谦一直对撰写论文非常重视，他曾谈道：如果可以把自然科学课题研究大体划分为观测自然和解释自然两个阶段的话，第一个阶段的任务是制定研究方案，选择技术路线和获取定量数据；第二个阶段的任务是对这些数据进行"去粗取精、去伪存真"的数据分析和"由此及彼、由表及里"的数据解读工作。而撰写论文就是"由此及彼、由表及里"工作阶段的归宿，它既反映了研究结果质量的高低，也反映了研究者自身研究能力的高低。从这个意义上讲，提倡撰写论文也是对研究者本人的一种督促，对培养和提高研究队伍，是一项不可或缺的工作。否则，我们永远面对的是一大堆实验数据，而无法透析或厘清它隐含的自然奥秘，也就永远不能从"必然王国"走向"自然王国"。[①]

在 1978 年召开的全国首届高压学术讨论会上，考虑到当时国内还没有高压物理学科的学术刊物，经福谦与吉林大学的邹广田谈起了办学报的事情，邹广田深表赞同。1983 年，中国物理学会高压物理专业委员会成立之后，1985 年 9 月 11 日在吉林省长春市召开了第一次全委会。此次会上，经福谦提议筹办《高压物理学报》，邹广田建议编辑部的挂靠单位为流体物理研究所。

时任中国物理学会高压物理专业委员会副主任的经福谦，为了加强高温高压物理学科的国内外学术交流，更好地为科学技术发展服务，接受中国物理学会高压物理专业委员会的建议，开始筹建编辑部。

经过协商和讨论，并取得中国物理学会高压物理专业委员会同意，决定由四川省物理学会、成都科技大学高温高压物理研究所、流体物理研究所联合申办《高压物理学报》高级学术刊物，并于 1986 年 1 月向四川省科

---

① 苏丹：自主创新，致力于物理学科的发展。见：《经福谦院士八十华诞文集》编辑委员会编，《经福谦院士八十华诞文集》。北京：原子能出版社，2009 年，第 114 页。

学技术委员会提交了"关于创办《高压物理学报》科技期刊的请示报告"。1986年2月20—21日，由经福谦主持，在成都召开了《高压物理学报》筹备会议。会议就刊物名称（中、英文），刊物内容、版式、刊期，编委成员的建议名单及其组成，筹集办刊资金等问题进行了讨论。会议对上述问题做出了决议。

1987年1月25日，四川省科学技术委员会发文批复，同意创办《高压物理学报》自然科学刊物，并在四川省新闻出版局取得刊号。由经福谦担任常务副主编，于1987年9月公开发行了《高压物理学报》第1卷第1期（创刊号），并为本刊编写了"发刊词"。北京军事博物馆书法家李铎为本刊书写了刊头。

我国著名的原子与分子物理学家芶清泉教授，认为创办《高压物理学报》是发展高新科技中的创举，经福谦起到了重要作用。

> 我国物理学界在20世纪80年代开过两次全国性高压学术讨论会。第一次在广州召开，第二次在成都召开，都是以高压学术讨论会的名义召开的，主要讨论高压技术，未谈高压物理。因此当时有人提出要重视高压物理、研究高压物理、发展高压物理，这是学科发展认识上的一个突破。直到现在，国际上有名的刊物仍叫《高压研究》（High Pressure Research），也未明言高压物理。因此创办《高压物理学报》是一个创举。[1]

当时流体物理研究所在剑门关的大山沟里，承办学术刊物困难重重：当时国家经济很困难，科研经费极少，办学报的经费成了头号难题，经福谦积极组织编委单位和国内主要高压研究单位资助学报，即使如此，办学报每年尚亏欠2万—3万元。经福谦毫不犹豫地决定，由他所在单位承包每年办刊物的所有亏欠款，实实在在地为创办期刊尽一份力。

办刊物的另一个大困难就是人员配备、编制、开销等管理问题。经福

---

[1] 芶清泉：祝经福谦院士健康长寿，为科技发展多作贡献。见：《经福谦院士八十华诞文集》编辑委员会编，《经福谦院士八十华诞文集》。北京：原子能出版社，2009年，第16页。

谦首先想到的是必须先成立一个编辑室，他和常务副所长陈俊祥商量，在所里人手本来就紧张的情况下，从其他室尽可能地抽调几个人来。按陈俊祥所说："我们自己下决心来承办，硬着头皮也把它办起来的，就这样成立了一个编辑室。"①

期刊出版之初，由于当时广元、绵阳不具备彩色刊物印刷能力，编辑室人员制作出的付印样稿，是由专人送到成都进行印刷的。从当时流体物理研究所所在的广元市剑阁县到成都，要坐大卡车跑一整天，成都印刷厂制版出清样之后，还要专门再跑到成都去校对，有时甚至需要往返几次才能校对完毕，然后进行印刷。

经福谦认为这样做刊物效率实在太低了，而且费用也很高昂。他建议所里办印刷厂，培养人员专门从事印刷。这样一来，编辑、校对、印刷均在所内进行，可以大大提高效率，同时使学报成本更低、质量更高，从而使学报发行得更广。

流体物理研究所搬迁至四川绵阳地区后，他将期刊的印刷和出版工作交给同事程菊鑫负责。经福谦非常关心工作的进度，常和程菊鑫一起探讨应该买什么样的设备、有什么样的困难、该如何解决，遇到一些技术上的难题也一同研究。在经福谦的领导和指挥下，流体物理研究所从有限的经费里挤出钱来，建起了印刷厂，一批印刷人员也经过培训可以顺利上岗。程菊鑫还记得，有一个礼拜天，他们正准备开始印刷的时候，经福谦到现场来，关切地询问了工作情况，在他的鼓励下，大家干劲十足。②

后来《高压物理学报》刊物就由流体物理研究所自行编辑、印刷、出版。虽然印刷设备比较简陋，但在大家的共同努力下，期刊质量很好。这跟经福谦的关心支持是分不开的。

邹广田曾感慨：20世纪80年代初经费很少，我们曾经有过5万块钱4个单位分的现实情况。办学报很难，但是坚持下来了，现在学报很不错，对高压物理发展起到了重要作用。③

--------

① 陈俊祥访谈，2015年12月16日，四川绵阳。资料存于采集工程数据库。
② 程菊鑫访谈，2016年1月26日，四川绵阳。存地同①。
③ 邹广田访谈，2016年10月25日，四川绵阳（电话访谈）。资料存于流体物理研究所。

经福谦认为，学术刊物是承载和传播科研工作者所激发出的新思维的最佳载体，这种新思维越活跃、传播越广，以致达到标新立异的程度，才能独树一帜成为一门学科。为此，他在《高压物理学报》的管理上投注了大量心血。由于学报质量比较高，被评为全国学术重点刊物，也引起国际学术界的关注。20 年来的实践证明，这份刊物为高压物理学工作者提供了一个学术交流园地，成了联结广大学者的纽带，也为年轻创新型的科学工作者的培养提供了一片沃土。

# 高压物理领域的第一个重大项目

20 世纪七八十年代，高压物理学科相对"冷门"，国内投资很少，研究经费紧缺。面对这一情况，经福谦谋划在高压物理学界做一个大项目，以此打开学科发展的新局面，提振高压物理研究队伍的士气。这个大项目该从何着手呢？经福谦的目光转向了地球深部物质的研究。

经福谦早期在长春地质学院从事过地球物理勘探，并参加了大庆油田勘探会战，一直以来对于探究地球深部物质的结构、性质和状态抱有强烈的探索欲望。虽然经过几十年的研究，人们已经对地球内部的物质结构和某些物理和化学性质有了一定的认识。但是，对于地球整体而言，尤其是地球内部各圈层界面的物质结构和性质的认识，仍然存在许多争论，特别是受高压技术能力的限制，对弹性、黏滞性、电学性质、热学性质和物质结构的变化等重大科学问题研究得较少，有些甚至是空白。自己脚下的神秘世界，深深地吸引着经福谦，急欲一探究竟。

地球表面及内部发生的许多重大的地质、地球物理和地球化学事件，如板块运动、火山和地震爆发、成矿作用等都与高温高压条件下地球深部物质的结构、性质和状态密切相关，相当于地球内部就是一个巨大的高温高压实验室。经福谦相信，在无法对地球深部进行直接取样和观测的条件下，利用现有的高压实验设备和自己积累多年的高压物理学识，开展高温高压模拟实验研究，是了解地球内部的一个重要窗口和有效手段，反过来也可以大大促进高压物理研究水平的提升。

在 1978 年召开的全国首届高压学术研讨会上，经福谦与中国科学院地球化学研究所的谢鸿森研究员相识了。谢鸿森研究员从事静高压研究多年，在该领域成绩斐然。随后两人又一同参加了多次学术交流会议，彼此之间来往较多。经福谦多次对谢鸿森说，希望能够把动高压与静高压结合起来，做一些研究工作。

随着动静高压研究的逐步深入、研究设备的水平逐步提高，经福谦意识到，开展大项目研究的时机已然成熟。1996 年，经福谦提出高压物理与高压地学进行跨学科研究的设想，并多次与谢鸿森进行商讨。谈到开展高压物理与高压地学的跨学科研究，谢鸿森说道：

> 当年他想做这个事情，主要目的就是想把动高压和静高压结合在一起，不仅是在武器物理、凝聚态物理上有很重要的意义，而且对地学来讲，地球本身就是一个高温高压实验室，地心有 300 多万大气压。有许多的科学问题，其中最关键的一个科学问题就是地核里铁的熔化温度，动高压和静高压实验做出来的温度相差几百度到一千度。静高压做出来的值偏低，动高压做出来偏高。现在咱们活在这个地球上，地球的外地核是液态的，它的运动产生一个磁场，这个磁场形成一个磁层，屏蔽了太阳风，使得大家能安逸的在地球上生活。外地核尽管这么重要，但咱们不知道外地核铁的熔化温度是多少，外地核的核幔边界是多少，温度怎么分布的？动高压和静高压测得的铁的熔化温度差很大，所以经先生也想借这么一个项目把这个问题说清楚，这是一个很大的贡献。[①]

1997 年，谢鸿森到成都开会。经福谦热情邀请他到流体物理研究所交流。谢鸿森欣然应邀，就高压地学的有关科学问题作了学术报告，并和与

---

① 谢鸿森访谈，2015 年 5 月 10 日，北京。资料存于采集工程数据库。

会的人员进行了讨论。会后，经福谦组织所里的人员针对动高压方面的研究内容撰写了相应的设想报告，谢鸿森则写了静高压研究的相应内容。在此基础上他们组织有关研究人员进行调研，准备着手开展这个"大项目"。

由于该研究涉及学科范围广、研究程度深，又经过近两年的酝酿，1999 年，经福谦与谢鸿森等人写了一份关于高温高压下地球物质的性质与状态研究的初稿。经福谦联系了美国华盛顿卡内基研究院地球物理实验室毛河光院士，请他审阅初稿。毛河光对该项目深表支持，认为项目的研究意义重大，愿意作为该项目的主要建议人之一参与申请。

在经福谦的领导下，主要建议人有毛河光、谢鸿森、邹广田，进行多次研讨和修改，撰写了一份"973"项目申请——"高温高压下地球物质的性质与状态"。

当时，该项目联合了国内的 11 个单位，包括中国工程物理研究院流体物理研究所、西南交通大学、中国科学院物理研究所、中国科学院高能物理研究所、吉林大学、北京大学、中国地震局等，几乎国内主要做高压物理研究的单位均涵盖在内，这个项目引起了众多从事动高压和静高压研究的科研人员的极大兴趣，纷纷积极参与其中。

这个"973"项目的筹备是在经福谦的倡导下民间自发组织的，没有任何单位的经费支持。当时经福谦与谢鸿森主要从各自的研究课题里出钱，给参与的人员支付很少的费用；参加项目论证的其他费用如住宿费、往返路费都是自理。

立项的讨论及编写就在当时中国科学院地质与地球物理研究所里，谢鸿森在那里借了一间办公室，参与项目的人员凑在一起讨论研究内容、制订研究方案，有时是昼夜加班编写申请书，经过十多次的修改，花费了很大的精力，凝聚了几十位科学家的心血。2000 年进行了申报，遗憾的是虽然进入了最后的项目答辩，但没有获批。

经福谦并没有因此而放弃，在谢鸿森看来：

我和经先生都愿意去做那个事情，并不计较个人利益。这件事情很值得做，对我们国家、对地学、对整个武器物理的发展有利，所以经先生很希望把这个东西扩展开。经先生还有一个很重要的理念，他认为高压本身是一个小学科，大家要团结，要发展，否则的话就没法生存。[①]

经福谦和谢鸿森一直在努力推动这个项目。经福谦认为，首先需要让管理层理解这一项目的重要性，为此他开展了一系列工作。谈到这一过程，谢鸿森说：

> 首先要让领导知道高压工作很重要。实际上高压是很神奇的，从咱们正常的压力到一百万大气压，物质的结构平均有五个相。比如最简单的，咱们用的铅笔的石墨，在几万大气压下就变成了金刚石，石墨很软，但金刚石就变成了物质里最硬的东西。但是这种特别性质，并不是大家能够理解的，这就要通过经先生向基金委汇报、向国家有关部门汇报，让大家知道这方面确实需要有这么一个项目支持。[②]

向基金委汇报之后，经福谦决定再次把曾经参与"973"项目论证的单位联合起来，把参加了讨论的各个学科年轻的科学工作者们都吸纳进课题组，在上述申请书的基础上，在国家自然科学基金会物理力学学科申请"高温高压下地球深部物质的物理性质研究"重点基金项目。在申请过程中，经福谦对申请书的每一稿进行认真的修改，阐述不同学科的协作和交叉的意义，如何将物理学与力学的理论、计算和实验方法运用到地球科学中，如何全面地完成研究计划、如期取得具有科学意义的重要成果。

递交了申请书之后，基金委组织了专家组先后对该项目进行了三次评审论证。评审过程中，经福谦等人遇到的关键问题主要有两方面：

第一，这个课题的研究涉及从地表一直到地核，是地球整体性研究，

---

① 谢鸿森访谈，2015 年 5 月 10 日，北京。资料存于采集工程数据库。

② 同①。

覆盖面很大，对于高压学科和地学学科来讲都是前所未有的大课题。从地表到地核的压力跨度很大，要研究里面的物质演化，难度非常大；其中还涉及物质构造，诸如核幔边界上的轻元素是什么？当时根本无法预测。这些研究难点和不确定度，很容易导致这一项目被专家组否定。

第二，也是当时令谢鸿森感到最头疼的问题：因为真正做高压的专家，都在我们这个课题里，但听我们汇报的专家，大部分都不熟悉高压，对高压在地学怎么能够应用不太清楚。所以在最早的时候，经先生向基金委汇报时，他们认为动高压实验耗时零点几秒、甚至几微秒，而地球几十亿年了，通过秒、微秒内的实验模拟地球几十亿年的事情，怎么可能呢？经先生为了把这个事情解释清楚费了不少口舌。[①]

经福谦和谢鸿森又组织了几次讨论，针对怎么回答这些专家的问题进行了精心的策划，力求表述得深入浅出，让专家组能够更深入地了解研究内容。

对于专家组提出的"动高压实验时间那么短，怎么能够模拟几十亿年的物质演化"的问题，经福谦回答：尽管时间是几十个微秒，但是几十个微秒里动高压下是达到了热力学平衡的。他自信满满地说："我是利用做原子弹的技术来研究地球里的物质状态，并不是说时间长才有效，只要达到了热力学平衡，就能够模拟地球内部的物质演化。"[②]

他进一步直白地描述了研究的内容：

> 现在靠打钻研究地球内部物质最深的才13公里，再深的物质就靠火山喷出来的，可以到60—70公里深，再深了就不知道了，只能靠地震给出的数据比如波速的高低，就相当于给我们绘出了一幅画。但是不同的波速到底代表什么物质？就必须要靠动高压和静高压把这个物质压到了几百公里、一千公里或者2900公里核幔边界的温度压力下，通过测出它的声速，互相印证，就如同填图，我有了这个数据才

---

① 谢鸿森访谈，2015 年 5 月 10 日，北京。资料存于采集工程数据库。

② 同①。

能够把这些地震参数填上，才能知道这一块儿是什么东西。[①]

又经过几次专家论证，2001 年国家自然科学基金委把"地球内部几个重要界面物质的高温高压物性研究"列入重大基金项目。由经福谦与谢鸿森主持，吉林大学、北京大学、西南交通大学、中国科学院物理研究所、中国科学院地质与地球物理所、中国科学院广州地球化学所、中国地震局、燕山大学、中国科学院高能物理研究所、中国原子能研究院等单位联合开展。这一重大项目以期解释火山、地震等现象产生的深层次原因，与人们的生命财产息息相关，其研究意义不言而喻；同时，该项目是当今世界的前沿性的课题，要综合物理学、化学和地球科学、高压科学等多门学科，其研究难度可想而知。

经福谦等人讨论后决定，研究主要分为两步走，首先切入点是选择地球内部几个重要界面区物质为研究对象，即以地壳中脆－韧性转换带、岩石圈中高导低速层和软流层、地幔过渡带以及核幔边界区的物质为研究对象，在高温高压下测量其结构、流变（黏滞性）特征、弹性、电性、热学性质和状态方程，并研究地球深部流体的性质及其与岩石的相互作用和对岩石物性的影响；第二步是在获得原始性数据的基础上，对实验结果进行理论分析，建立地球物理场所对应的物质组成模型，取得几项创新性研究成果。

据此，经福谦和谢鸿森把项目分设为 6 个子课题，分别是地壳内部不连续界面物质的流变学研究、软流层及岩石圈中高导低速带的物性研究、地幔过渡带的矿物相变及其物性研究、核－幔界面物质的状态方程和高压熔化特性研究、高温高压下流体与岩石相互作用及其对岩石圈结构的影响、地核物质的状态方程研究，由不同的单位分头攻关、互相协作。

考虑到项目是跨学科的交叉研究，而且研究的内容广，参加的研究单位多，从实验技术上是动高压和静高压实验技术相结合的特点，经福谦提出各单位之间要加强沟通交流，促进信息和成果共享。

————————————

① 谢鸿森访谈，2015 年 5 月 10 日，北京。资料存于采集工程数据库。

2001—2006 年，经福谦对研究进度抓得非常紧，几乎每年召开项目的进展与学术交流的会议，使得不同学科的研究人员对项目的整体研究有共同的认识；同时由于项目学科跨度大，需要大家互相学习、交流协作，将自己做的那一部分成果回馈整体研究。

与此同时，经福谦和谢鸿森每年到各课题组所在的研究单位访问，了解各课题的研究进展情况，并与项目组研究人员对项目执行期间发现的新问题，及时交流、协助解决相关疑点难点事项，推动研究的进一步深入。

在这一大项目中，经福谦不仅全盘负责项目的整体统筹协调，同时担任了"下地幔和核幔边界以及外地核轻元素的含量对外地核的温度和弹性影响"的研究工作。

由于铁是公认的地核的主要成分（约占 90% 重量），所以研究地核的温度剖面其实和铁的熔化温度有关，而且内地核处于固态、外地核为液态，因而内外核边界处（压力约为 330GPa）的温度就是该压强点的熔化温度。确定了铁的高压熔化线，就可以锚定内外核边界的温度，因而对推算地核范围的温度分布具有重要的地球物理意义。

但是近二十年来，在铁的高压熔化曲线研究中不同的研究手段测得的铁的熔化温度差异很大。经福谦等人采用动高压加载手段测到的铁的熔化温度，要比与以毛河光院士为代表的用金刚石压砧（DAC）装置测到的数据呈系统性偏高。虽然最新技术通过使用 X- 射线衍射和激光双面加热克服了样品内温度梯度过大等问题，在冲击波方法中也考虑到了对过热熔化修正的影响，两者之间的偏差有所缩小，但是其间的偏差依然存在。动高压测定值、静高压测定值及理论计算值之间的相互差别高达 1000—2000K。

2001 年，黄海军成为经福谦的博士研究生，在经福谦的带领下共同开展研究工作。在黄海军看来：当初经先生已经年逾古稀了，身为院士早已经功成名就。完全没有必要来承担研究难度这么大的前沿课题。但是经先生有他自己的追求，有强烈的责任感和使命感，促使他能够坚持走在推动国家科学技术进步的路上，孜孜不倦地工作在教学科研的一线上。[①]

---

① 黄海军访谈，2015 年 11 月 3 日，四川绵阳。资料存于采集工程数据库。

受到导师的影响，黄海军全身心的投入研究之中。对于动高压测定值、静高压测定值及理论计算值之间的差别，两人进行了多次讨论。经福谦坚持认为："同一个物理规律不会因为测量方式改变而发生变化"，[①] 这一观点也深深影响了黄海军。立足于这一基本点，他们埋首于各种实验和大量的数据分析之中，从不同途径对动高压熔化温度进行了深入探索。

在经福谦的指导下，他们提出了一个新的通过能量平衡原理直接计算平衡熔化温度的热力学计算方法，根据最新的雨贡纽声速测量结果，用这种分析方法计算了冲击压强为 260GPa 时铁的平衡熔化温度（5300K），并以这个点为参考点通过林德曼（Lindermann）熔化定律计算了 $\varepsilon$- 铁的高压熔化曲线，把它外推到低压下，发现与静高压最新的测量结果是一致的，从而得到了一条可以统一最新静高压和动高压熔化线测量数据的 $\varepsilon$- 铁熔化曲线，解决了以上所说的科学难题。这一研究成果获得了国际同行的高度评价，美国著名学者布朗对该项目组获得的铁高压熔化曲线评价为"对地球物理和凝聚态物理学的一个重要冲击"。

这一课题研究中另外一个难点在于，外核中除铁为其主要物质外，还含有比重占到 10% 的轻元素。轻元素是什么？是氩、硫、磷、硅或是氢？在这些轻元素中，究竟哪种元素占据主导地位的问题，一直是长久以来争论的焦点。不同轻元素对外地核铁的熔化温度、弹性的影响都是不一样的。如果能够获取对轻元素的确切认知，那么对外地核状态的了解将前进一大步。

为了弄清楚构成轻元素的主要成分，经福谦、黄海军等人进行了一系列实验，对铁 - 氧 - 硫三元体系候选组分的高温高压下的状态方程、声速和熔化温度等进行了较为系统的研究。

在对现有实验数据分析的基础上，他们反复斟酌，精心设计了两组样品，一组样品中的氧元素含量为 8%，硫元素含量为 2%；另一组样品中的氧元素含量为 2.2%，硫元素含量为 5.3%。利用二级轻气炮作为加载装置，产生的冲击波使样品在瞬间达到高温高压的状态，用于模拟地球外核深处的环境条件，测量上述两种样品中的压力 - 密度关系和声速数据，并与前

---

① 黄海军访谈，2015 年 11 月 3 日，四川绵阳。资料存于采集工程数据库。

人给出的地震学 PREM（密度、波速）模型比较，以便判定孰种样品组分设计比较符合地球外核中物质组成的实际。

经过无数日日夜夜的辛劳，他们终于获得了令人欣喜的实验结果——氧元素含量为 2.2% 的样品能比较好地与 PREM 模型约束的外地核密度和地震波速度值相符合。这一实验发现印证了最近的理论研究结果，那就是地核组成中硅元素的比重占 8%，硫元素和氧元素分别占 2% 和 0.5%。①

这一研究成果也获得了国际学术界的认同。相应的文章刊登在《自然》（Nature）杂志上；国际知名地球物理学家、美国普林斯顿大学托马斯·巴比教授，在同期《自然》杂志上撰写了评论文章，介绍了经福谦、黄海军等人的研究方法、研究结果，并评论道：有关外地核的组分困扰了人类 60 年，但是用了这种方法，即将得到解决！

对此，黄海军感到非常振奋：这是对经老师所领导的科研小组研究方法的认同！托马斯·巴比教授是国际著名的地球物理学家，他对经老师的评价也应该是最高的。

另外，在经福谦主持研究的下地幔矿物学研究，用冲击压力获得的顽火辉石成分的状态方程数据和高压声速数据，建立了能同时满足地震学的 PREM 约束的全新的下地幔矿物学模型。项目通过地幔转换带矿物瓦兹利石和林伍德石的高温高压下电导率研究，不仅提供了地幔转换带矿物瓦兹利石和林伍德石的电导率数据，并提供了过渡带含水量的有力证据。

历时整整 5 年，横跨物理和地学两大学科，这一国家自然科学基金重大项目取得了丰硕的成果！

2006 年 7 月 9—10 日，在北京应用物理与计算数学研究所应物会议中心进行了项目的验收，以邹广田院士为组长的验收专家组对取得的成果给予了高度的评价，在结题验收专家意见中写道：五年来，该项目组根据地球内部高温高压特殊条件的需要，将开展科学研究与发展实验技术密切结合，建成了多个新的高温高压实验技术系统，发展了多项高温高压下的原位物性测量技术，并将其应用于地球内部物质的物性测量。通过实验数

① 黄海军：高压下铁的熔化曲线及外地核候选组分的约束性研究［D］. 中国工程物理研究院流体物理研究所，2005。

据、理论计算和地学观测资料的对比分析，对地球内部几个重要界面物质的物性提出了新认识。从而实现了地球科学和物理学、高压物理学、高压力学等多学科的学科交叉和综合研究。通过该项目的实施，进行了广泛的国内外学术交流，锻炼了一支学术水平高的从事高压交叉学科研究的中青年队伍，培养了博士生 23 人、硕士生 28 人。该项目注重不同学科的协作和交叉，将物理学、力学的理论、计算和实验方法运用到地学中，全面完成了研究计划，取得了重要成果，为发展新的高温高压实验技术系统和深化地球内部重要界面的认识作出了新的贡献。综合评价为特优。[1]

回忆这一历程，谢鸿森感慨不已：

> 我认为经先生有很强的敬业精神。我和经先生相识几十年，我也愿意去做这个项目，我们两个一拍即合，能把这个项目几经周折，从"973"项目、到重点项目、到重大项目，一直把它坚持下来。
>
> 地学和物理在这之前没有一个重大基金项目。这个项目专家之所以给特优，我认为主要是由于这是一个跨学科的，既有物理，又有地学，而且是一个组织了十几个单位、国内主要做动高压和静高压的一批年轻人参与的，通过这个项目，学科之间的交流有了一个很大的跨越。在国内，这种跨学科的研究，互相能够知道对方研究的意义和目的，这是很不容易的。另外有几项工作，确实对于物理、对于地学都是很有创新的结果，而且培养了一大批年轻人。[2]

谈到经福谦与谢鸿森联合开展这一项目所产生的影响力，邹广田院士曾这样评价："高压界以前没有大项目，经福谦和谢鸿森联合开展了这个很重要的项目，从那以后，做高压研究的人员得到更多经费支持，能够踏踏实实地把高压相关研究干下去。"[3]

---

① 国家自然科学基金重大项目"地球内部几个重要界面物质的高温高压物性研究"结题验收专家意见，存于流体物理研究所档案室。

② 谢鸿森访谈，2015 年 5 月 10 日，北京。资料存于采集工程数据库。

③ 邹广田访谈，2016 年 10 月 25 日，四川绵阳（电话访谈），资料存于流体物理研究所。

# 第八章
## 为了"大科学"中的"小科学"

经福谦曾经在"'大科学'研究,'小科学'补充"一文中写道:规模大的系统工程项目一般属于"大科学"研究,如发射探空火箭、建设长江大桥等;科学技术的基础性研究课题则属于"小科学"研究,如高温高压状态方程、材料破坏机理研究等。"大科学"研究通常是朝着解决某一个重大工程问题的明确规定的方向运动,使用的往往是某种确定的方法或某种确定的技术。而"小科学"研究探索性很强,目的不是要遵循某一既定方向,而是为了形成某一个方向,要求提出各种可以解决现存难题的新思想和新原理。[①]

经福谦从事核武器研制"大科学"工程实验研究多年,在探索过程中发现基础研究这一"小科学"不仅是深化武器物理规律认识的根本,也是实现武器装备研制跨越式发展的重要保证;同时开展"小科学"研究是培养人才的重要途径,在研究的全过程中,从认识问题、提出问题、解决问题,最后总结提炼规律,这是一个思维发展过程,也是锻炼人才能力、培养人才创新思维、促人才成长的过程。

经福谦认为"根深才能叶茂,源广才能流长",必须开展创新性"小

---

[①] 经福谦:"大科学"研究,"小科学"补充。见:卢嘉锡编,《院士思维(第二卷)》。合肥:安徽教育出版社,2003年,第853页。

科学"研究，培养与吸引高水平人才，才能推动国防科技工业可持续发展。实现这一目标的前提就是要建立新的科研体制、打造广阔的平台，加强开放共享、协同创新。为此，经福谦大力倡导成立开放的实验室、大力推行基金制、与高等院校创办联合所。

# 国防系统重点实验室的领路人

1980 年前后，我国核武器研究面临困难和挑战：禁核试的压力日益逼近，必须加快研究步伐；基础研究投入明显不足，创新意识亟待提高；人才断层、青黄不接，存在潜在危机。流体物理研究所地处四川省剑阁县山区，交通不便、信息不灵、人员知识快速老化，严重影响科技事业的发展。当时作为流体物理研究所所长，经福谦深为忧虑，为谋划如何加强基础研究和培养科技人才而殚精竭虑。

1983 年，国防科工委组成三军代表团访问中国工程物理研究院后，国防科工委在给中央军委副秘书长张爱萍的报告中提出："九院在理论计算设计技术、高能炸药精密装置技术、实验设备和测量技术等方面有技术优势。"提出在中国工程物理研究院建立"全国爆轰物理研究实验中心"的建议。[①] 对此，经福谦极为关切，提出在流体物理研究所建立爆炸力学测试中心的构想，对中心的任务、人员配置以及组成结构做了详细规划，并向上级报告了成立爆轰测试中心的可行性，但没有得到支持。

1986 年，国家为了强化基础研究和预先研究，决定在全国成立若干专业重点实验室，从组织上和经费上给予支持。这一信息给经福谦很大的启示和鼓舞。他认为这是我国科研体制改革和机制改革的创新，国防科研单位也应组建重点实验室，加强基础研究和预先研究，才能为主战场提供更好的科研资源和有力的支撑。他立即向国防科工委呈送立项建议书，并将

---

① 唐惠龙手稿，1989 年 4 月，未刊稿。资料存于流体物理研究所。

流体物理研究所原组建爆轰测试中心的设想修改为成立冲击波物理与爆轰物理重点实验室。

尽管这是国家的机制创新，但是当时许多人，甚至包括院所的领导层，对它的意义、作用和运行细则等并不完全了解，再加上任何机制创新都会引起疑惑和争议，因此在建立重点实验室中，工作存在较大难度。经福谦对看准了的事情就执着推进，连续多次提交了建议报告，倡导建立新的科研体制、开展创新性基础研究、培养与吸引高水平科技人才，探索国防科技工业可持续发展道路。同时，经福谦亲自带领团队，多次走访了中国科技大学、南京大学、中国科学院物理研究所和中国科学院地球化学所等单位，对实验室的构成、课题来源、经费来源、运行机制、硬件和软件建设要求等做了详细了解。经过广泛讨论和缜密思考，他写出了建设冲击波物理与爆轰物理重点实验室的立项报告初稿。

经福谦的学生吴强曾谈道：

> 这个过程非常曲折，我曾听经先生和其他老前辈说过，为了成立重点实验室，前前后后打了 8 次报告。经先生当时也说：确实是当时的环境和条件下，面对这样的新生事物，我们应该怎样处理，怎样来办这个事，大家都没有思路或者想法。经先生先后打了 8 次报告，而且他还利用个人的学术影响，找院里、科工委。①

如何获得上级部门的认可？经福谦为此花费了大量精力，多方寻求支持。

> 为落实实验室建设的事，经福谦跑到院里，在邓稼先院长上班之前，请他表态，重点实验室建设的事应该怎么办。②

1987 年，国防科工委开体制改革会后，经福谦在北京多待了好几天，他找朱光亚（朱光亚是原九院的副院长，当时是科技委主任，技术是内行），经福谦主要跟他汇报现在科学院做的重点实验室，以及

---

① 吴强访谈，2016 年 2 月 5 日，四川绵阳。资料存于采集工程数据库。

② 同①。

做的一些调研，重点实验室运行的情况、效果、作用。当时国家要加强基础研究，不办重点实验室是突出不出来的。和任务的事结合在一块儿，大家都会忙于任务，没有时间来搞基础研究。经福谦给朱光亚讲军队系统不搞基础研究是不行的，让他理解这个事情。汇报以后，朱光亚对重点实验室的建设起了决定性作用，他责成国防科工委计划局组织一个调研组，到全国重点实验室调研，看效果怎么样、运行机制怎么样。①

在国防科工委科技委主任朱光亚的支持下，经过院领导和各方的努力，组织了重点实验室立项调研组，并指定经福谦为顾问。当时，主要调研了实验室的组建方式、运行机制、开放模式、人员和设备的组成、学术委员会的组成及任务、经费来源等问题。通过调研，国防科工委决定组建重点实验室，并以冲击波物理与爆轰物理重点实验室为例，下发了立项申请的文件。

　　　国防科工委批复立项文件，有一个附件，即说国防科工委批准建立重点实验室这个项目，通知各个单位申请建立重点实验室，申请的样本就是冲击波物理与爆轰物理重点实验室，我们这个申请报告、立项报告作为一个样本，发给各个单位参考。我可以说重点实验室这个项目，在整个国防科工委系统，经福谦是带头人、开创人，因为他争取立项、做示范建设，也是第一个验收样板。②

1990 年 11 月 29 日至 12 月 1 日，中国工程物理研究院邀请 20 名同行专家对重点实验室建设项目可行性进行了实地考察和评比，评估专家一致认为：建设该重点实验室的宗旨是正确的，研究方向是适宜的。据《关于呈报冲击波物理和爆轰物理重点实验室建设项目可行性研究报告的报告》中记载：为了国防科技基础性研究，推动武器研究发展，缩短与世界先进

---

① 陈俊祥访谈，2015 年 12 月 16 日，四川绵阳。资料存于采集工程数据库。

② 同①。

水平差距，为我国国防科技和相关学科研究提供一个良好的、有水平的研究场所，也为培养和造就一批高水平的科技人才提供一个环境和条件，建立该重点实验室是非常急需和必要的。①

1990 年 12 月 19 日，中国工程物理研究院正式呈报了冲击波物理与爆轰物理重点实验室建设项目的可行性研究报告。1991 年 3 月 30 日，国防科工委冯金盛局长到流体物理研究所对实验室基础条件进行实地考察。1991 年 4 月 23 日国防科工委发文，批准了可行性论证报告。1991 年 5 月 22 日，院上报冲击波物理和爆轰物理重点实验室建设计划任务书，得到了国防科学技术工业委员会的批复。

国防科工委对实验室可行性论证报告的批复中明确冲击波物理和爆轰物理重点实验室建在流体物理研究所，下设"冲击波物理""爆轰物理""高压物理"三个研究室。流体物理研究所即着手实验室的筹建工作。

当时，经福谦已调任中国工程物理研究院科技委副主任，具体指导实验室筹建工作。他提出，在实验室建设期间，应同时安排"试运行"工作，否则就难以对《重点实验室建设验收大纲》中规定的九条验收内容作出全面评估。

在经福谦的指导下，实验室按照"边建设、边运行"这一设想积极开展了一系列工作。流体物理研究所在 1991 年 6 月之内，接连草拟并上报了"重点实验室管理办法（草稿）""重点实验室自选课题基金选题指南（草稿）""重点实验室干

图 8-1　1991 年 8 月，冲击波物理与爆轰物理重点实验室学术委员会成立暨首次会议在绵阳召开，经福谦任学术委员会主任，右为经福谦（资料来源：中国工程物理研究院档案馆）

───────────

① 《关于呈报冲击波物理和爆轰物理重点实验室建设项目可行性研究报告的报告》，1990 年，存于中国工程物理研究院档案馆。

部提名的建议""关于重点实验室试运行的请示"等报告，同时对实验室组建模式进行了多次讨论，并反复酝酿了实验室固定人员组成方案。

中国工程物理研究院于 1991 年 7 月 2 日批准了"重点实验室试运行的请示"的报告，并根据流体物理研究所的提名聘任了实验室主任、副主任和实验室学术委员会委员。1991 年 8 月 16—19 日，召开了实验室学术委员会成立暨首次会议，经福谦担任学术委员会主任。

8 月 20 日，召开了实验室成立大会。国防科工委领导陈能宽、冯金盛，参谋刘同江出席典礼。实验室学术委员会由北京理工大学教授丁儆、国防科学技术大学教授张若棋、中国科学院物理研究所研究员王文魁、中国工程物理研究院研究员经福谦等 15 名院内外专家同行组成。①

1991 年 9 月 1 日，实验室正式工作，经福谦担任第一任实验室主任，倡导建立新的科研体制，探索国防科技工业可持续发展道路。

由于重点实验室运行机制特殊，它自己有科研决定权、科研自主权，这是改革中出现的新生事物，在运行过程中难免存在一定阻碍，如不能妥善处理和解决，势必影响实验室的组建与以后的运行。主要的问题是重点实验室"科研相对独立性"与行政单位之间的关系，人员、设备的支配权是否会影响所内科研工作的安排等。为此，经福谦通过院领导和科研计划管理部门，组织所领导和所科研管理部门，认真学习国防科工委关于组建重点实验室的文件，研究国家重点实验室的运行经验，结合流体物理研究所的科研特点和拥有的科研资源，讨论重点实验室发挥作用的有效途径，逐步在所领导和干部中取得了共识。同时，指定当时的副所长陈俊祥负责组建，并担任重点实验室的常务副主任，负责实验室的建设、运行和管理，以协调实验室与研究所行政部门之间的关系。

在内部管理方面，经福谦认为：在大型课题研究中，只有不同智力、不同专业的人组成的结构合理的队伍，各自在最佳的位置上实现知识和技能的互补，才能攻下难度很大的科学堡垒，而在这一过程中，团队的队长将发挥举足轻重的作用。因此，为了进一步调动学术带头人和科研骨干在科研活

---

① 《冲击波物理和爆轰物理重点实验室简报》，第一期，1991 年 9 月 16 日。资料存于冲击波物理和爆轰物理重点实验室。

动中的主动性与积极性，破除过去由室主任直接组织和领导的大一统管理模式，以经福谦为首的实验室领导集体提出了学术领导人负责制的设想。

学术领导人负责制是在实验室的每个重点研究方向上各聘请一名专家作为该重点研究方向的学术领导人。学术领导人的职责是制定本重点研究方向近三年的规划和目标，定出研究课题，审定技术方案和年度指标，检查与督促研究课题进展情况；对直接领导的青年科技人员（含研究生）提出培养计划，具体安排或提出建议。学术领导人对承担的指令性计划任务，负责立题申请和经费分配；对各类基金项目及横向任务，负责组织申请或积极联系，即不是一般意义上的学术带头人，而是负有一定责任的学术领导人。实验室则为其申请课题筹集科研经费、调配人员、创造工作条件提供必要的支持。实验室领导对学术领导人科研成绩的衡量，则看由他领导的科研成果质量、获奖励情况、公开发表学术论文的数量和质量，以及培养人才方面的成绩等。给予这样的职责和权利，有利于学术领导人主动地、有计划地实现他对完成总体目标任务的安排和设想，有利于组成他的团队和加强团队凝聚力。学术领导人就是团队的队长兼教练，在成果检索、立题、确定主攻目标、提出解决方案、实验设计、工作实施、结构分析、撰写总结和学术论文等科研全过程中，学术领导人必须指导和带领团队中从事理论、实验、科辅的人员，拧成一股绳，默契配合、同心协力攀高峰，取得好的成绩。

自此，冲击波物理与爆轰物理重点实验室正式步入了"边建设、边运行"的进程。实验室以"加强国防科技基础性研究，培养高水平科技队伍"为宗旨，实施"开放、流动、联合"的运行机制，大力加强相关基础研究和与之配套的科研实验条件建设；通过装备先进的研究实验手段，聚焦优秀人才、改革科研机制，加强应用基础研究和部分探索性比较强的应用研究。

冲击波物理与爆轰物理都是流体物理研究所的主要学科，经过数十年的发展，具有深厚的知识底蕴和技术储备。在经福谦的大力推动下，流体物理研究所将从事爆轰和冲击波研究的人员都集中起来，脱离原来的研究室，完全纳入重点实验室管理，因此，在起步之始，重点实验室就拥有了较为雄厚的科研实力。

在禁核试条约签订后，国防武器物理研究的需求对实验室的建设和发展提出了更高的要求和新的挑战。为此，实验室设定的研究方向是围绕先进武器装置物理设计技术，重点开展高压物态方程及高温高压物性研究、高压本构关系与动态破坏研究、高能炸药引爆机理研究、爆轰波传播规律研究、爆炸及其效应研究等。

围绕相应的研究内容，经福谦采取了一系列措施，推动实验室逐步建成了性能配套的高压加载设备，如二级轻气炮、爆炸激波管、密封式爆炸塔；配有较为齐全的测量仪器和诊断设备，如高速转镜相机、宽频带电子示波器、激光干涉仪、时间间隔测量仪、闪光 X 光机、图像分析仪等国内外先进的测量仪器和诊断设备。

重点实验室就仿佛是经福谦亲手琢磨的精品，其中倾注了他大量的心血。纵然后来调到了中国工程物理研究院科技委，直至逝世之前，他都经常回到重点实验室，察看科研工作的进展，询问科研人员遇到的难题，并提出指导性意见建议。

在这个"科研特区"中，人力物力皆备、研究方向明确，科研人员如鱼得水、大展拳脚。当时作为一名刚刚步入工作岗位的青年科研人员，吴强回忆道：

> 当初的感觉就是重点实验室可以为一批对科学有兴趣的、对科学有追求的人提供环境。某种意义上，那个时候的重点实验室确实就像一个世外桃源，几乎没有太多的干扰。而且经先生几乎每个礼拜都会来，检查方方面面的工作，帮我们出主意，那时候好像除了做科研，不需要想其他的。
>
> 我自己觉得在重点实验室这一段经历，是个人学术成长最快的阶段，也是成就感最高的一个阶段，包括自己在对状态方程、理论、实验方面的一些进步，都有赖于那个阶段的学习、积累和探索。[1]

---

[1] 吴强访谈，2016 年 2 月 5 日，四川绵阳。资料存于采集工程数据库。

经过三年"边建设、边运行",截至 1993 年年底,实验室运行取得了初步成绩,实验室通过自选课题基金,批准了研究所外专家申请的课题 13 项。与俄罗斯技术物理研究员进行了三次短期合作研究,重点实验室在锰铜压力计、无线电速度干涉仪、辐射高温计技术等方面有了一定程度的提高。实验室还通过院外科学基金与中国科技大学和宁波大学建立了合作研究关系;通过国家自然科学基金分别与中国科学院地球化学研究所广州分部、兰州化学物理研究所和地质研究所建立了合作研究关系。在这一系列科研活动的锻炼中,青年科研人员迅速成长。

1993 年 12 月 25—26 日,国防科工委科技委常务委员钱绍钧担任验收委员会主任,对实验室的建设进行了评审验收。验收委员会充分肯定了实验室取得的成绩,认为:"实验室在两年多'边建设、边运行'过程中,科研方向明确、人员组织落实、管理制度基本完整,仪器设备配套条件齐全,达到了国内先进水平,有的达到了国际水平",并殷切期望实验室"探索多出高水平成果、高水平人才的机制和途径"。[①]

冲击波物理与爆轰物理重点实验室是国防系统成立的第一个重点实验室,它在立项申请、组织筹建、评审验收和运行管理中的经验,对后来中国工程物理研究院乃至院外国防系统有关单位申请建设重点实验室,起到了示范和先例的作用。

从 1991 年至 2005 年,经福谦先后担任冲击波物理与爆轰物理重点实验室的主任或学术委员会主任,一直指导实验室的学科建设和研究生培养的工作,带领和推动重点实验室不断向前发展。经过十多年的不懈努力,实验室"以创新型基础研究为先导,带动实验室整体发展",在基础研究、核心关键技术攻关和完成国防重大科研任务三个方面,都取得了显著成绩。通过探索新原理、新技术、新方法,深化机理性、规律性认识,带动了学科建设和发展;研制了具有完全自主知识产权的 VISAR、DPS、DISAR 等系列激光干涉测速仪器;在数万大气压到千万大气压的压力范围内,实现了武器材料物态方程参数的精密实验测量。一系列核心关键技术

---

① 《冲击波物理和爆轰物理重点实验室建设通过验收》,国防科工委综合计划部简报,1993 年 12 月 30 日。资料存于冲击波物理和爆轰物理重点实验室。

的突破，打破了核大国的设备禁运和技术封锁，为独立自主、自力更生发展我国的武器物理研究和开展前沿科学基础研究提供了重要的技术支撑。重点实验室多次在国家评估中获评优秀。

现任重点实验室主任吴强评价道：

> 经福谦是从对事业负责的角度、对科学发展趋势把握的高度提建重点实验室。建的过程确实是一个非常漫长、非常曲折的过程，应该说没有经先生的高瞻远瞩和坚持的话，我们流体物理研究所要成立重点实验室，国防工业系统要成立这样一个实验室，可能不会这么早，流体物理研究所也不可能成为第一家建设重点实验室的研究所。我们每次重点实验室评估，对外介绍的时候，都很自豪地说，这个重点实验室是在国防领域中成立的第一家重点实验室；而且重点实验室这样一个概念也是我们所的老领导、这个重点实验室第一任主任经福谦院士提出来的。所以每当我们给国内外同行，甚至国家机关、上级机关汇报工作的时候，当我们说到几个"第一"的时候，确实是经先生做出的历史业绩，某种意义上也是给我们这些后人留下的非常厚重的、宝贵的一笔财富。应该说重点实验室的成立对流体物理研究所的基础研究、人才培养，以及在国内的一些推广，甚至对整个国家国防科技工业的基础研究发挥非常大的一个作用。[①]

# 在国防科技系统最早实行基金制

中国工程物理研究院在开创初期就提出了"以任务带学科，学科促任务"的方针，反思数十年的艰辛发展历程，经福谦一直认为，核武器的发展必须建立在坚实的基础研究之上，只有加强基础性研究，核武器发展才

---

① 吴强访谈，2016 年 2 月 5 日，四川绵阳。资料存于采集工程数据库。

会有后劲。他也常常在不同场合谈起："搞任务研究必须有基础研究来支撑，没有基础研究支撑就没有后劲。老一代科学家像王淦昌、周光召，当时是国际上有名的粒子物理专家、核物理专家，郭永怀是力学专家，都是美国回来的，还有钱学森，他们的基础研究知识能力现在哪一个比得上？没有基础研究，将来怎么创新、研制新东西？所以眼光要看远一点。还有人认为搞基础研究不是我们的事，采取'拿来主义'就行了。殊不知由于我们事业的特殊性，例如，对涉及高温高压极端条件下的高能量密度物质的物理性质及物理量值的问题，国内可拿来的很少，国外也拿不来关键的；如果不去研究认识它，即便能从哪里拿来一点，也不能理解，也是不会用的。不要忘记我们是'中国工程物理研究院'，不是'中国工程研究院'，基础研究就应该我们来做。"①

因此，经福谦于 1985 年就向院领导提出："中国工程物理研究院在抓好主战场指令性型号任务的同时，还必须加强应用基础和基础研究，以便培养与吸引年轻的科技人才，与时俱进地适应快速变化的世界高新技术发展和竞争的态势。"②

经过一番思索和调研，经福谦认为，加强基础性研究的一个有效途径就是实行基金制，使基础性研究课题得到保障；同时通过实行基金制，可以增强竞争意识，提升科研质量；通过鼓励青年科研人员申请基础课题，促进年轻人成长。在后来写给国防科学技术大学张若棋教授的信件中，经福谦曾谈到当时的想法："对激发中国工程物理研究院的危机感和打破封闭意识是大有好处的。一个社会只有在公平竞争的条件下，才会激发出活力。"③

1987 年年初，经福谦搜集了很多研究机构实行基金制的文件，参照国家自然科学基金委员会、中国科学院科学基金管理办法，结合核武器科学研究的具体情况，指导时任院科技委秘书的唐惠龙编写了中国工程物理研究院基金制暂行管理办法。

唐惠龙回忆道：

---

① 经福谦手稿，1983 年 5 月，未刊稿。资料存于流体物理研究所。
② 经福谦手稿，1985 年 6 月，未刊稿。存地同上。
③ 经福谦写给张若棋的信件，2000 年 9 月。资料存于采集工程数据库。

当时中国工程物理研究院没有搞过，经院士从科学院拿了一些管理办法给我借鉴，基金制管理办法是经院士指导我写的，他用科学院的一些办法，主要是：第一成立学科发展委员会，其实就是学科怎么发展、专业怎么发展；第二基金制要撰写选题指南，根据选题指南来申请，申请书进入评审，对是否有创新、能否实现、今后是否可以为核武器发展作贡献进行评审，评审之后划拨科研经费。从1987年开始，院里过去没有这个办法，过去的基金制也没实现，在经院士指导下我写了试行办法，并发到各个研究所。①

秉持基础研究的主要作用是推动核武器科学技术稳步持续发展和促进学科发展，经福谦将科学基金课题（专题）分为应用基础研究、应用研究及先期技术开发三类。他强调，要采用同行评议的办法，择优支持对武器先进设计技术发展有重要潜在应用前景的研究工作，以及对开拓新兴科技领域，促进空白、薄弱及交叉学科发展的研究工作；学术思想新颖，理论根据充分，研究内容和目标明确、具体、先进，研究技术路线合理可行，近期内可取得预期成果或结果的研究工作等。

在经福谦的建议下，基金管理以行政指挥系统为主体，采用领导与专家相结合的方法，充分发挥科技专家的学术和技术的指导作用，实行院所两级管理。中国工程物理研究院设立科学基金办公室，负责起草科学基金的管理制度，组织编制和发布选题申请指南，受理课题申请，组织同行评审、立题，发放研究基金。

为了更好地推动学科发展，经福谦倡导科学基金的评审机构由科技专家和科技管理专家组成；院科技委下设专业组，也是本专业科学基金的评审组，负责课题的立项、申请课题评审和成果评价等工作。

在申请课题方面，院属各单位的助理研究员及相当职称以上的科技人员均可参照选题指南，提出课题申请。实习研究员及攻读学位的研究生，在有高级职称科技人员作为指导人的情况下，也可提出课题申请。科学基

---

① 唐惠龙访谈，2016年2月5日，四川绵阳。资料存于流体物理研究所。

金鼓励跨学科、跨单位（研究所及科研室）以及理论与实验相结合的合作研究的联合申请项目和有利于科研、教学、生产相结合的项目。经福谦还特别强调，应该对35岁以下青年科技工作者申请的课题，在条件相近的情况下优先予以支持。

在经福谦制定的基金管理办法中，写明了课题负责人对研究工作安排、调整和经费使用享有自主权，同时接受单位管理部门的指导和监督；课题研究结束后，科学基金办公室组织考核，根据考核情况报院主管技术负责人，给予一次性奖励，课题负责人有权分配所得奖金。

唐惠龙评价这套管理办法：

> 立题就是程序化，结题时还要检查、评审、评比，评审好的论文给予奖励，这整个一套是对研究项目从构思、学科的发展、选题、结题全过程的管理，走上正式的科学的程序化的管理道路。
>
> 不仅管理工作程序化、科学化，我们还提出35岁以下的年轻人，可以优先选题；再者是课题负责人可以支配经费，责、权、利相一致。在提高课题负责人的积极性方面，基金制办法起到重要的作用。这些都是经院士倡导下，向别人学习后，逐步建立并完善的科研管理体制。[1]

1987年，中国工程物理研究院基金制暂行管理办法先在经福谦主管的爆轰波和冲击波两个学科试行，经过两年的试运行，取得了可喜的成果。1989年2月20日正式实行，这使中国工程物理研究院成为当时国防科技工业系统实行基金制最早的单位。后来又增加了中国工程物理研究院与国家自然科学基金委联合资助的"NSAF"基金项目，以接受院外同行参与院学术合作和联合研究活动。

基金制自推行之始，就受到了广大科技人员的欢迎和踊跃申请。作为第一批获得院基金资助的项目负责人之一，贺红亮感触很深：

---

[1]　唐惠龙访谈，2016年2月5日，四川绵阳。资料存于流体物理研究所。

我是第一批获得资助的基金项目负责人之一，当时一个课题是两万五千块钱，钱虽然很少，但却是让搞基础研究的人感觉有了靠山。有了这个科学基金以后，对做基础研究的人确实是很大的支持。我当时做的第一个基金叫作"立方氮化硼的冲击波压实"。这个研究跟主战场没什么关系，但是能够得到院基金的支持，所以可以想象当时在中国工程物理研究院的环境下、大背景下，拿出钱来做一些好像跟主战场无关的研究，经先生还是很有魄力和眼光的。①

另外，不仅对基金的申请严格把关，在开展基金课题研究的过程中，经福谦也一直秉持高标准、严要求，在条件许可的情况下，要求由院外的专家对基金的中期及结题进行审查，以提高基金项目的完成质量。

唐惠龙回忆道：

1990 年，请了大学、研究所的相关专家到南京开基金验收会，同时考核基金制的试行效果。请其他外单位的人来提意见，同时开放流动，请进来走出去，这样我们科研人员也有讲台，可以发表论文的讲台，过去没有这个讲台的，经先生这方面很重视。要提高科研人员的基础研究和课题负责人的积极性，他还是花了功夫。②

当时，贺红亮所负责的课题就专门赴南京接受了中期检查：

当时成立了一个基金办公室，第一任基金办公室主任是郑根柱，经老师和郑根柱到成都科技大学去听我们的汇报和科研进展。然后基金中期检查又把我们带到南京去，请了一些国内的同行专家，来听我们的汇报和进展。经先生有一个理念：工作做得好不好，不能自己评价自己，应该让同行来评价，所以中国工程物理研究院的工作要拿到

---

① 贺红亮访谈，2016 年 1 月 26 日，四川绵阳。资料存于采集工程数据库。
② 唐惠龙访谈，2016 年 2 月 5 日，四川绵阳。资料存于流体物理研究所。

外面去，要请科学院的人、高校的人，请同行来听报告，让专家来提意见、来检验工作做得怎么样。我觉得通过这种培养，对我很有帮助，因为第一次自己写基金申请、第一次自己当课题负责人、第一次去面对这么多专家的质询，去回答问题、去作报告等。①

2002 年，在中国工程物理研究院国防高科技讲座上，经福谦作了题为"对我院科技管理规划的思考"的讲座，再次提出了加强中国工程物理研究院基础性研究计划的安排思路：主要有制定院的基础性重大研究项目申请指南，建立院重大及重点项目基金；适当支持科技人员基于科学发展提出申请；鼓励科技人员申请总装备部的跨行业基金、重点实验室试点基金、"863"计划项目基金等；鼓励科技人员申请国家自然科学基金以及攀登计划等；制定院外基金项目申请指南，与国家自然科学基金建立联合基金；制订发展研究计划，建立院"双百人才"计划基金等。

经福谦积极倡导并督促科技人员特别是年轻科技工作者积极申请院科学基金课题和国家自然科学基金课题；还在流体物理研究所重点实验室设立了基金课题，制定奖励政策，对获得基金课题的研究人员给予奖励。在他的大力推动下，科技人员积极申请基金课题，科研能力也随之迅速提高。

数十年的发展实践证明，在培养和造就一批能在武器科技前沿攻关、充满活力的优秀科技人才，增强科技人员的竞争意识、竞争能力、责任感和效益观念，激发科技人员发挥聪明才智，多出成果、提高成果质量等方面，中国工程物理研究院基金管理制度发挥了重要作用。

## 组建第一个院校联合所

受"文化大革命"的影响，当时中国工程物理研究院各个科研所隐蔽

---

① 唐惠龙访谈，2016 年 2 月 5 日，四川绵阳。资料存于流体物理研究所。

在山沟里，开会出不去，想邀请名师讲课也很困难。经福谦时任流体物理研究所所长，深感井底之蛙、孤掌难鸣之苦。他认为中国工程物理研究院在承担武器装备研发任务的同时，必须高度重视基础研究；基础研究具有系统性、前瞻性、长期性、探索性和不确定性，光靠一个所不行，自己关起门来搞更不行；只有走出去、请进来，加强国内外相关专业的交流与合作，取人之长、补己之短，才能最大限度激发自身的创新活力。于是决心借助国家鼓励科研院所与高等院校开展科研与人才培养合作的机遇，开展多方合作。他首先想到的是就近的成都科技大学，那里有著名的原子与分子物理学科大师芶清泉教授。

经福谦与芶清泉相识于 1981 年。当时经福谦首次出国参加学术交流会议，会后经同行的章冠人介绍，认识了恰在此处办事的芶清泉。两人均对对方的学术成就早有所闻，所以一见如故、言谈甚欢。1982 年芶清泉调到成都科技大学工作，组建了以原子分子物理和高温高压为主要方向的物理系，并准备创造条件扩大建成高温高压物理研究所。芶清泉一直以来有和中国工程物理研究院合作的意向，认为以原子与分子物理为基础研究物理力学中提出的高温高压物理问题，能够为国防尖端技术的研究打好学科基础；可以充分利用中国工程物理研究院的科研条件和实力，推动基础研究更好地发展。

1983 年年底，芶清泉和中国工程物理研究院联系，邀请经福谦到成都科技大学物理系参观访问。访问过程中，经福谦得知芶清泉要筹建高温高压物理研究所的考虑时甚为欣喜，建议由两家联合来创建，芶清泉当即表示赞成。

从成都科技大学回来后，经福谦很快向中国工程物理研究院的领导进行了汇报，阐述了创办联合所的理由：不仅可以深入开展相关基础研究，同时可以通过联合研究所开展国际交流，开会、讲学，互派访问学者；可以依赖学院优势定向培养专业人才。这一想法得到了邓稼先院长的支持。

照此思路，经福谦与芶清泉进行了精心筹划，经过双方领导批准，1984 年 8 月 28 日，两人分别代表所在单位签署了联合建立"成都科技大学应用物理研究所"的协议书，芶清泉与经福谦担任联合所所长。

在进行联合所学科规划时，经福谦提出，流体物理研究所以动高压研究为主，其技术水平和设备能力均已占据国内领先地位，同时必须补充静高压的相关研究。动静高压研究的内容压力范围不一样、加载手段不同，两者是相辅相成的，只有开展动静高压研究，才能达到全面研究物质特性的目的。芶清泉是静高压合成金刚石研究方面的权威，在联合所开展静高压研究具有很大优势。

经过深入探讨磋商，经福谦与芶清泉决定在联合所建立四个研究室：动高压物理研究室、爆炸激波管研究室、静高压物理研究室、人工合成新材料研究室。这四个研究室涵盖动高压和静高压两方面的主要研究内容。

杨向东当时作为芶清泉的秘书和助手，全程参与了联合所的建设工作，后曾担任联合所所长，他对于经福谦与芶清泉创办联合所深有感触：

> 经先生和芶先生联合，并成立联合所，我有三句话：
>
> 第一强强联合。原子分子所是国家重点学科，与中国工程物理研究院流体物理研究所重点实验室强强联合。
>
> 第二学科互补。这样培养的学生是比较全面的，因为大学基础理论比较好，基础研究花的时间比较多，这是高校的任务所在；中国工程物理研究院流体物理研究所在应用方面、在实验室条件，那是全国一流，所以我们这样培养的研究生，应该说素质是非常高的。这也是两位老先生做的重要的决策所导致的。所以我说学科互补，这就是非常重要的一点。
>
> 第三一拍即合。两位先生没有磨合过程，因为他们思想接近，一个重视应用，一个重视基础研究要用到国防高科技上，他们两个就是一拍即合。所以合作过程非常简单，而且经先生到芶先生家里拜访，我也陪同，很快就达成协议，两人要搞联合研究所。①

关于两个单位联合后开展科研工作，经福谦曾写道：

---

① 杨向东访谈，2016 年 6 月 17 日，四川成都。资料存于采集工程数据库。

流体物理研究所开展了大量的爆轰实验，其中的凝聚态效应，是大量的原子分子互相作用导致的，其变化过程非常复杂。我们在实验中获得了很多的爆轰温度、压力数据，但是爆轰产物的原子分子结构如何？原子分子结构、相互作用势如何影响炸药爆轰的压力温度？如何影响其雨贡纽曲线？对这些问题进行深层次研究，需要进一步从凝聚态物理当中的原子分子物理入手；而成都科技大学原子与分子物理研究所承担了原子分子国家重点学科的建设与发展任务，侧重研究高温高压下与原子分子物理专业相关的物性，具有非常深厚的研究基础，但是也存在比较孤立地研究原子分子之间的相互作用、没有考虑整体效应这一问题。①

各有所长、各有所需，这便是他与芶清泉合作非常好的契机。这种联合既可以加强各自专业范围内的基础性研究，又在开展相关交叉学科的基础性研究方面提供了良好的支撑条件。在他的学生们看来："经院士当时跟芶先生走在一起有很宏大的计划的，他是要做凝聚态物理当中的原子分子物理问题，他想把这两个结合。"②

1988年，经福谦与芶清泉在联合所招收了第一届博士研究生刘福生和古成钢，开展原子间力与状态方程的研究。原子间力着眼于原子分子的研究范畴，而状态方程则是凝聚态物理中的研究内容，这是一个非常巧妙的结合。

1989年，芶清泉通过理论计算建立了离子重叠－压缩模型，进行某材料的状态方程甚至相变现象的预演；经福谦则是从实验入手，做出了该材料的状态方程。然而，将通过理论和实验两种方法所得的结果进行对比之后，出乎意料地存在较大的差距！

这一结论让两人非常吃惊。据刘福生描述："芶先生是理论家，认为算出来的东西都是对的；经老师是实验物理学家，他崇尚的是数据说话。"③

---

① 经福谦手稿，1984年8月，未刊稿。资料存于流体物理研究所。

② 刘福生访谈，2015年11月3日，四川绵阳。资料存于采集工程数据库。

③ 同②。

为此，两位先生展开了激烈的讨论，在反复验证了自己的做法正确无误之后，他们再次对问题进行了深入的对比分析。

经福谦带领刘福生再次通过实验验证，结果表明：理论计算的只能在很低压的条件下使用，而我们实际上要达到上百万大气压以上的应用，所以结果证明如果只靠计算，模型再漂亮，算出来也不是完全可信的。

> 那个事情起的作用是明显的，让这两位老先生坐下来充分认识到要把这两个领域联合起来，做工作实际上是有差距的，做理论的不能老盯着计算机算，做实验的要拿出扎实的数据，就发现这两个领域，大家对相互作用的概念的认识是不一样的。那么凝聚态物理里面的相互作用是多起（原子分子）之间的相互作用，而原子分子的相互作用是两个原子之间的相互作用。实际上芶先生也从中体会到这个问题的复杂性，而当时经老师和我也觉得我们实验出来的这个结果是经得起推敲的。那么实际上两位科学家坐在一起，认识到了原子间力的概念在凝聚态物理里面是要重新定义的，所以我们当时的研究工作在驱动认识方面还是让大家受益匪浅的——就是我们要重新定义这个原子间力。所以从那以后原子间力和状态方程的研究方向就变了，引发了研究多体相工作任务为主的一个研究领域，这个一直研究了很多年，所以应该是具有开辟性的工作，是两个学科交叉过程中的一个开端。①

从此，经福谦与芶清泉开始了理论与实验相结合，深入开展凝聚态物理中原子分子物理问题的研究。

虽然当年经福谦身在绵阳、交通不便，但他差不多每两周就会到成都科技大学去，了解工作进度、指导实验。他将早期在国防科研中的严格要求拿到培养学生上来，在他看来，不是简单的培养学生，培养学生就是做科研，本身就是课题的一部分。他要求在方案制订上一定要严密，方案如何论证、如何获得高质量的实验数据，必须要详细的方法阐述；同时，他

① 刘福生访谈，2015 年 11 月 3 日，四川绵阳。资料存于采集工程数据库。

认为一个孤点不能成为研究规律的一个独立证据，实验必须具备可重复性，因此他要求学生必须开展预备实验以及至少两轮正式实验；在对实验信号进行判读时，他常常与学生一起制订判读方法，数据怎么判读，用什么外推形式，特别是判读两条曲线拐折的地方，必须要在从两边数据往中间进行内插外推，以获得拐点的信息。

刘福生回忆道：

> 经老师指导我们的时候，他不只是一个高高在上的导师。当时冲击波物理实验研究在高校里面才开始，而且我们做的测量方面的工作经先生很熟悉，是他早期自己做过的。所以我们有一些工作细到技术路线的制定甚至信号的分析、数据的分析，我们都是带着记录数据跟他一起分析。所以他到了我们实验室，实际上都参与到具体研究中了，很多判读包括信号判读法则都是他教我们的。他从来没有一种高高在上的架子，一来直接就谈工作了，没有客套话，走进来就说："你给我讲讲遇到什么问题了没有。"[1]

在经福谦与苟清泉带领的科研人员的共同努力下，经过多年的实验室建设和学术队伍培养，二级轻气炮、激波管、金刚石对顶砧、六面顶大压腔静高压装置等一批先进实验装置建立起来了；低温液氮靶技术、锰铜压力计测压技术、辐射高温计、时间间隔测量技术、同轴探针技术、光谱技术、红外探测技术、聚偏氟乙烯传感器、烟膜技术等测试技术建立起来了；在高技术、冲击波物理、冲击波化学、地球物理、静高压物理及合成、高温高压下微观化学反应特性及机理研究等领域取得了可喜的成果；一批年轻的科研骨干成长起来并顺利挑起了重任。

1990 年 4 月 28 日，时任国防科技工业委员会领导的朱光亚参观联合所，对联合所取得的成绩大为赞赏。

截至 2016 年，应用物理研究所已经走过了 32 年的历程，高等学校

---

[1]　刘福生访谈，2015 年 11 月 3 日，四川绵阳。资料存于采集工程数据库。

图 8-2　1990 年 4 月 28 日，朱光亚参观联合所，从左至右：苟清泉、朱光亚、经福谦（程菊鑫提供）

与科研院所合作时间如此之长，在国内尚属首例。原国家科委主任宋健、朱丽兰，国家教委主任朱开轩，国家自然科学基金委主任唐敖庆等领导在视察该所时曾多次指出，这是国内唯一一个长期合作得这么好的研究所。

回顾联合所的成立，经福谦在手稿中写道："这开创了国内科研院所与高校联合研究和联合培养研究生的先河，从封闭走向了开放。"[1] 他戏称这一举措是"吃了第一只蟹"。[2] 苟清泉对他也深表赞叹："在促成联合所的建立和学科建设与人才培养过程中，经福谦同志起到了很大作用。"[3]

## 与西南交通大学创办联合所

在推动成都科技大学高温高压物理研究所发展的基础上，经福谦仍不断寻找和高校合作的契机。

2000 年，西南交通大学决定大力发展理科，主动联系经福谦，邀请他来推动相关学科发展。对于学校的盛情邀请，经福谦说："那要去我就要做点实际的事情。"[4] 随后西南交通大学与中国工程物理研究院协商聘请经福

---

① 经福谦手稿，2008 年 4 月 8 日，未刊稿。资料存于采集工程数据库。

② 同①。

③ 苟清泉：祝经福谦院士健康长寿，为科技发展多作贡献。见：《经福谦院士八十华诞文集》编辑委员会编，《经福谦院士八十华诞文集》。北京：原子能出版社，2009 年，第 17 页。

④ 洪时明访谈，2016 年 1 月 26 日，四川绵阳。资料存于采集工程数据库。

谦院士到校兼职工作。当时已年过七旬的经福谦，从零开始创立西南交通大学高温高压物理研究所，推动高压物理学科的发展。

2000 年 3 月 30 日，中国工程物理研究院和西南交通大学签署了联合组建高温高压物理研究所的协议书，其中写明：组建西南交通大学高温高压物理研究所的目的和意义是发挥双方优势，联合开展高温高压凝聚态物理等相关领域的基础性研究工作，提高双方在上述领域的学术地位；联合共建西南交通大学高温高压物理研究所对西南交通大学的理科学科建设、加强与有关研究单位的科技合作将发挥积极作用，并有利于双方吸引与培养专业人才；为双方探索在其他共同感兴趣的学科领域的联合开发或合作研究提供经验，开辟产学研结合的新方向。[1]

西南交通大学高温高压研究所作为西南交通大学与中国工程物理研究院开展合作研究的基地，双方各派成员成立协调小组，小组在双方单位的领导下负责研究所筹建期间及研究所建成后，双方开展合作研究及人才培养等的协调工作；高温高压物理研究所经学校批准后成为西南交通大学的二级教学、科研机构；作为研究所的客座人员，中国工程物理研究院派人员参加研究所的科学研究及人才培养工作，研究所为其提供工作上的方便；属于中国工程物理研究院计划且经院批准的合作研究任务，由中国工程物理研究院核定并划拨研究经费；不属于中国工程物理研究院计划的研究项目可由一方单独或双方联合向有关机构申请，大致有国家自然科学基金、中国工程物理研究院与国家基金委的联合基金、重点实验室的试点基金等。

自规划、建设联合所之始，经福谦就全身心地投入，利用他的经验与理念布局，逐步推进。在他的学科设计中，高温高压物理研究所的主要研究领域为高温高压凝聚态物理，属于基础学科中的物理学领域，同时可以延伸到材料科学、地球与行星物理、力学与化学等学科的若干研究方向，从而形成多方位的交叉学科研究领域。

根据这一定位，经福谦从制订实验室计划、预算选址、设计修建、设

---

[1] 《西南交通大学和中国工程物理研究院联合组建西南交通大学高温高压物理研究所协议书》，2000 年 3 月，资料存于中国工程物理研究院档案馆。

备安装调试，到申请科研项目、培养学生等，每一个环节都倾注了大量精力。追随他到西南交通大学，与之一起开展联合所建设工作的洪时明、刘福生感触良多：

> 我感触很深的是在交大这边建立研究所，是从挖地基开始，经先生几次都过来看，一方面为了推进建设进度，找领导小组、校领导、设备处，另一方面开始招学生、建立学科。经先生那个时候都70多岁了，还走到沟里去看工程的质量，就像修自己家的房子一样用心。很快房子就修起来了，接着建设备，再调试，很快就建设完成运转起来了。①

高温高压物理所是边建设边发展，从修建阶段起就开始申请科研项目，并招收和培养研究生。这个所的建设和发展除了得到双方单位领导的关心和经费支持以外，还得到中国工程物理研究院专家们持续的指导和帮助。不到两年时间，就建成了一个以动静高压结合为特色的实验室，拥有一级轻气炮、二级轻气炮、ICCD 光谱仪、激光速度干涉仪 VISAR、电子学测试系统、瞬态激光拉曼光谱系统、三柱式 1500 吨大压机、100 吨快速增压压机等设备，承担或完成了多项中国工程物理研究院与国家自然科学基金的联合基金项目以及重点实验室项目。培养了大量硕士生、博士生，发表论文的数量和质量也不断上升。2001 年，经福谦带领大家申请到国家自然科学基金重大项目；2003 年，申请到凝聚态物理硕士点，同时在力学和材料学等专业招收培养博士生；2006 年，通过评审批准为四川省高校重点实验室，2009 年正式挂牌。

联合所的每一步进展，都凝聚着经福谦的心血，取得的每一次成绩，都令他欣喜不已。洪时明曾撰文写道：

> 记得有一次我们正在外地开会，晚上经先生突然敲开我房间的

---

① 洪时明访谈，2016 年 1 月 26 日，四川绵阳。资料存于采集工程数据库。

门，兴奋地说："告诉你一个好消息，省重点实验室审批通过了！"听到这事，我当然也很高兴，但他那种情绪对我的感动却比好消息本身更深更重。与经先生一生完成过的许多重大成果相比，这件事几乎不足挂齿，但他却那样由衷地高兴。我想他也许是为自己所坚持的联合理念再一次得到应用而感到欣慰吧。[1]

在西南交通大学高温高压物理所，研究工作的开展主要以科学问题为驱动，而不同于流体物理研究所的任务型驱动，科研氛围较为自由宽松。根据多年的经验积累和对国际前沿科学的关注，经福谦主导开展了金属氢、金属黏性以及地球科学等方面的研究。在研究布局中，经福谦的选题特征就是着眼点大、切入点实——其中金属氢的研究属于国际关注的重大问题；金属黏性则是在冲击波整形问题中的重要因素，与武器物理密切相关；地球科学则是涉及多学科交叉，属于重大前沿课题[2]。

谈到这一学科研究布局，刘福生说：

> 经院士在这方面的选题是选的比较基础和比较大的。他的这些选题做大面积的推进，也可以看到他胸中所怀的是一个大的学科，而不是单纯的问题。而他对于这些问题不是让一个学生做，而是让该方向的一批学生来做，那么最后形成的就是一片区块。经先生对学科是有使命感的。

> 经院士还有一个特点是敢想。敢想，每个人都做得到，敢干，不一定每个人都能做得到。当时经先生带着我们做的事情是既要想也要干，没想之前我们要尽量去想它，当我们想清楚以后就别去想它了，先把你想的这几件事干了再想。[3]

---

[1] 洪时明：金色年华。见：《经福谦院士八十华诞文集》编辑委员会编，《经福谦院士八十华诞文集》。北京：原子能出版社，2009年，第34-35页。

[2] 详见第七章第五节。

[3] 刘福生访谈，2015年11月3日，四川绵阳。资料存于采集工程数据库。

洪时明则是如此评价的：

> 一方面经院士很重视跟工程的关系，另一方面他不仅仅局限于这个，他认为应该开展更广泛、更长远的研究，他说："像美国三大核武器实验室其实有好多搞基础研究的人，根本不知道搞出来有什么用，一些很基础的研究都应该开展，我们在这方面就是做得太少。"所以他极力主张跟高校联合，而且不管做什么都很支持。他说："只要我们联合起来，就可以形成这种能力。不能只单单研究跟工程有关系的那一点东西，其实涉及很多问题都应该去研究。"①

在金属氢的相关研究中，由于金属氢是一种高密度、高储能材料，蕴含着巨大的能量，且是一种室温超导体，受到了国际上的重点关注，一旦金属氢问世，将会引发科学技术领域一场划时代的革命。对于金属氢，经福谦自 20 世纪 70 年代起就一直抱有浓厚的兴趣，他曾与同事谈起：金属氢是高压物理研究中的一个"圣杯"，理论预测金属氢一直存在，但是这么多年在实验上人们一直在探索、在寻找，他认为更大的压力下肯定会出现金属氢。②

1984 年，经福谦与芶清泉在成都科技大学高温高压物理研究所的时候，就提出了这一题目，联合进行了理论上的初步研究。

经福谦曾与美国利弗莫尔实验室③的尼尔斯教授关于金属氢的研究进行过交流。得知经福谦对金属氢很感兴趣，1994 年，尼尔斯在实验中发现金属氢导电性，就研究结果写了一篇论文，在发表之前寄给经福谦，同时还写了一封信，信中写道："你告诉过我你也要做氢的研究，那我现在就把氢的一些没有发表的详细数据寄给你。"④收到了国际同行关于金属氢的最新研究进展，经福谦立刻组织研究团队对其中的数据进行了学习和分析。

---

① 洪时明访谈，2016 年 1 月 26 日，四川绵阳。资料存于采集工程数据库。
② 吴强访谈，2016 年 2 月 5 日，四川绵阳。存地同上。
③ 美国三大核武器实验室之一。
④ 刘福生访谈，2015 年 11 月 3 日，四川绵阳。存地同上。

与此同时，经福谦与刘福生也采用多种方法从不同角度开展金属氢的研究。当时经福谦患病住院，刘福生在他的指导下把金属氢的研究项目申请报告写好了，拿到病床边念给他听。经福谦不时指出报告中的不足之处并提出了修改意见。

2000年，经福谦到了西南交通大学，带领刘福生等人开始真正针对金属氢开展实验。曾有理论预测在几百万大气压下有望出现金属氢，但是当实验达到条件之后又没有发现。接下来该怎么办？很多人束手无策。此时，经福谦提出了一个说法："比如说天山有雪莲，但不是沿着哪条路上山都能碰到雪莲。也就是说，可能只有沿着特定的路径才能找到这种特定的目标。再比如说走不同的路径，就像我们旅游一样，会看到不同的风景。那么实际热力学加载也是一样的，走不同的热力学路径才能看到不同的物质状态。当时我们对金属氢的研究可能不单单是过去传统的压力越来越高就行，甚至我们可以用不同的加载速率或是不同的复杂加载路径，是可以实现金属氢的。"①

经福谦带领学生们，尝试踏上了另一条"寻找金属氢"的路。他们首先针对高温高压状态下氢、氘、氦气体混合物的状态方程开展了研究，为解决金属氢问题打好了基础；在制靶技术、加温技术、加载技术等方面做了很多准备工作，随后通过一系列实验，已经观察到分别在不同的冲击压力下，液态及气态氢从绝缘体变成导体，从实验上能够直接测出它的电阻率。

关于金属氢的研究之途漫漫，在随后的十余年间，经福谦始终鼓励学生坚持研究，他总是强调：要坚信中国人并不笨，同时做科研不要顾头顾尾的，想做就要做起来。在他这种信念下支持下，很多科研工作者沿着这条路继续前进，纵然进展缓慢，也没有放弃。

回顾这段历程，刘福生说：

像经先生这种坚持，要做就一定要坚持做，哪怕是要做十年他也

①　吴强访谈，2016年2月5日，四川绵阳。资料存于采集工程数据库。

要推动这个工作。最早在我们成都科技大学的实验室里墙壁上挂了一幅宣传画，一边是美国人要做金属氢的图片，另一边是经先生和芶先生的照片。那个时候金属氢是老一辈科学家的梦，甚至两弹元勋像陈能宽他们都想做这个题目。在经先生的推动下，流体物理研究所、西南交大慢慢地做起来，虽然迟后了那么长时间但还是把它推动起来了。在这一点上，老先生留给我们的在科学研究方面的坚持和执着，是贯穿他一生的。[1]

同时，经福谦还牵头开展了另一个重要课题——物质的黏性研究。物质黏性对于研究流体运动的动力学过程是一个重要的物性参数，在 20 世纪 60 年代从事核武器研究的过程中，经福谦就已经注意到高温高压条件下物质的黏性是影响流场稳定的重要因素，在许多内爆过程引起的流体运动的研究中都需要掌握物质的粘连性参数，才能够更好地探索其中的物理规律。那时，他从典型冲击波整形里面提炼出了金属黏性相关研究成果，即利用金属本身的黏性实现波形的转换。由于受实验技术和测量技术的限制，虽然当时能够将其运用于武器研制，但对其机理并不明确。经福谦花了很长时间一直在不懈探索，并笑称这是自己"压箱子"的项目。

在前期研究的基础上，1999 年年初，经福谦带领刘福生等人继续开展了高温高压下金属黏性的探索。他们先对国际研究现状进行了总结，提出新思路，从设计原理、实验方法、数据处理等方面，改进了冲击波阵面小扰动衰减方法，将其应用于轻气炮加载条件，用电探针方法代替复杂的高速条纹相机技术，测量扰动幅度衰减过程的实验基本取得成功。实验的测量结果达到了限定物质黏性系数数量级的目的。该工作引起了国内外同行的关注，到高温高压物理研究所访问的美国、日本学者，都关切地询问黏性工作的进展。

谈到经福谦在物质黏性方面开展的工作，洪时明甚为惊叹：

---

① 刘福生访谈，2015 年 11 月 3 日，四川绵阳。资料存于采集工程数据库。

他用的方法就是一个波纹的斜面的飞片的冲撞，有很多探头在后面，看一个正弦波的衰减过程，通过这个正弦波本身最后衰减成一个平面波的过程可以计算出物质在高温高压下的黏性问题。这个事情一直坚持了好久，好几个研究生都做了这个事情，他来讨论过好多次。我觉得很奇妙，他居然可以这样计算黏性。[1]

开展科研工作，经福谦不仅从大处着眼，同时也注重小处着手。在冲击加载实验中，常常要用到蓝宝石窗口作为冲击高压过后采集光线的一个窗口，以此来进行数据采集。后来他发现这个窗口不一定是透明的，有可能损失了某些光，从而导致实验结果出现偏差。经福谦敏锐地抓住了这个问题，约于1994年带领几个学生专门研究窗口的透明度。他们开展了一系列实验，针对不同冲击高压下窗口的透明度的变化情况开展了研究并获得了成果。这一研究表面上看是技术性的，但这个瓶颈问题不解决的话，采集的光可能是错误的，研究就可能被误导。

在高温高压物理研究所，经福谦科研、管理两不误。虽然身在绵阳，他仍随时关注高温高压物理研究所的各项工作的进展，不管是科研工作还是安排学生的事宜，他的心里都有进度安排，到了时间节点就会打电话询问，并督促推动工作进行。刘福生曾说过："他经常打电话，有时早上我们刚起床电话就来了。他随时都可能打电话过来问事情的进展。"[2]电话汇报一旦有问题，经福谦就马上抽时间到成都，亲自解决。

经福谦要求每周都要召开学术会议，举办学术报告、讨论研究中遇到的问题和进展。在讨论过程中，他没有一点院士的架子，知无不言、言无不尽，也耐心听取他人的意见，甚至坦然说道"这个问题我不懂"，并虚心求教，令大家深感佩服。经福谦还要求，不管是谁作学术报告都要通知他，他说："你一定要通知我什么时候，我尽量每次都要参加。"有些时候是洪时明等人在外单位请来的知名学者，他要来听；有些时候就是学生的报告，他也要来听，并提出很多意见和建议。

① 洪时明访谈，2016年1月26日，四川绵阳。资料存于采集工程数据库。
② 刘福生访谈，2015年11月3日，四川绵阳。存地同①。

　　那时虽已七十余岁高龄，但经福谦工作起来总是兴致满满、精力充沛。他每周都要从绵阳驱车到成都开两个小时的会议，又匆匆返回绵阳继续工作；有时候谈起学术问题，"从早上一到研究所就开始谈，一直谈到中午吃饭，吃完了饭又接着谈，他不睡午觉的。他确实精力很旺盛，对学术的那种热忱、认真，我们根本没法比。"①

　　西南交通大学高温高压物理研究所成立时，经福谦曾题词："勤奋来自理想，真知源于实践，幸福需要分享，人生重在奉献。"落款为"与青年朋友们共勉"。这几句话一直挂在实验室会议厅的正中，成为全体老师和同学们的座右铭。

---

① 洪时明访谈，2016 年 1 月 26 日，四川绵阳。资料存于采集工程数据库。

# 第九章
## 科学研究只有金牌没有银牌

"科学研究只有金牌没有银牌"，是经福谦常常教导学生们的话，意思是：金牌银牌是体育比赛的一个概念，我们参加的国际体育比赛，比方说跑步，跑得最快的就会有一个金牌作为奖励，但是如果另外一个人没有跑得这么快，但也是非常好的一个成绩，也会得到世界的认可，发个银牌表示奖励。但是科学研究就不是这个情况了，谁先把这个问题做出来，谁就是第一，相当于得到金牌的荣誉；即使比他晚一点做了同样的事情，也没有意义了。所以，科学研究只有第一、没有第二。[①]

为了争夺高压物理领域的"金牌"，经福谦秉持"基础科研大盘子，有限目标，突出重点"[②]的原则，致力于以国家工程需求为背景，从战略层面提炼科学问题，推动基础研究的深入，在物态方程、损伤断裂、温密物质研究等方面带领团队缔造了一个又一个辉煌，有力地促进学科发展；同时，他将基础研究的成果反馈给主战场，为武器物理研究提供重要的科学支撑，服务于国防科技。美国科学院院士毛河光曾赞叹道："他算是中国最好的科学家之一，他的风范、对学术的投入、对年轻人的照顾、自己学

---

[①] 汤文辉访谈，2015 年 11 月 3 日，四川绵阳。资料存于采集工程数据库。

[②] 经福谦手稿，未刊稿，1983 年 7 月，资料存于流体物理研究所。

术的水平。"① 夏威夷大学明立中教授也曾感慨:"经先生真是中国高压界的福气。"②

# 纵向推进与横向交叉

"自主创新"是科研工作者永恒的追求,经福谦在接受《科学中国人》杂志社访问的时候,曾谈道:"由于我主要是从事以核武器研制为背景的应用研究和应用基础研究课题,我对其中'自主'一词的理解是,在国际间严格保密条件下,我们在自力更生的道路上独立地(尽管从国际化视觉上看是重复的)解决了其中的关键技术难点以及与之有关的某些科学新认识,从而显示了中国人的才智与能力。我们过去做的工作是一项后发创新的事例。有了结果固然可喜,但在做任何研究时绝不能忘记了世界最高点的目标。"③

对于如何达到"世界最高点的目标",经福谦从思维科学的视角提出了自己独特的观点——在分析、思考问题时,要综合运用纵向思维和横向思维,并在纵向思维和横向思维的交叉处发现创造性思维的闪光。

经福谦认为,人们在思考和分析问题时,思维方式大体有两种,一是纵向思维,二是横向思维。纵向思维也就是逻辑思维,是传统的思维方式,它包括顺向思维和逆向思维。纵向思维是分析性的,它要求人们按部就班地前进,其每一步都必须有充分的根据,通过一系列有根据的步骤得到一个正确的结论。但是,不论这条途径是怎样的正确,出发点却只是一种直觉的选择。横向思维与这种传统的思维方式截然不同。横向思维是启发性的,它可以跳跃进行,由此产生的空白以后再填补,它是一个具有概

---

① 毛河光访谈,2015年7月18日,上海,资料存于采集工程数据库。

② 洪时明:金色年华。见:《经福谦院士八十华诞文集》编辑委员会编,《经福谦院士八十华诞文集》。北京:原子能出版社,2009年,第34页。

③ 苏丹:自主创新,致力于物理学科的发展。见:《经福谦院士八十华诞文集》编辑委员会编,《经福谦院士八十华诞文集》。北京:原子能出版社,2009年,第115页。

率性的过程，增加洞察解决办法的机会，但无确切把握。为了得到一个正确的解答，可能在某一发展阶段不得不犯错误，正如有时可能在到达山顶之后才能找到上山的最好道路一样。两种思维方式的互补，往往可以将人们引向科技领域的新境界。[①]

而在基础研究这一"小科学"研究过程中，要求提出各种可以解决现存难题的新思想和新原理。因此，在"大科学"研究中重视"小科学"的补充功能，纵向思维与横向思维交叉推进，就成为科研实践的客观要求。在深入武器物理研究的过程中，经福谦非常重视发挥横向思维的作用，推动创新发展。

经福谦从事核武器工程实验研究多年，核武器研制作为"大科学"研究，是朝着解决重大项目问题这个明确规定的方向运动，使用的往往是确定的方法或某种确定的技术，因此主要是运用纵向思维；核武器技术在世界上属于保密研究内容，研究课题常常从空白开始，技术途径要自己去找，在探索研究中也很需要发挥"小科学"研究的功能和横向思维的作用，常常要求整个研究集体共同创新，即要求研究者更多地运用横向思维，甚至在开始时，可以无约束地对实验、模式、概念、思想反复选择，善于发现，敢于质疑。

在第一颗原子弹内爆动力学性能研究的最后技术攻关阶段，领导经过调查研究，制订了分步进行实验验证的计划，每一步都要为下一步实验提供依据。在经福谦负责的第二步实验中，并不是按部就班地根据原来的理论设想来收集和分析实验数据，而是抓住数据中的"疑问"，并穷追其缘由。经过深入的分析研究，经福谦提出了"严重稀疏区"的概念，用"爆轰头"模型来确定"严重稀疏区"的范围，实验证明是完全可行的，从而加强了第二步实验对后续实验的支持力度。后来，经过领导和有关同志研究认为，可以跳过第三步实验往下进行。这就是经福谦运用"小科学"研究方法和横向思维，由实验信息重新构筑理论分析模式，加速了原子弹研制进程的一次成功的例证。后来，在内爆动力学实验信号保护通道设计

---

① 经福谦，"大科学"研究，"小科学"补充。见：卢嘉锡编，《院士思维（第二卷）》。合肥：安徽教育出版社，2003年，第853页。

中，经福谦又运用横向思维的方法提出了"绝对保护"和"相对保护"的实验研究方案，并取得了成功。

经福谦认为，横向思维是启发性的，其中的关键点在于"质疑"：

> 首先要具备质疑精神。质疑是对过去的科学发现和技术成果的质疑，其目的是为了取得新的科学发现和技术突破。但质疑又必须是理性的，不能采取否定一切的态度，一般情况下要处理好继承和发展的关系。质疑之后还要经过小心求证和精心研究，方能达到"掌握前人积累的科技成果，扬弃旧义，创立新知"的目的。当然，这种质疑也包括对自己过去的质疑，即否定自己的不足和错误，这自然需要勇气。对于这一点，李开复说得好："国外学者非常勇于承认错误，如果他认为别人正确他就会接受"。目前工作在我国专业特色强且具有国家垄断性科研院所中的科技人员和技术领导，更应对此有清醒的自觉性。质疑会给自己造成"痛苦"和"难堪"；但是如果不这么做，就会变成阻碍自己进步的拦路虎。我们必须面对当今世界科技的高峰，尽量做好自己的工作。
>
> 为了做好质疑、求证和研究工作，科技人员应该具有扎实的基础知识、应用知识、解决问题的能力，具有建立在大量文献调研和广泛学术交流基础上的广阔的学术视野，具有在勤奋基础上深刻领悟和冷静思考的能力，以及具有从交叉学科中引进新的思想、方法和技术的慧识，能为本学科发展注入新的活力的能力。[1]

20 世纪 80 年代初，经福谦的工作重点转入指导基础性研究。他经常告诫年轻人，高水平创新成果是建立在基础研究之上的，基础研究是工程创新的母体。因此，他在研究中特别注意启发研究人员发挥横向思维能力，其中关键就是要求研究内容必须创新，不要低水平重复。

当时，很多基础研究还处于跟踪国际先进水平的状态，创新是比较困

---

[1] 经福谦："大科学"研究，"小科学"补充。见：卢嘉锡编，《院士思维（第二卷）》。合肥：安徽教育出版社，2003 年，第 853 页。

难的，无论在方法上、技术上，还是在系统综合方面，都需要付出更多的努力。在这方面，经福谦绝不会因为有难度而放松要求，如果团队人员有一点新的创新思维，他都给予极大的鼓励；同时，他也身体力行，积极思考，做出表率。

> 记得他在院部工作的时候，十分繁忙，回所后还不忘记挤出时间，召集研究团队集体讨论研究工作的进展，分析其中的要点。遇到科研配合和服务方面的问题，帮助协调解决。这种团队的集体工作方式，达成了各方的相互理解，增强了克服困难的信心。这种方式对年轻人是一种无形的鞭策，同时也是鼓舞。记得一位从事材料损伤度函数研究的同事告诉我，就是这样的一种氛围，鼓励他努力做出有一定新意的研究结果。当然，这样的集体讨论有时候要付出一点代价，可能会挤占当时比较宝贵的看电影的时间，或者错过约会的时间。[①]

随着创新性基础研究日益深化，综合化、交叉化程度逐步增强，创新的另一素质要求就是要有"团队精神"。经福谦曾经和同事们说过：陈景润的科研精神值得学习，但他在特定的环境条件和特定的研究课题中的个体化科研方式已经不能适应当代科研活动的规律了。现代科学技术发展已经不能靠个人单打取胜，而是要争"团体分"。"团队精神"就是为了一个共同目标的人们，团结协作、顽强拼搏去攀登科学高峰的精神，就是集体主义精神，就是强调打"团体冠军"。在大型课题研究中，只有不同智力类型、不同专业结构的人组成的结构合理的队伍，各自在最佳的位置上实现知识和技能的互补，才能攻下难度很大的科学堡垒。[②]

经福谦强调"团队精神"，既是参与突破"两弹"中的亲身体会，也是他的横向思维在科研组织工作方面的应用。在具体指导工作中，经福

---

① 古成钢：精心运筹，稳步推进高压物理研究事业的发展，见：《经福谦院士八十华诞文集》编辑委员会编，《经福谦院士八十华诞文集》。北京：原子能出版社，2009 年，第 86 页。

② 经福谦："大科学"研究，"小科学"补充。见：卢嘉锡编，《院士思维（第二卷）》。合肥：安徽教育出版社，2003 年，第 853 页。

图 9-1　2010 年夏，经福谦在办公室伏案撰写报告（流体物理研究所提供）

谦也注意发挥"团队"的作用。他安排团队中的科研骨干指导小组青年成员，这样既有利于年轻人从各位科研骨干的优点、长处中汲取知识，也有利于科研骨干拓宽视野，形成多视角的思维方式，以提高团队的整体学术水平。他强调，一个团队里人员结构要合理组成，要心心相印、配合默契、同心协力攀高峰。只有全体成员团结如一人，依靠集体的力量，才能打好科技攻关的"团体赛"，缩短我国与世界先进水平的差距。经福谦慨然道："我们过去是这样过来的，今后还要继续走下去！"①

经福谦在 80 多岁高龄之际，仍如年轻人一样有创新的思维与热情，为核武器事业和高压物理事业辛勤耕耘，为争夺科研领域的"金牌"奋斗直至生命的最后一刻。

## 开展物态方程研究

在天体物理、固体物理、地球物理、核爆炸以及惯性约束聚变等研究中，常常需要了解在高压、高温等极端条件下物质行为的知识，对于这种

---

①　经福谦手稿，2008 年 9 月，未刊稿。资料存于流体物理研究所。

变化规律的探求，可以归结为对物态方程[①]的研究。这是一项非常基础的研究工作，对诸如凝聚态物理、原子分子物理、行星和地球物理等基础学科的发展起着重要的推动作用；由此而获得的规律性认识和基础物理数据，在近代武器物理、材料科学、宇航技术、激光聚变和能源工程等许多应用科学领域也具有十分重要的应用价值。

20 世纪 60 年代，在北京官厅水库的十七号爆轰实验场地，经福谦就与他所领导的科研小组协力开创了我国高压物态方程实验研究这一新领域，建立了一套比较完整的实验设计、测量技术和方法。

但是，在核武器内爆过程中涉及的压力、密度、温度的范围内，固体物质将经历固、液、气、等离子体等多种相态的变化。经福谦敏锐地意识到在禁核试条件下，仅仅依靠爆轰实验所获得的数据是远远不够的，必须深入开展相应的基础研究，建立一个能够在宽广的热力学状态范围内对物质经历的固、液、气、等离子体等物相变化过程进行全面描述的宽区物态方程。约从 1980 年起，他就着手推动一系列基础研究，开展了对宽区物态方程探索研究。他有一个宏大的目标，不仅要做宽区物态方程，甚至要做到全区！

> 经先生在会上就提出这个想法，就说我们能不能把物态方程做到全区，我们对后人也是一个贡献、对中国工程物理研究院流体物理研究所基础工作也是一个贡献。[②]

实现全区物态方程这一目标需要长远规划，甚至需要几代人付出努力，但经福谦相信"路虽远，行则必至"。他决定采取分步走的方式，在满足任务需求的前提下，经福谦决定分步完成目标，先完成相应压力温度区间段的材料物态方程研究，再逐步补齐其他区间段。通过一步步完善，期望最终获得全区物态方程。

---

① 物态方程是描述物质系统中各状态变化之间关系的函数表达式，用来描述一定热力学条件下物质的性状。

② 杨向东访谈，2016 年 6 月 18 日，四川绵阳。资料存于采集工程数据库。

在成都科技大学应用物理联合所与之共事的杨向东教授对他的这一思想表达了深深的敬佩之情：

> 要完成任务很重，因为这是一个长远规划，是经先生很重要一个想法，但是要全部实现说不定需要几代人的努力。经先生有这种魄力，有这种胸怀，他能看到未来我们应用物理联合所需要的、中国工程物理研究院流体物理研究所需要的、我们国家需要的，我认为这就是经先生的魄力所在，是一般人做不到的。[1]

在经福谦的带领和推动下，科研工作者们在物态方程研究这一领域正逐步探索，取得了丰硕的研究成果。

在与成都科技大学联合成立的应用物理研究所中，密切结合中国工程物理研究院的主体科研内容，在以武器任务为牵引的纵向推进过程中，经福谦充分发挥团队的横向思维能力，着手从原子间力的角度开展研究爆轰产物的状态方程。

炸药作为武器威力的体现者，几乎用于所有武器系统并在所有军种中装备使用。随着军事科技的发展，对炸药爆轰产物状态方程的研究工作提出了更高的目标，即要求准确描述炸药膨胀性能的同时还要预估各种新炸药配方的爆轰参数。由于这类计算完全是先验性的，没有现存爆轰参数可利用。经福谦决定，充分发挥高压物理学科和原子分子物理学科各自的优势，采用统计学理论，借助产物中各组元的分子作用势和"混合规则"，并通过化学平衡条件和相平衡条件确定产物的成分变量。经过前期的分析，他认为由此导出的状态方程应该具有较高准确性和较好的普适性。

根据这一理论基础，经福谦和他的学生刘福生等人开展了大量工作。从 1991 年到 1997 年，他们以自行设计的实验为基础，形成了相应的理论方法，并经过实验反复验证，证实了其有效性与准确性。

---

[1] 杨向东访谈，2016 年 6 月 18 日，四川绵阳。资料存于采集工程数据库。

1997 年的时候，状态方程已经达到了我们要达到的目标了，我们当时基本上对所有炸药都可以预测了，包括各种炸药甚至炸药的混合物的产物状态方程，而且预测的精度可以达到美国的水平。所以当时我们关于炸药爆轰产物这一块还是有不少成果的，这都是在认识的方面相当进步的。当时经老师觉得跟其他学科的合作是可以解决实实在在的问题的。①

由于他们抓住了炸药分子结构成分与其爆轰特性之间的本质规律性，这种理论方法的成功标志着炸药爆轰产物状态方程研究工作上了一个新台阶。

在开展研究的过程中不可避免地遇到了很多困难，经福谦的执着精神深深感染了学生们。刘福生回忆起经福谦所说过的话，感触很深：

从结果看来，实际上即使有些很复杂的问题，只要大家专注去做还是会有进展的。经老师觉得美国人能做成我们为什么做不成呢？我们中国人不笨啊，我们为什么做不成呢？所以那时候经先生基本上不觉得有多困难，只是看做不做得出来。②

瞄准全区物态方程研究这个目标，在经福谦的带动下，流体物理研究所、成都科技大学、西南交通大学、电子科技大学等单位都开展了相应研究，经过数十年的不懈努力，已获得了较大区域的物态方程参数，取得了突出的成绩。

不仅如此，自 1992 年起，经福谦还针对一种具有特殊性质的材料——粉末材料——开展了高温高压物态方程研究。由于粉末材料密度低于其密实状态密度，传统上，在不同的压力段要用不同物理模型处理，各压力区所用的模型不一致，因而缺乏统一的理论基础。

在他指导下，吴强运用横向思维的方法，考虑用其他的变量来表述，经过了一系列的分析和证明，发现用焓 H 和比容 V 表述的一种新形式的状

---

① 刘福生访谈，2015 年 11 月 3 日，四川绵阳。资料存于采集工程数据库。
② 同①。

态方程，可以解决这个问题。该方程初提出时，难免简陋粗糙、存在一定不足，很多人对其报以怀疑的态度。但经福谦学术视野广阔，他敏锐地感觉到这是对传统方程的补充与完善，值得进一步深入研究。面对异议，经福谦淡然说道：

> 新东西的出现，不了解是正常的。疑问是进步的阶梯，有怀疑才会促进自己进一步挖掘。我们所需要做的只是坚持，在方法和理论上进一步钻研，就一定能达到新的高度。[1]

经福谦亲自翻查资料，做了大量记录。每周他都找吴强两三次，把自己的意见和相关文献拿给他一起讨论分析，并鼓励督促吴强一步步完善建模、改进方程。

经过实验检验，从低压到高压段完全可用吴强和经福谦所提出的统一的物理模型来预测和描述，从而打开了一个新的研究途径。这一物态方程以两人的名字命名，被称为吴－经方程。该方程受到了学科领域内国内外专家的高度关注，得到了国内外同行的高度认可，其代表性论文被美国"应用物理通讯"（APL）接收，并于 1995 年获得了全国高压物理学会青年优秀论文奖；同时，"疏松材料物态方程研究"获国防科工委科技进步奖二等奖。有国外学者声称，吴－经方程比传统的格临内森状态方程更为优越。

对此，经福谦的评价是：这是对传统状态方程理论的完善，而且吴－经方程与格临内森方程之间能够相互匹配、相互弥补。传统的格临内森状态方程是沿着等容线去描述高压的一些特性，在某些局部或者在某些过程就有它自己的局限性。吴－经方程是从另外一条热力学路径也就是等压路径去描述，所以跟传统的格临内森方程形成一个互补。吴－经方程弥补了格临内森的一些局限性，然后从另外一个角度去描述材料的特性，当然在

---

[1] 吴强，蔡灵仓：我们的老师。中国工程物理研究院，《曙光报》，2012 年 4 月 25 日。资料存于流体物理研究所。

运用方面可能有比格临内森状态方程优势的地方。[①]

　　1999 年，吴强成为经福谦的博士研究生。经福谦希望能在格临内森状态方程的基础上，进行更宽压力区间和它的一些特性拓展的理论研究。他们从固体材料压缩特性中与"冷贡献"有关的普适性等温物态方程和与"热贡献"有关的格临内森系数的研究进展入手，进行综合分析。约在2003 年，在对格临内森系数的高温高压演化特性不作任何假设的前提下，吴强建立了一种不依赖于等温物态方程的具体形式，通过实测雨贡组物态方程直接确定在绝对零度及压力为零的情况下的等温体积模量以及等温体积模量对压力的一阶导数。通过与实验和理论数据的综合分析和比较，证明这一方法是正确的。与传统的超声测量实验方法和基于近 0K 或 300K 等温压缩线的拟合确定方法相比，这一方法不仅简便易行，而且所得到的数据具有较高的精度。根据确定的 0K 等温物态方程输入参数，推出 300K 等温线，与多种技术的实验数据和理论计算结果比较，发现在 T 帕量级的压力范围内，BM 物态方程具有良好的普适性。据此，吴强与经福谦提出了一个联立 BM 物态方程与实测雨贡组物态方程，按照格临内森系数基本定义直接计算该系数沿雨贡组线的演化规律的方法。通过理论和经验模型的比较，证明了他们所揭示的格临内森系数的演化特性是合理的。

　　2004 年，在吴强博士论文的基础上，经福谦打算将格临内森状态方程跟吴－经状态方程做进一步有机的关联，推广应用以构建一个在传统热力学框架下的状态方程理论体系，能够准确地预估在千万大气压下材料的静高压特性或者等容压缩特性，并据此着手组织了相应的青年科研人员开展研究。

　　吴强回忆道：

　　　　当时想的是不是把博士论文弄完以后就可以把吴－经状态方程工作继续做进一步的衔接，甚至能够继续推广。因为当时第一步是推广到了千万大气压，然后考虑到多项状态方程相变的问题，所以当时就想构建一个在传统热力学框架下的状态方程理论体系，可能还是偏重于等

① 吴强访谈，2016 年 2 月 5 日，四川绵阳。资料存于采集工程数据库。

容，扩展到格临内森系数的运用，然后考虑如何从动高压对静高压进行反演，或者构建一种比较简便的方法和理论，能够反推静高压。那么对这个传统模型、理论进行一些改进以后，能够准确地预估在千万大气压下材料的静高压特性或者等容压缩特性，这个工作做得比较成功。压力的标准是一个动态标准、动高压情况下不存在压标，动高压三个守恒方程直接推出压力。但静高压必须有压标，我的博士论文的工作解决了目前国际上不同压标之间不匹配的问题。所以按照我们这个方法，建立一个压标，就可以把现在的不同压标之间的差别能够很好的进行统一。这个工作其实也是为了推动静高压的发展，一方面传统的格临内森方程理论，从这个雨贡纽反演静高压等温压缩线，也是希望能够不仅达到几百万大气压，而且能够到千万大气压；另外根据这个方法能够对现在的压标的一些分歧有所认识，也是配合当时静高压的一些工作。[①]

同时，在状态方程研究中，必须开展相应的实验工作，因为冲击波加载的速度快、压力高，不确定因素众多，不可避免地会遇到出乎意料的现象，此时特别需要发挥横向思维能力，启发性的、创新性的进行思考探索。

经福谦的另一位博士生古成钢，在 1988 年开展的测量冲击波温度的实验中发现记录上有一个脉冲状前端信号，之后才过渡为由传统理论预测的"平台"信号。在经福谦指导下，古成钢紧紧抓住这个疑点不放，经过研究分析，他提出了"热弛豫"的观点，并用牛顿冷却定律对这个现象做了比较好的解释。尽管古成钢的实验记录上还存在某些不尽如人意，但经福谦对他的这种创新意识和能力给予了充分肯定。

在接下来的工作中，由于以前测量冲击温度的方法是先测出界面的平衡温度，由平衡温度计算卸载温度，再由卸载温度计算成冲击波温度。但是，在第一步计算中，需要知道高温高压下实验样品和窗口材料的导热率或热扩散系数，而实际上又无此数据，只能从低温低压数据外推得到，因此计算结果的不确定性很大。根据古成钢所得的结果，经福谦进一步指

---

① 吴强访谈，2016 年 2 月 5 日，四川绵阳。资料存于采集工程数据库。

出，这个现象蕴含了可以直接测出样品卸载温度的前景，从而可以将传统的测量冲击温度技术推进一大步。

为了验证这个想法，他又指导两位学生继续这项研究，开展了进一步的实验进行检验，于 1993 年证实这个认识是正确的，并对"热弛豫"物理机制做了进一步

图 9-2 1998 年秋，经福谦指导青年科研人员开展实验（流体物理研究所提供）

的物理解释。有了这一结果，就可以直接测量冲击波卸载温度了，这大大提高了确定冲击温度的精度，具有非常重要的意义。

回忆起经福谦的指导，他的学生吴强深有感触：

我跟经先生这么多年，对经先生的一些工作、一些想法可能要站在更高的角度，或者是战略层面上来理解，这样才可能把这些事串成一个整体，单独的某件事可能是干得非常得漂亮，但是我觉得意义更在于他在战略层面上的一种定位。[1]

## 推动损伤断裂的研究

随着对武器物理规律研究深入，在状态方程方面取得了较大进步的基础上，20 世纪 80 年代，经福谦提出，为了进一步提升武器性能、提高能量的利用率，必须开展本构方程研究。他的这一想法从与中国科学技术大学唐志平教授的交流中可见端倪：

---

① 吴强访谈，2016 年 2 月 5 日，四川绵阳。资料存于采集工程数据库。

有一次，经福谦问我，力学中应力和应变张量中的球量和偏量解耦，球量不影响偏量即剪切和屈服行为是一种假设还是经过了证明？作为力学系老师的我一时答不上来，因为在一般塑性力学教科书中都是这么论述的。在我的印象中，对一些特殊材料两者是有耦合的，如岩土类材料，有所谓剪胀现象，即剪切引起体积膨胀，以及静水压会影响其剪切强度和剪切行为，但是对于大多数金属材料，解耦似乎是可行的，谁也没有存疑。这事儿在经先生心中已经有谱了，在长期动高压实践中已观察到金属材料其静水压和剪切行为之间存在着关联，然而对这一问题的进一步研究需要突破两个障碍：传统力学中的解耦假定和高压状态方程中的流体假定。对于前一个问题，经先生经过不懈努力终于找到了答案，解耦假定是 20 世纪美国一位工程师提出的，并未经过严格证明，由于符合低压环境下的实验结果，为力学界接受，在动高压条件下自然不一定成立。对于第二个问题，力学界同仁和经先生持相同的观点，即虽然在高压下，剪切强度是个小量，但材料仍表现出固体特性，特别是卸载行为。突破这两个障碍，经福谦提出了一个全新的命题：动高压下的本构方程。这一问题对于动高压下材料物性的精确表述以及武器精确物理设计具有十分重要的意义。①

材料的本构方程是多尺度、跨学科难题，属固体力学的研究和前沿之一，广泛存在于许多民用工程、航空航天以及军事工程中。当时关于动高压下的本构方程，国内开展的研究仅限于低压范围内的，而高压方面没有相关数据。鉴于这一研究的实用意义和价值，经福谦开始着手推动这项工作，着重针对强冲击载荷作用下出现的金属材料的损伤断裂问题进行研究。

在外载荷的作用下，材料的断裂是在宏观尺度下发生的力学现象，但又是与材料微结构的损伤、破坏紧密联系的。其中层裂是这类问题相关的一种典型破坏现象，它是在冲击波作用下，由于相向稀疏波互相作用产生

---

① 唐志平：国际著名的动高压物理学家。见：《经福谦院士八十华诞文集》编辑委员会编，《经福谦院士八十华诞文集》。北京：原子能出版社，2009 年，第 37-38 页。

的拉伸应力引起材料内部微损伤成核、长大及贯通，最后导致材料发生灾变式断裂的一种物理力学现象。经过深入分析，经福谦决定，将宏观方法与细观方法相结合，即从微损伤的细观动力学过程分析出发，用微观统计理论方法，将微损伤的细观动力学过程与材料宏观演化和材料力学性能的变化相联系。

鉴于强动载荷下材料本构方程及其断裂问题在冲击工程中的重要性，约在1983年，经福谦与长期从事理论工作的陈大年进行了深入探讨，希望能通过理论与实验相结合，采用计算物理的手段解决力学的若干基础前沿问题。在经福谦的指导下，他们对延性层裂进行了深入研究，从寻求客观的断裂判据发展到探讨细观层次的损伤演化，并从延性层裂研究拓展到壳体的高速膨胀破裂研究，试图用统一的物理模型把这两种基本的动态断裂联系起来。随着研究工作的深入，动态断裂与动态本构方程的依赖关系日趋清晰，把高压、高应变率本构方程的研究推进到了前沿，剪切模量及流动应力对于热力学状态量以及应变、应变率的依赖关系成了研究焦点……随后，经福谦与大家定期进行研讨，经常在周末举行学术沙龙，指导工作人员在扎实的基础上，力求创新，从而做到"循门而入，破门而出"。

1992年，在前期工作的基础上，经福谦继续指导学生封加波将微孔洞体积定义为损伤，将断裂力学中Griffith-Orowan的能量观点推广，从统计描述角度导出损伤度演化方程，通过在本构中引入损伤失稳因子，建立了损伤度函数模型。这个损伤度函数模型，是基于微损伤的细观动力学过程的分析和微损伤系统的统计描述的基础上导出的，是具有理论意义和实用意义的唯象模型。经福谦对这一新的函数模型甚为欣赏，多次在国内进行了交流，在学术界引起了较大的反响。

1994年，经福谦与美国加州理工学院的艾伦斯教授合作，指导学生贺红亮开展了冲击波压缩下脆性材料的损伤断裂研究。当时在国内，大部分损伤断裂研究工作的对象都是金属材料，脆性材料在冲击波压缩下的力学性能和损伤断裂的性能，基本上没有研究，同时又有很迫切的需求。而艾伦斯教授在美国是这一研究方向的权威，并已取得了一系列较好的研究成果，因此，经福谦积极与他联合，开展相关工作。

在研究过程中，贺红亮经常性地向他汇报工作进展，经福谦对此给予了极大的关注。由于该课题研究难度非常大，涉及多项国际前沿难题，针对其中的困难，经福谦多次组织召开会议，邀请专家学者共同进行分析指导，协助攻克难题。在这一过程中，贺红亮感觉到："经先生对一些科学问题的把握，对困难和问题的分析，给我很好的启发和帮助。"①

不仅如此，经福谦还密切关注国际上的最新动态，通过多种渠道获取相关信息并及时跟进。1996 年，经福谦在俄罗斯科学院的卡莱尔教授所作的报告中获悉，他做出了一个新的物理现象，称之为破坏波（failure wave）。经福谦敏锐地提出来："这个东西很重要，值得跟踪、值得研究。"② 于是立刻派贺红亮与卡莱尔联系。1997 年，经福谦盛情邀请卡莱尔来绵阳访问交流。贺红亮在卡莱尔的指导下共同做了几场实验，获益良多。

> 通过卡莱尔教授的来访，我们有了对破坏波这个国际前沿的认识，感觉研究上了一个台阶。虽说自己在做科研，但是总感觉跟不上国际前沿，我觉得经先生在这个问题上的敏锐性和眼光很值得佩服。所以在卡莱尔教授的指导和帮助下，我们很快做出了很好的工作。③

当时关于破坏波的起源和机制，国际上有几种意见，包括美国布朗大学著名力学家克里夫顿，曾提出了关于相变的模型。后来，通过理论和实验的多次验证，经福谦与贺红亮否定了这个相变模型。他们认为应是一种表面裂纹的扩展模型，而且除了表面裂纹扩展的主导因素之外，还提出玻璃里面可能存在局域化的一些不均匀性导致这种裂纹。他们分析道：从表面扩展的话，这个裂纹只能传很短的距离，如果它要像波一样持续传播，里面一定还有像接力赛一样持续传播的机制。针对这一观点，他们开展了一系列数值模拟计算和实验工作，证明这一表面扩展机理和内部局域化机理，现在有越来越多的工作证明和支持他们当时的模型和观点是正确的，

---

① 贺红亮访谈，2016 年 1 月 26 日，四川绵阳。资料存于采集工程数据库。

② 同①。

③ 同①。

英美等国专家基本上都公认破坏波的机制确实是一个表面裂纹，在冲击波压缩下被激活以后朝里面扩展，而不是相变。

自 2003 年起，经福谦继续指导学生陈登平开展研究，针对其中的动力学问题、传播速度、演化机理进一步深化、细化。

> 在指导陈登平论文的时候，我记得有个细节故事，就是推导破坏波传播速度的公式。经先生当时有一个见解，认为破坏波的传播有一个弛豫时间，冲击波打上去，裂纹虽然扩展，但是裂纹不是马上就扩展，有一个孕育长大的时间，就是这个弛豫时间 $\tau$。经先生对这个问题抠得很细，逼着我们做实验，做不同应力幅值下、不同厚度样品的实验，来证明有没有孕育时间、孕育时间随着应力的变化怎么变。设计方案和想法都是经先生提出来的，他确实是能站在物理的角度想这个事情，而不是只看一个现象。①

此后的十数年间，经福谦继续指导王永刚、祁美兰、范端等学生，综合运用宏微观相结合的思路，重点在于认识微介观规律及其对宏观响应的影响，同时解释和澄清宏观自由面速度的特征，不断完善损伤演化模型，进而逐步建立更精确的动态拉伸断裂物理模型。正如贺红亮所评价的："我觉得经先生在这个事情上特别有恒心，他看准了一个问题，就会不停地要坚持下去。"②

# 探索温密物质特性

温密物质（Warm Dense Matter，WDM）是指介于固态和经典理想等离子体之间的一种物质状态，属于高能量密度物理的一部分，包含着广泛

---

① 贺红亮访谈，2016 年 1 月 26 日，四川绵阳。资料存于采集工程数据库。

② 同①。

而丰富的物理现象。它是惯性约束聚变、重离子聚变、Z 箍缩动作过程中物质发展和存在的重要阶段，其热力学、光学和辐射等性质，决定着该阶段物质的宏观流体运动，以及物质与辐射场相互作用中的能量输运和转换。因此，温密物质性质的不断深入研究、相关参数如状态方程和辐射输运性质的不断精密化，在惯性约束聚变、Z 箍缩等高技术以及地球、行星内部结构研究中具有重要的科学意义和应用前景。2002 年，美国利弗莫尔国家实验室、加利福尼亚大学、德国达姆施塔特大学等组织召开了首次关于温密物质的研讨会，确定了温密物质研究的重要性。

正如妹妹经贞谦眼中的哥哥：他就是爱学，他好像就全心琢磨着学习。[①] 经福谦很早就从武器的研制过程中意识到了温密物质研究的重要性及其应用价值，并一直在琢磨着从哪个方面着手进行研究。1995 年，经福谦指导博士研究生陈其峰开展了相应的探索研究工作。由于在温密物质区域，物质处于部分简并、强耦合、强相互作用、非理想状态，伴随着压力和温度诱导的离解和电离化学反应，其体系具有多种粒子组分（包括分子、原子、离子和自由电子），结构和动力学非常复杂。对于这种复杂的体系，人们的认识还非常有限，传统的凝聚态理论和经典等离子体理论均不足以准确描述物质在温密区的物质状态，对该区域物质性质的预测还存在很大的不确定性，在实验和理论两方面都存在大量悬而未决并极具挑战的问题，有待探索和突破。在当时我国相关研究基础较为薄弱的情况下开展这项工作，无疑是困难重重。刚开始做这项研究的时候，很多人并不理解：

> 经先生给陈其峰做的课题，是关于气体的状态方程，当时一般做固体、最多做一点液体的状态方程。经先生给他选的课题叫作气体的状态方程，开始大家都不明白，为什么要去做气体的状态方程。现在看来，经先生的眼光确实长远，他能够看到十年、二十年之后的事情。陈其峰做了以后，再反馈回来对主战场的需求和作用基本体现出

---

① 经贞谦访谈，2015 年 5 月 8 日，北京。资料存于采集工程数据库。

来了。陈其峰做的这个气体状态方程，为什么现在武器物理这么重视呢？因为现在搞ICF[①]，ICF点火就是要往里面压，压了以后就会出现等离子体，等离子体的一些物性和状态方程，在ICF里面就很重要。陈其峰做的这个研究，开始是气体，受到高温高压压缩以后就会电离，变成等离子体，温稠密等离子体就是这么来的。温稠密等离子体状态方程研究，就是最开始从做气体状态方程一步一步引过来的，现在也成为流体物理研究所里面一个非常重要的研究方向。[②]

经过细致的分析思考之后，经福谦决定指导陈其峰先从氢气、氘气及其混合物入手，开展相应状态方程的研究。围绕稠密气体，通过强冲击波多次反射压缩产生温稠密物质，对温密物质特性开展了研究。

众所周知，对氢、氘、氘等气体，常态下具有极低的初始密度，在目前轻气炮驱动能力下，通过单次冲击压缩最高压力不到1GPa，进入不了温密物质区。多次反射压缩是解决上述低密度气体材料温稠密物质产生的有效手段，且可以在单发实验中覆盖较宽的温度密度区间。如何实现多次反射压缩、如何对多次压缩全过程物质状态进行诊断具有极大的挑战性，也是国际上面临的共同难题。

一般来说，混合物比单组份有更丰富的相变化，因而引起了他们的极大关注，经福谦与陈其峰等人先开展了一系列实验，用二级轻气炮、磁测速系统和多通道瞬态辐射高温计，测量了氘气和氢氘等摩尔混合气体的雨贡纽曲线、冲击温度、光谱吸收系统数，以及铝基板和气体样品界面的光反射率。通过一系列实验，他们获得了实验雨贡纽物态方程和基板表面的光反射率。

在获得了大量实验数据的基础上，他们同步推进了相应的理论计算。约在2002年，根据热力学统计理论，建立了同时考虑氢、氘及其混合气体的离解和电离平衡方程，编写了数值模拟计算程序，获得了粒子数密度随温度变化曲线，进而计算了冲击压力、冲击波速度和粒子速度，掌握

---

① ICF，惯性约束核聚变。

② 贺红亮访谈，2016年1月26日，四川绵阳。资料存于采集工程数据库。

了气体的电离和离解特性及相应参数的变化规律。再进一步分别针对液态氢、氘，采用液体微扰变分理论并考虑量子力学修正，计算了其冲击压缩曲线，液氢、液氘各自的物态方程模型计算值均与实验值符合程度好；随后针对液氢、液氘的混合物，采用液体变分微扰理论模型计算了混合物的物态方程，经过对结果进行深入分析，证实了他们的计算模型及所选用的势参数是很有实用价值的。

经过随后十多年持之以恒的努力，在经福谦的带领下，陈其峰团队发展建立了同时考虑离解和电离化学反应的流体状态方程自洽变分理论模型（SFVT），以及结合线性响应理论的输运性质计算模型，初步解决了高密度下稠密多元等离子状态和输运参数预测问题；利用流体力学程序数值模拟结合 SFVT 预测的状态方程建立了满足多次反射压缩条件的包含了飞片、基板、气体样品和复合窗口在内的 6 层介质靶优化设计技术，提出了利用反射膜＋氟化锂＋蓝宝石的复合窗口结合光学多通道辐射高温计、激光多普勒速度干涉仪、光谱仪＋条纹扫描相机联合诊断的物理设计思想，成功研制了靶装置，实现了光辐射历史、界面粒子速度剖面和时间分辨光谱的多信息量同步测量，解决了气炮加载初始低密度气体产生温稠密物质、气体从绝热到准等熵多次压缩全过程物质状态直接诊断国内外共同面临的难题，在此基础上，系统开展多种典型气体材料在温稠密区的物态方程和光谱特性研究，取得了一系列达到国际先进水平的研究成果。

虽然成绩突出，但是当前正处于温密物质实验和理论的奠基期，许多性质和现象是未知的，在实验和理论两方面都存在大量悬而未决并极具挑战性的问题，有待探索和突破。面对攻关过程中重重的困难，经福谦曾经鼓励大家：

当前，在温密物质领域任何突破都可能做出原始性创新，但是创新工作往往需要积累，没有长期的连续性工作是很难突破的。之所以需要长期的连续性工作，是因为获取真知过程中会遇到许多困难和曲折，因为失败的机遇远比成功的机遇多，许多次失败才能换取一次成功，故必须持续地全身心地投入，甚至贡献自己的一生，才能到达成功的彼岸。[①]

对经福谦在学科动态方面的敏锐，在推动学科发展时的执着，国防科学技术大学的张若棋教授深感敬佩：

> 他对学科的发展动态很敏锐，而且他不光是看到了事情，还会在他力所能及的范围内，推动研究在国内生根落地发展。有时我也跟他讲：您年纪这么大了，还这么拼命地干。他就笑笑。[②]

---

① 陈其峰访谈，2016 年 2 月 7 日，四川绵阳。资料存于流体物理研究所。
② 张若棋访谈，2015 年 5 月 10 日，北京。资料存于采集工程数据库。

# 第十章
# 打造强壮的"国家队"

经福谦认为,创新发展,人才为本,必须将人才置于引领发展的重要位置,不仅要打造核武器科学技术这支"国家队",致力于开创核武器科技事业的新局面;同时也要打造我国高压物理领域一支基础知识扎实、学科全面、创新力强的"国家队",大力提升核心科技竞争力,在国际学术领域中争先、在推动科学发展中领先。

## 大力推动研究生教育

20 世纪 80 年代,我国核武器研究面临着困难和挑战,首先是禁核试的压力日益逼近,必须加快研究发展步伐;同时,中国工程物理研究院建院初期调入的几百名专家学者,陆续退离科研岗位,他们的知识、经验、设想急需有人继承。核武器研制队伍出现人才断层,存在潜在危机!

对此,经福谦等人积极思考对策。

首先是想方设法吸引大学生前来。由于流体物理研究所的地理位置偏僻,仅从成都到流体物理研究所,就需要先坐火车再转汽车,差不多一天的时间才能到达，同时由于位处山区，经济情况不佳，愿意到这里就业的大学生凤毛麟角。

> 当时我们请大学生来参观，熟悉我们的条件，根本没人想来，他们来了走的时候说：山沟很好，山清水秀，一看就够，只可旅游，不可久留。①

> 当时是改革开放初期，当年人才流动是到东南沿海一带，到深圳、广州，或者出国，到国外、到外资企业，没有人到我们这个山沟里来，我们该怎么办呢？②

招不来学生怎么办？经福谦想到的是联合高校共同培养研究生。

1978年，国防科学技术大学开始招生，但受到迁校的影响，教师大量流散，实验设备几乎荡然无存，高能量密度物理专业（后改称爆炸物理专业）要开设全部专业课相当困难。经福谦及时伸出了援手，派曹思勤研究员到校讲授等离子体物理课程，并安排20多名学生到流体物理研究所完成毕业论文，之后经福谦又派出科研人员与学校共同指导1980届本科生的毕业论文，通过这一教学环节的建设，学生的爆炸物理实验水平有了明显提高。由于经福谦及流体物理研究所其他领导同志的积极帮助，爆炸物理专业1978、1980两届本科生得到了很好的科研实践锻炼，很多学生后来选择在流体物理研究所就业。国防科学技术大学张若棋教授说道：

> 二十几个学生参加流体物理研究所的科研工作，相当于真刀真枪做论文，在1982年的时候，这样结合科研实际做本科论文是很少的。因为高考刚恢复，各方面还没有完全走上教学轨道，当时能这样做是相当的不容易。所以，我们这一届的本科生培养出来的质量特别是在从事实验研究的质量是相当高的，最后这些学生基本上都到流体物理

---

① 李振坤访谈，2016年1月26日，四川绵阳。资料存于采集工程数据库。

② 陈俊祥访谈，2015年12月16日，四川绵阳。存地同①。

研究所工作，后来都成长为科研骨干。[①]

　　1980 年，在经福谦的大力推动下，先后与国防科学技术大学的高能量密度物理系、爆炸力学系签订了协议书，双方基于互惠互利的原则，约定流体物理研究所为学校相关专业的科研工作进行指导与协作，学校向流体物理研究所输送高质量的人才。这些学生分配到流体物理研究所后，顺利从老一辈科研工作者手中接过了接力棒，逐渐成长为技术骨干，在国防现代化建设事业中发挥着重要作用。

　　经福谦进一步打算和高校联合培养研究生，但由于当时中国工程物理研究院没有学位授权点，这个方案没有成型。经福谦又另辟蹊径，他和陈能宽院士、章冠人等联合北京理工大学丁儆教授，于 1984 年共同组建了我国第一个爆炸力学博士学位授予点。据同事李振坤描述："1984 年经福谦院士跟陈能宽院士都同时被国务院学位委员会批准为博士生导师，当时的博士生导师是国务院学位委员会审批，他们是第一批。"[②] 此后，经福谦经常到校讲学并指导工作，并与北京理工大学宁建国教授等合作培养研究生。

　　通过联合培养虽然解决了部分生源问题，但是仍有很多研究生因为当时中国工程物理研究院的艰苦环境而退缩。有些学生，第一天来、第二天就走，连粮票、户口也不要了。[③]

　　看到这一情况，经福谦意识到，仅仅依靠联合高校培养研究生并不能从根本上解决人才短缺的问题，他决定，"招不来研究生，就自己培养研究生。"[④] 富有教育经验和育才热情的经福谦，开始谋划培养研究生的大计。

　　他对当时的主客观条件进行了深入的分析：当时流体物理研究所有一大批高水平的科技人员，有丰富的科研工作经验，可以培养高层次的科技人才；拥有良好的科研实验设备条件，有利于研究生的培养；流体物理研

---

① 张若棋访谈，2015 年 5 月 10 日，北京。资料存于采集工程数据库。
② 李振坤访谈，2016 年 1 月 26 日，四川绵阳。存地同上。
③ 陈俊祥访谈，2015 年 12 月 16 日，四川绵阳。存地同上。
④ 同③。

究所的专业比较特殊，研究内容是国内仅有的，很多老同志在这方面积累的经验应当传下去，这是其他科研单位所不能替代的；院所科技人员指导研究生的过程，能够起到教学相长的作用，既培养了学生，又提高了自己，从而可以促进院所科技队伍素质的再提高。由于对人才的需求日益急迫，且各项客观条件已日趋成熟，经福谦当即决定，采取多种措施，大力推动流体物理研究所的研究生教育。

当时所内尚未建立学位授权点，他就打算与中国科学技术大学朱兆祥教授联合招收研究生，并起草了联招协议和培养方案，派工作人员飞抵合肥，聘请朱兆祥来所讲学，进一步协商培养研究生事宜并逐步开展联合培养。

1984 年，在极有教育热情和经验的经福谦的强力推动下，流体物理研究所设立了研究生部，由章冠人任主任，开展了研究生教育活动。1985 年10 月完成学位申报工作，1986 年 7 月国务院学位委员会批准流体物理研究所为爆炸力学、固体物理、加速器物理、光学和流体力学等五个学科的硕士学位授权单位，1985 年招收了第一届硕士学位研究生。

1988 年 6 月，经福谦当选中国工程物理研究院第一届学位评定委员会委员。1992 年 5 月、1995 年 6 月，分别当选为中国工程物理研究院第二届、第三届学位评定委员会主席。在此期间，经福谦精心指导中国工程物理研究院的研究生教育与学位工作，使本院的学科建设有了长足发展。截至1999 年 9 月，中国工程物理研究院的学科、专业学位授权点已涵盖全院的主干学科，有 10 个研究所开展了招收培养研究生的工作。在 17 个学科、专业中有 9 个

图 10-1　1996 年 9 月，经福谦在中国工程物理研究院研究生部主持研究生学位授予典礼为研究生授位，右为经福谦
（李振坤提供）

博士学位授权点，21 个硕士学位授权点，并经过国务院学位委员会两次检查评估通过。

在学科建设上，经福谦倾注了很多心血，不仅大力推动具有中国工程物理研究院特色的学科的建设，同时对工程力学、机械制作、计算机等学位点的申报也花费了很多精力。其原因在于这三个学科，国内多家高等院校及科研所实力雄厚，中国工程物理研究院如何才能凸显自己的研究特色并争取学位点？对此李振坤记忆犹新：

> 我们遇到了很多困难，特别是在普通学科点的建设上。1986 年，我和所领导跟所里科技委的同事，先后多次到省里申报，这个申报要经过院里学位评定委员会签署意见，包括申报表、申报的报告，经院士每次都要亲自看，给我们提了很多意见，说我们写的材料没有突出我们各个专业院里的特色。我们的研究方向、培养方案都没有突出中国工程物理研究院的特色。我们三番五次地找经福谦，他不厌其烦地逐个改，折腾了几次，才把这三个学位点申报书送出去，不论严冬酷暑经过努力把这三个学位点申报成功。老经在学科建设上有很大的功绩。①

经福谦倾心于研究生教育工作，经常了解情况，发现问题、分析问题、提出解决问题的方法。担任学位评定委员会主席以后，院研究生部一年一度的学位研究生教育研讨会，他基本上都去参加。每期的研讨会都有不同的主题和侧重点，其主要目的是解决研究生培养过程中发现的问题，分析原因并提出解决方法。

经福谦提出了很多意见建议：多途径补充生源，通过发放奖学金、助学金、分配住房等多种举措吸引人才，提高招生质量；大力提高科技人员获得学位的比例，择优派到国外学习。他还要求导师亲自备课、讲课，其目的是提高导师自己的业务水平，提高培养质量，一举两得。他建议制订相应的政策措施，例如发放导师津贴等，以鼓励导师开课。这些意见得到

---

① 李振坤访谈，2016 年 1 月 26 日，四川绵阳。资料存于采集工程数据库。

了院领导的支持，对提高本院研究生培养质量起到了重要作用。

研究生的培养过程中，他要求一定要把好培养质量关。研究生的答辩报告是否合格，由所里的学位评定委员投票表决，没有达到通过票数，就必须要到院里的学位评定委员会进行再次评议。正如李振坤所描述的：

> 院里学位委员会把有异议的、各个所分学位评定委员会没有达到通过票数的这些重新审核，审核以后，要讨论，把关很细、很严。老经是严肃、严谨、严密、严格，四严，这就是很重视的具体表现。①

通过独立自主地培养博士、硕士这样的高级专门人才，在人才极其匮乏之际，解了断层之急，从根本上改变了人员结构面貌。当前，培养与引进的各类研究生已逐步成为科研与管理的骨干力量，人力资源得到有效整合，导师与研究人员素质明显得到提高，研究实力增强，功能拓宽，研究生教育功不可没。

# 带领"打炮队"蜕变

冲击波物理与爆轰物理是流体物理研究所的主要专业，在原子弹攻关时期，经福谦所带领的团队主要承担了内爆动力学相关实验研究，在外行人看来，当时他们的工作就是点火、爆轰，于是戏称他们是"打炮队"。

经福谦从不这么认为。尽管早期工作受限于当时的科研技术水平，实验的方式方法略显简单粗糙，但他仍一直坚持实验工作者的眼光绝不能仅仅局限于完成实验，而在科研中要严格遵循以下步骤：首先，在武器研制这一"大科学"工程中，要根据任务中规定的性能指标要求，运用自己对相关自然科学学科的理论知识，收集相关的实验数据和现场观察数据，用

---

① 李振坤访谈，2016 年 1 月 26 日，四川绵阳。资料存于采集工程数据库。

于分析并给出影响具体任务性能指标的主要因素和次要因素；第二，要在
把握主要影响因素的基础上，提出一个含有若干经验性规律认识和参数的
初步工程设计模型；第三，为了检验初步模型的合理性及其与实际情况的
偏差（近似程度），设计并进行有针对性的验证性实验；第四，再根据验
证性实验结果，对初步模型中的经验成分进行修正，并提出新的优化后的
工程设计模型……即通过这种理论→实践→再理论→再实践的多次的、螺
旋式循环提高认识的过程，直到构建出一个满意的工程设计模型为止。要
完成这一过程，则要求科研人员必须具有较高的理论分析、数值模拟和实
验研究能力，从理论和实验两方面不断探索科学研究的新原理、新概念、
新方法。为了达到这一目的，经福谦采取了多种方法，加强对职工队伍的
培训与锻炼。

早在 20 世纪 60 年代初担任科研组长时，对新到工作岗位的同志，他
以自己的切身经验，指导如何调研文献，获取资料；如何写方案，制订行
动计划和实验大纲；如何处理分析实验数据、写出好的总结报告。他还要
求所有的科技人员，一定要按照"科研三步曲"的要求做好方案、实验和
工作总结。在写方案前，一定要根据研究的问题，进行详细的资料调研，
了解研究课题的现状、采用的技术途径、实验方法、测试技术和达到的实
验目的等。他要求实验人员开展工作时，要知其然知其所以然，他曾说过：
"提供的实验数据，是解决什么问题的，物理概念一定要清楚；实验是针对
什么问题进行的，是在什么特定的条件下进行的，一定要交代明白。"[1]

为了进一步提升科研人员的工作能力，他注重密切结合工作实际，开
展了多种形式的学习培训。他曾以自由参加的方式，利用业余时间向组内
年轻同志比较系统地讲授雨贡纽曲线实验测定方法及其技术的学术专题，
对开展高压物态方程的研究起了积极的推动作用。

1972 年刚恢复工作，他担任流体物理研究所二室主任，在室内举办
"状态方程实验基础"讲座，编写了状态方程实验研究规划。当时刚参加
工作的顾援对炸药爆轰、冲击波、状态方程等基本上一无所知，他回忆：

---

① 刘光祚，蒋鸿志：我们学习的楷模。见《经福谦院士八十华诞文集》编辑委员会编，
《经福谦院士八十华诞文集》。北京：原子能出版社，2009 年，第 67 页。

为了我们这批"新人"能尽快熟悉将要参加的科研工作,当时室里组织了系列讲座,经福谦主任是主要的讲授者。记得当时经院士的讲课,从冲击波和状态方程的基本概念,到利用炸药爆轰驱动的高压冲击波进行材料冲击绝热线测量的实验设计,内容系统完整,物理概念清晰,语言表述简练准确,板书也十分工整,后来才知道他是大学老师出身。对于经院士的讲课,我听得挺认真,笔记记得也挺详细,当时的记录,我至今还保存着。其中许多内容,对我来说都是十分新鲜的;不大理解的地方,常向经院士和其他老同志请教,还借此机会重温了大学里学过的数学、物理等相关的基础知识,从而对冲击波物理、物质高压状态方程实验测量有了初步的了解和掌握,为后来参加具体的物理实验研究打下了比较好的基础。①

曾经于 20 世纪 80 年代聆听过经福谦讲授内爆动力学课程的陈大年在数十年后回忆起来,往事依然历历在目:

当时的经福谦,风华正茂,热情洋溢,给我们讲课深入浅出。内爆动力学是一门凝聚态物理与爆炸力学相交叉的新学科,所以上课时还没有一本专门的教科书或专著。经先生与其他几位先生结合研究课题的需要,从基础讲起,强调概念,严密推演。更可贵的是,注重教与学的互动,使初学者循门而入,受益匪浅。②

约在 1980 年,经福谦认真分析了科技队伍的现状与未来,敏锐地意识到科技人员将面临青黄不接的状况,而且有相当多的青年科技人员缺乏专业基础系统知识,不能适应科研发展和改革开放的需要,更遑论打造核武器研制的"国家队"!在流体物理研究所全所大会上,时任副所长的经福谦

---

① 顾援:可亲可敬的师长。见:《经福谦院士八十华诞文集》编辑委员会编,《经福谦院士八十华诞文集》。北京:原子能出版社,2009 年,第 77 页。

② 陈大年:高瞻远瞩,深受教益。见:《经福谦院士八十华诞文集》编辑委员会编,《经福谦院士八十华诞文集》。北京:原子能出版社,2009 年,第 39 页。

在会上大声呼吁："大家一定要提高水平，不提高水平跟不上科研的进度，十年'文化大革命'耽误的太多了，大家如果不提高的话，以后很难适应当前的工作。"①

1981年2月，中共中央国务院发布了8号文，强调职工教育是开发智力、培养人才的重要途径，是持续发展国民经济的可靠保证，它同现代化建设的成败有极其密切的关系，一定要作为一件大事及早规划，尽力搞好。为适应当时形势的需求，经福谦提出了开展全员培训这一战略性任务。同年，流体物理研究所在中国工程物理研究院率先成立了职工教育科，由李振坤担任科长，在经福谦的领导下，组织开展职工的教育工作。

在经福谦的精心指挥下，所里制订各类人员的培训规划、计划和一系列的管理方法，并提出了几个方面的结合——长期与短期相结合、脱产与业余相结合、外出进修与所内培训相结合，开展多类型、多方式、多内容的职工教育。只要工作允许，在开办培训班时，经福谦还亲自到场讲话，要求学员明确学习目的，端正学习态度，讲究学习方法，争取优异成绩。他也抽时间到班上讲课、听课，既当老师又当学员，严谨治学的作风给大家留下了深刻印象。

打造具有学科影响力的团队，开展科研文献调研及对外交流是必不可少的，前提条件是必须具有一定的外语水平。为此，经福谦倡导开展以英语为主，日、法、德等多语种为辅的培训班。第一个培训班是在1980年，经福谦首开先河，在流体物理研究所举办了以科技英语为主要内容、以英语口语为重点的高级培训班，聘请了中国科技大学的教师奚瑞森、张爱丽伉俪。当时这个班的特点是"三高"：第一，教师水平高，奚瑞森是资深的英语教授，口语具有国际水平；第二，教材水平高，当时选用的是英文原版教材《新概念英语》；第三，学生的基础高，吸收了全院和有关单位英语水平较高的职工参加该培训班。经过半年的培训，参培职工的英语水平普遍有了较大程度的提高。

在专业知识和技能培训方面，经福谦对教师聘请、教材选择都秉持一

---

① 朱立昌访谈，2016年4月17日，上海。资料存于采集工程数据库。

个原则——高、精、尖！他亲自出面，联系国内相关专业顶级的专家，多次聘请朱建士、朱兆祥、王礼立、张万箱、毕均轲等著名专家教授来所讲学，开展了"非线性波""本构方程""应力波""状态方程"等专业课程培训。通过这些培训交流，一方面提升科研人员的技术水平，另一方面使科研人员对国际前沿的研究内容有所了解。同时，这类学习班不仅面向所内人员，同时也吸收了院内外专业人员参加，受益者众多。

1981 年举办的本构方程与应力波学习班，聘请了中国科技大学朱兆祥教授授课。当时受经福谦邀请，参加了这一学习班的国防科学技术大学张若棋教授认为：

> 当时把朱兆祥教授请去在流体物理研究所跟年轻的科技人员讲课，也邀请国内有关单位去听。我举这个例子证明经福谦对前沿动态、跟动高压物理相关联的学科的动态很重视，这是他指导学生一个很明显的特点。①

当时参加培训班学习的科技人员，后曾担任流体物理研究所所长的董庆东这样评价：

> 老经担任流体物理研究所所长，积极推动专业知识的学习和学术交流活动。山沟里学习条件差，他就请人进来讲，我参加过从国防科技大学请来的英语教授讲授的英语培训班，当时在院内这样的学习班是首开先河，好几个所都派人来学习。我还参加过中国科技大学朱兆祥和王礼立教授分别讲授的本构方程和应力波学习班，也因此补上了20 年来在科研业务活动中始终感到短缺的这两门课。开办专业学习班，不仅提高了我们的知识水平，而且推动了与外界的交流，开阔了我们的视野，拓展了我们的业务能力。②

---

① 张若棋访谈，2015 年 5 月 10 日，北京。资料存于采集工程数据库。
② 董庆东：难忘的回忆。见：《经福谦院士八十华诞文集》编辑委员会编，《经福谦院士八十华诞文集》。北京：原子能出版社，2009 年，第 57 页。

当时流体物理研究所在大山沟里，举办培训班面临老师的接送、住宿以及讲义的刻制等一系列困难。当时没有现成的教材，也没有电脑打印，老师备课的时候将内容刻在蜡纸上，开车到成都去印制，油印出来装订后形成样本，老师要再次校对，校对完毕了再去成都印刻，有时需要来回三四次，非常艰苦。对于这一系列的车辆、人手调派、经费问题，经福谦积极予以支持。李振坤曾谈到过筹办培训班时发生的一个小故事：

> 1981 年，派我到中国科技大学邀请朱兆祥教授到流体物理研究所开办本构方程培训班，同时到中国科技大学签署联合培养研究生的协议和培养方案。当时交通很不方便，我搭经福谦出差的顺风车到了绵阳转乘公交车到成都，但是绵阳车站很小、人很多，我挤了三次都没有挤上公交车。为了顺利完成任务，经福谦果断决定让驾驶员把我送到成都，改乘飞机，飞到上海转飞合肥。[①]

不仅积极开展全员培训，经福谦还注重营造良好的科研交流氛围。他创办了《高压物理学报》和《爆炸与冲击》两份核心期刊，给科研人员提供了对外交流的园地。针对流体物理研究所人员，于 1981 年开办了内部刊物《高能密度物理》( 1983 年更名为《爆轰波与冲击波》，2008 年再次更名为《高能量密度物理》)，主要报道所内人员在科研生产、技术革新等方面的成果。这份刊物主要是打造一个给年轻科研人员展示自己、提升能力的平台。正如陈俊祥所说：

> 经福谦当所长以后准备要在所内办刊物，给所内的知识分子有一个写文章的园地，写得不好也没有关系，先在所内刊物上发表，大家可以讨论。他就是提倡写文章，提倡给年轻人一个舞台表演自己。[②]

由于当时的大部分科研人员接受的是俄语方面的训练，虽然对英美体

---

① 李振坤访谈，2016 年 1 月 25 日，四川绵阳。资料存于采集工程数据库。

② 陈俊祥访谈，2015 年 12 月 16 日，四川绵阳。存地同上。

系的研究进展极其关注，但语言方面的障碍较大。经福谦及时意识到了这些困难，指导情报资料室把选定的最新文献及时翻译出来，定期发放，他亲自翻译了很多重要的综述性文献，整理成册供科研人员学习、参考。这对当时科研人员业务水平的提高、视野的开拓，起到了很大的促进作用。

中国工程物理研究院流体物理研究所的做法，受到核工业部人事司和教育司的重视。核工业部于 1981 年 12 月召开职工教育工作会、1983 年举办管理干部研讨班，均推荐流体物理研究所在会上介绍经验和体会。

在经福谦的领导和推动下，流体物理研究所全方位、多角度为科研人员打造了良好的学习、科研与交流的平台，有力地推动了科研人员理论知识水平和创新务实能力的提升，"打炮队"逐渐蜕变为集理论设计、实验操作、测试测量能力一体化的科研团队，在武器研制和推动学科发展进程发挥了举足轻重的作用。


# "少数民族"队伍的崛起


在经福谦的心目中，他不仅要打造核武器科学技术的"国家队"，更要打造高压物理领域的"国家队"！他常讲的一句话是：我们高压物理学科在国内还是"少数民族"，并提出"我们应自立，我们要自强"的号召，他强调：大家要加强团结、百倍努力、作出成绩、壮大队伍，为我国的科学事业作出贡献，共同让我国的高压物理学科成长、壮大，乃至在世界上发挥重要的影响力。

为了这一理念，数十年来，经福谦持之以恒、不懈努力。他曾在某次学术会议上对我国科技水平与发达国家的差距做了客观的评述，并且提出了联合各方面力量开展基础科学研究的鲜明主张。在写给张若棋的信中也曾多次提道："我们自认水平还是不够的，因为'人贵有自知之明'，中国人如要有所成就，必须团结起来，共同奋斗，在团体赛中取胜。"[1] "心齐

---

[1] 经福谦写给张若棋的信，1986 年 7 月 11 日。资料存于采集工程数据库。

了，再有点条件，是可以做出很漂亮的工作的。"①

1984—2000 年，经福谦推动流体物理研究所与成都科技大学组建了应用物理研究所，与西南交通大学组建了高温高压物理研究所，使流体物理研究所、西南交通大学和成都科技大学共同构成一个在研究方向上互为补充、实验技术上相互支持、研究工作各有偏重的三位一体的有机整体；建成了目前国内最完善的气体炮系列，拥有各种口径的一级气体炮及二级轻气炮 13 门，最高弹速已达 8.3km/s，对应于高阻抗材料的冲击压力约 500GPa；为适应材料物态方程、本构关系、动态损伤、破坏和断裂、材料的冲击相变以及超高速弹丸对靶的侵彻、贯穿效应等研究的需要，建立了一套比较完备的精密诊断设备和实验技术，主要包括软管 X 射线摄影机、自制 X 射线摄影机、高速转镜分幅和狭缝扫描相机、激光全息摄影、纹影照相技术、用于任意反射表面的 VISAR 激光速度干涉仪、多光束法布里——帕罗干涉仪、多通道数字化时间间隔测量仪；同时相应发展了一套波剖面测试技术和测试探头，主要包括应力剖面记录技术、速度剖面记录技术、位移剖面记录技术、高温测量技术、图像处理技术等。这三位一体的有机整体，是当时规模最大、性能最高、测试手段最全、具有国际先进水平的能代表我国冲击波物理研究水平的研究实体，取得了诸多国际瞩目的科研成果。

与此同时，经福谦还对推动高校相关学科的建设不遗余力。1984 年，他向国防科学技术大学提出建议，筹建轻气炮实验室，一方面在国防科委帮国防科学技术大学呼吁，同时还减免了本应由学校承担的轻气炮设计费用，并在安装调试阶段委派王金贵研究员到校指导工作。1989 年，国防科学技术大学顺利建成了轻气炮实验室，并成为国防科学技术大学的重点实验室之一。在当时，这样的实验室在全国高校中是唯一的，专业建设也因此发展到一个新的阶段。不仅如此，经福谦还协助国防科学技术大学开展学生的培养工作，为他们提供实验设备和学习环境。

回忆这一过程，国防科学技术大学理学院的张若棋教授非常感动：

---

① 经福谦写给张若棋的信，1984 年 5 月 10 日。资料存于采集工程数据库。

他建议我是不是也建立一个轻气炮实验室，他说有困难会帮助我，后来他提出免除轻气炮的设计费，因为流体物理研究所轻气炮的设计图纸可以提供给我们，我们只要承担加工费、材料费就行了。在他的帮助下，我们这个实验室到1990年就建立起来了。当时这个实验室在全国高校里是第一家。在实验室设备安装过程中还派了王金贵到我们这指导帮助安装过程，我非常感动。实验室的建立使我们在培养本科生、研究生，特别是培养研究生方面有个很好的实验条件。

除此之外，当时我们由于搬家，原有的实验装备、实验器材或损坏或丢失了，实验仪器不能满足研究需要。经所长将流体物理研究所淘汰的虽不太先进但仍可使用的实验仪器、电子设备提供给我们，当教学仪器用，培养学生的动手能力。有了实验仪器设备，有了相应的实验装置，从事教学实验、培养研究生做论文方面的条件就具备了。另外有些实验条件，比如更先进、更现代的实验条件我们不具备，但我们可以到流体物理研究所开展研究，因此我们有些研究生的论文是在流体物理研究所完成的。①

1992年，经福谦被聘为国防科学技术大学的兼职教授，担任爆炸理论及应用和凝聚态物理专业的博士生导师。他在指导和帮助学校建立国内国际学术交流渠道、开拓新的学术方向、为研究生创新实践能力培养提供良好的条件等方面做了大量工作，取得了显著效果。张若棋认为："我觉得经院士全面加强了教研室的发展。"②

1987年，北京理工大学申报爆炸理论及应用国家级重点学科期间，经福谦给予了积极支持和大力帮助。1988年，经福谦同王淦昌院士一起，到校参加了北京理工大学丁儆教授指导的第一个博士研究生的博士学位论文答辩。此后，经福谦常常作为答辩委员会主席，主持北京理工大学爆炸理论及应用博士点的学位论文答辩工作。1997年，在北京理工大学爆炸理论及应用国家重点学科建立10周年所举办的学术研讨会议期间，经福谦

---

① 张若棋访谈，2015年5月10日，北京。资料存于采集工程数据库。

② 同①。

图 10-2　2005 年 5 月 18 日，经福谦在国防科学技术大学轻气炮实验室指导工作，从右至左：经福谦，张若棋，吴强（汤文辉提供）

担任学术委员会主席，亲临会议作学术报告，并为会议学术论文集作序；在会议期间组织的重点学科发展问题座谈会上，经福谦就学科建设现状、研究生培养、学科队伍成长建设等方面提供了许多宝贵的建议，这对北京理工大学学科后继建设和稳定发展发挥了很好的指导作用。经福谦几乎年年都到北京理工大学，或讲学或作学术报告，有助于学校的师生开阔视野，更好地把握当前学科研究的前沿领域，有针对性地在某些方面开展探索性研究工作。

20 世纪 90 年代，吉林大学超硬材料国家重点实验室筹建期间，经福谦给予了鼎力支持。实验室成立后，他出任实验室的第一届学术委员会主任，对实验室的建设和发展作出了重要贡献。1995 年 10 月，经福谦主持召开了实验室第一届学术委员会第一次会议。会上，他对实验室提出的主要研究方向进行了认真审议，对实验室参加国家验收的准备工作进行了检查与指导，并提出许多细致中肯的建议，对实验室顺利通过国家计委委托国家教委组织的验收起到了重要作用。实验室通过评估后，针对评估专家组的评估意见，经福谦建议实验室进一步凝练研究方向，整合资源，保持和加强高压研究的领先地位。2003 年 11 月，他建议由实验室主任邹广田院士牵头，申请在建立国家超高压科学与技术研究实验基地中增加与武器物理有关的研究内容，提出在高温高压极端条件下研究物质的运动规律及其输运性质是武器物理领域至关重要的科学问题。此后，又促成中国工程物理研究院流体物理研究所与实验室进行实质性合作，开展金属及其氧化物的高压布里渊散射和物理性质研究，铁及其二元合金的高压电导率测量研究等实验研究，以及高压致密固体电子激发态的第一性原理研究和金属中氢行为及体系性质的量子蒙特卡罗研究等高压理论研究。他多次带领流体物理研究所动高压研究人员走访实验室，进行学术交流。

1999 年，经福谦应武汉理工大学聘请，在武汉理工大学建立了高温高压物质科学研究中心。参与了这一建设过程的武汉理工大学黄海军教授深有感触：

> 因为需要给实验室选址建设，包括后面人才的引进、设备的购置，这些经老师是花费了大量的精力和学校进行沟通交流。有几次经先生因为有别的事情，晚上很晚才过来，到了武汉都是九十点钟了，第二天一早他就去找学校领导沟通、争取建设的有利条件，会开完以后他马上坐飞机又走了。所以，我们有时候看到先生的身影确实感到是很疲惫的，因为七十多岁的老人，这样来来回回地奔波。我们既感动，又难过。[①]

2001 年 7 月，经福谦受聘为西南科技大学材料科学与工程学院名誉院长。他不辞辛劳、献计献策，为学校材料学科与国防学科发展与建设、人才培养和科学研究作出了重要贡献。他明确指出极端条件下的物质特性研究是未来高技术新材料研究领域的热点，具有很好的前景，并且向校方建议通过借助联合办学董事单位的学科、人才、资源优势，把这个学科方向凝练、建设好。2005 年，在他的推动下，学校与中国工程物理研究院联合成立了"高压材料与技术联合实验室"，开展了"极端条件下材料的合成与物性"方向的科学研究，培养了一批稳定的科研骨干。目前已成功申报4 项国家自然科学基金项目，成为学校材料学科四大特色研究方向之一。经福谦还在百忙中抽出时间参加学校的学术交流活动，指导学科建设和科学研究，极大地推动和促进了材料、国防学科的发展。他先后出席了材料学科建设咨询会、西南科技大学和中国工程物理研究院材料学科学术交流

---

① 黄海军访谈，2015 年 11 月 3 日，四川绵阳。资料存于采集工程数据库。

会、西南科技大学承办的首届电磁材料与器件学术会议以及西南科技大学和董事单位材料学科学术研讨会，多次就材料学科的联合共建、发展方向提出了宝贵的意见和建议。

2009 年，在经福谦的指导下，郑州轻工学院建立了高压科学与技术研究中心，结合当地实际，开展高压下新材料的合成。在这一筹建过程中，实验室负责人、经福谦的学生苏磊回忆起实验室的一步步发展，对经福谦的战略布局深表敬佩：

> 首先从战略上来讲，经老师是从学科发展上来帮助建设的。他能够从高压物理切入，比如说先做凝聚态物理，我们申请到河南省的二级重点学科，重点学科地位确定之后，实质上经费投入成为连续性的。他从大的方向上定位，然后分几步，给我们建议，第一步从学科上定位之后，当时没有硕士学位点，我们有了重点学科之后，第二步申请学位点，开始培养研究生，第三步联合更多的学科，先把物理、化学、生物、食品结合起来，希望能够形成一个有特色的省级实验室。所以他的布局，我想跟他早年的经历很有关系，他希望这样一步一步把几个队伍都培养起来之后，组建一个大的实验室。[1]

2000 年，在组建哈尔滨工业大学凝聚态科学与技术研究中心的时候，学校聘请经福谦为学术委员会主任，没有任何报酬。他经常奔赴哈尔滨工业大学指导开展科研工作和学科发展。每次来哈尔滨，经福谦都是自付差旅费，他说："中心是新成立单位，经费困难，能省就省。"[2] 对此，凝聚态科学与技术研究中心的苏文辉教授非常感动：过去的高压研究条件比较简陋艰苦，每当做出一点成绩，都会得到经先生的赞赏和鼓励；每当需要支持，都能得到经先生的无私帮助。[3]

---

[1]　苏磊访谈，2015 年 11 月 3 日，四川绵阳。资料存于采集工程数据库。

[2]　苏文辉：振兴中国高压学科的带头人。见《经福谦院士八十华诞文集》编辑委员会编，《经福谦院士八十华诞文集》。北京：原子能出版社，2009 年，第 31 页。

[3]　同[2]。

经福谦还多次莅临宁波大学讲学，关心并支持宁波大学工程力学学科的发展，对于研究方向的凝练和学术梯队的建设等方面提出了很多宝贵意见。宁波大学工程力学学科在经福谦等国内外学术大家的关心、支持与指导下，得到了蓬勃发展，成为浙江省重点学科，并建成了浙江省重点实验室，很快获得了博士学位授予权。

经福谦广泛联系了十几所高校，与众多专家教授开展了科研课题合作、培养人才。他曾于 1997 年受聘重庆大学名誉教授；2000 年，受聘到西南交通大学担任材料学学科教授；2001 年，西南交通大学创办理学院，任首任院长，后为名誉院长；2001 年，受聘于宜宾学院，担任客座教授；2001 年 7 月，受聘为西南科技大学材料科学与工程学院名誉院长；2002 年11 月，受聘为四川师范大学高压物理研究中心主任、教授；2003 年 9 月21 日，受聘为南京理工大学名誉教授；2009 年 3 月，受聘为郑州轻工业学院双聘院士等。

正是他的这种执着、毅力与勤奋，使我国高压物理这个"少数民族"，茁壮地成长起来了。

目睹高压物理队伍的由弱变强，经福谦的学生们都感慨不已：

> 1987 年，我第一次参加全国高压物理学会学术讨论会的时候，参会的不完全是搞高压物理的人，因为当时搞高压物理研究的人很少，很多是做金刚石生产的。90 年代有一段时间，感觉这个学会要办不下去了，感觉做高压物理没有前途，很多人都转行了。但是经先生的特点就是特别能坚持。到 2000 年之后，高压物理学会越来越强大，2014年，在扬州召开第十七届全国高压会，几百人的规模，这在全国都算是一个很大的学术活动。第一，经先生有理念能坚持；第二，他能团结人。能够把这个学会办下去，由弱变强，确实要有这种坚持、团结的力量。我还想起经先生爱说的一句话：我们高压是一个"少数民族"，是一个弱势群体，所以我们自己要团结自己，我们自己要坚持。他的理念也影响了很多人。[1]

---

[1] 贺红亮访谈，2016 年 1 月 26 日，四川绵阳。资料存于采集工程数据库。

能够有人把高压这个事业做下去，做大做强，能够和国际接轨，走到国际前沿，我觉得这是经老师的一个宏伟目标。[①]

# 致力于科普工作

在拥有了深厚专业知识的基础上，经福谦认为："搞科普教育、提高全民的科学文化素质，是我们当院士的责任，我们应该在这方面做工作。"[②]

1999 年，受中国科学院委托，经福谦开始与陈俊祥、华欣生着手撰写院士科普系列之《揭开核武器的神秘面纱》，考虑到该书面向非专业的读者群体，经福谦着眼于"揭开神秘面纱"，认为该书的主要内容应该是系统介绍核武器的科学技术概念、发展经过、历史作用以及它的未来趋向。

据此，他拟定了这本书的章节提纲，并安排华欣生和陈俊祥分头搜集了国内外的资料。由于华欣生熟悉俄文，就负责查找翻译了很多俄罗斯的相关资料，陈俊祥则主要负责英文资料的搜集。经福谦在阅读了大量素材的基础上，选用适当的内容并进行了提炼总结，与陈俊祥共同撰写初稿；针对初稿，三人再共同讨论，弥补不足之处；终稿由经福谦进行审查修改。

2002 年 7 月，《揭开核武器的神秘面纱》正式出版，经福谦在本书的前言中写道："新中国成立 50 周年来蒸蒸日上，各方面的建设取得了重大成就。尤其在'两弹'方面，发展速度很快，取得了世人惊叹的成绩。中国'两弹'的研制成功，不仅确立了我国的大国地位，而且带动了我国科学技术的全面发展。趁此世纪之交，我们编写《揭开核武器的神秘面纱》一书，作为《院士科普书系》之一，以飨读者，目的是为了消除一些对核武器的神秘感和模糊认识，以期共同提高全民族的科学文化水平。"[③]2005 年，

---

① 黄海军访谈，2015 年 11 月 3 日，四川绵阳。资料存于采集工程数据库。

② 陈俊祥访谈，2015 年 12 月 16 日，四川绵阳。存地同上。

③ 经福谦，陈俊祥，华欣生：《揭开核武器的神秘面纱》。北京：清华大学出版社，2002 年，第 2 页。

《揭开核武器的神秘面纱》所属的《院士科普书系》荣获 2005 年度国家科学技术进步奖二等奖。

2010 年，经福谦在《揭开核武器的神秘面纱》的基础上，决定与陈俊祥、华欣生等再合作撰写一本核武器相关的科普读物——《核武器科学与工程》。该书的定位是为中等文化程度的学生、干部和普通市民普及有关核武器科学与工程的知识。在该书中，经福谦等人对于一些科学术语和技术名词，不追求精确的学术定义，而是力求形象化的通俗解说。例如，在写到氢弹中氘化锂固体被压缩到发生剧烈的氘 - 氚聚变反应的过程，经福谦通俗化地将其比喻为"现场快速装配过程"；在谈到如果初级爆炸冲击波作用下出现屏蔽层破裂事件，则辐射能的泄漏便好似"水管破裂，水流涓涓"……书中诸如此类形象直观的描述非常多，令读者无需具有相应的专业知识，也能够一目了然。

为了让读者能够读懂能量的来源和光辐射的传播，《核武器科学与工程》在开头两章适当补充了一些有关量子论、相对论和原子微观结构等必要的科学知识；为了增加读者阅读的兴趣，增进对有关科学史的了解，同时介绍了一些科学发明创造的实践经验和为科学奋斗的动人故事，希望为读者崇尚科学实践、增添国防意识补充一点营养。在经福谦逝世一年后，即 2013 年 3 月，他与陈俊祥、华欣生合著的中华科普书系《核武器科学与工程》一书出版发行。

除了撰写科普图书之外，经福谦还利用一切机会进行科普宣传。他曾经和成都科技大学杨向东教授谈起："一个科技工作者，要使他的科学研究吸引更多的人愿意从事这方面的研究，那就必须宣传，必须做科普宣传。"[1]

尽管由于核武器研制事业存在严苛的保密限制，但经福谦仍然巧妙地从不同角度和切入点开展宣传。

虽然核爆、爆轰物理有一定的保密要求，但是总可以找到公开可

---

[1] 杨向东访谈，2016 年 6 月 17 日，四川成都。资料存于采集工程数据库。

以讲的东西。比如原子弹爆炸，那我们的爆炸模型不能讲，但是美国发表在报刊上的，我们可以讲，所以经先生的保密意识是非常强的，但是又不妨碍他向广大科技工作者做宣传，也使其他的学校老师、研究所的人员愿意从事这份工作。①

经福谦多次赴四川大学、南京理工大学、中国科学技术大学等高校，给学生们作关于高压物理基础和国防尖端知识的报告，例如"武器物理设计中的几个基础科学问题""核武器研制中的科学、技术与工程"等，介绍高压物理领域的最新成就，既给专业人员以鼓舞，同时也号召广大学生们投身国防事业。在中国物理协会举办的年会上，经福谦多次应四川省物理协会邀请作大会报告，省内从事物理研究的近 400 人前来聆听，不仅包括高校和科研单位的人员，甚至连中学老师都来听，表现出浓厚的兴趣。

考虑到听众的知识水平差异，经福谦在报告过程中很注重内容的通俗性。比如讲雨贡纽曲线、全区物态方程，专业人员可以谈，但是对一般的科技工作者不能谈，他就谈些和大家密切相关的、大家能听得懂的东西，引发大家的兴趣。②

对于开展科普工作，经福谦非常热心，几乎每次受到邀请，他都在百忙之中挤时间参加。对此，杨向东感慨良多：

> 做科学的普及工作，使很多人愿意从事这方面的工作，引起大众的兴趣，包括培养大学生、中学生形成这方面的兴趣，这是很重要的。"十年树木，百年树人"，我当时不理解，后来理解了，就培养一个人、一代人，不是一个人能做到的，包括一个实验室的发展，需要几代人才能做到的，需要不断地做工作，最后这个成果肯定就会出现了。③

繁重的写作任务和科普宣传工作，几乎耗去了经福谦所有的业余时

---

① 杨向东访谈，2016 年 6 月 17 日，四川成都。资料存于采集工程数据库。

② 同①。

③ 同①。

间。谈到他为什么如此尽心竭力，老同事陈俊祥认为：

> 他是把科普教育、训练学生，作为他自己终身的一个责任，他认为不能把这些东西丢了，丢了对发展科学研究不利。①

# 善教者使人继其志

经福谦曾以亲身经历和体会为研究生题词："勤补拙，志攀登；情系国，闯新业；求奉献，甘寂寞。"言简意赅，既是他奋斗的写照，又是对后人的希望和启迪。

在这十二个字中，"情系国"是经福谦心中最重视的——这是打造强壮的"国家队"最根本、最关键的因素。2007 年 2 月 6 日，接受《科学中国人》记者苏丹采访时，对"是什么力量支持着您在科学的路上不断地前进"的问题，经福谦的回答是："科学的路上绝不会平坦，除去上面提到的'面对失败'之类的困难外，还会遇到社会生活中的误解、非议、甚至不公之类的遭遇。要坚持下去，在科学的路上走好，我以为需要有一种精神支柱，这个支柱就是爱国主义精神，要时刻牢记自己对民族、对社会负有的责任感。"② 他曾经在笔记本上写下："知识改变命运，理想决定人生，爱国主义是做人的根本""无论黄昏时树的影子有多么长，它总是和树根连在一起的。"③

爱国之情在经福谦心中埋藏已久。少年时经历过炮火中的颠沛流离，让他明白了革命能够令一个民族站起来，然而真正的强大还是要靠科学和发展！他曾说过，长期受强国凌辱的弱国人民一旦得到解放，便会激发出

① 陈俊祥访谈，2015 年 12 月 16 日，四川绵阳。资料存于采集工程数据库。
② 苏丹：自主创新，致力于物理学科的发展。见：《经福谦院士八十华诞文集》编辑委员会编，《经福谦院士八十华诞文集》。北京：原子能出版社，2009 年，第 116 页。
③ 经福谦 2003—2007 年的工作管理笔记，2003 年，未刊稿。资料存于采集工程数据库。

巨大的力量，获得克服困难的勇气和信心。① 他把科学救国作为自己的信念，作为自己拼搏进取的动力，"为中国人争口气"的朴素思想激励着他，帮助他克服一个又一个困难，取得了一个又一个成功。

数十年的科研生涯中，他虽经历了"文化大革命"的冲击，但仍然放弃了调动到天津大学的机会，留在国防科研的第一线；在核武器研制事业处于低谷、"造原子弹的不如卖茶叶蛋"的时期，他说：九院这项事业，事关国家安全，非常重要，可能暂时会有一些困难、挫折，但这项事业要推动。② 进入 21 世纪，经福谦已功成名就，且至耄耋之年，但他仍勤耕不止，曾有同事和学生问他为何如此坚持，他总是笑而不语。2000 年 11 月 29 日，经福谦在写给国防科学技术大学张若棋教授的信中，只字片语中流露了心声：我已老了，但无论如何，从内心讲，还是在做"鞠躬尽瘁，死而后已"的事，以回报国人。③

对于爱国，经福谦不仅身体力行，同时也把科教兴国、教育培养下一代当作自己义不容辞的责任。

当儿子流露出想移民的愿望时，经福谦建议他到国外攻读博士或博士后，学习了先进科研知识之后一定要回来，他对儿子说：你是个中国人，给自己国家干点事，总比在外面好。④

在《经福谦院士八十华诞文集》上也记载了这样一个小故事：

> 一次，经福谦到贵阳出差，在列车上遇到了几位年轻的大学生，年过半百的经福谦很喜欢与年轻人交谈。他认为年轻人思想活跃，有很多东西是中老年人所不具备的。照例，他与学生们聊起天来。
>
> "我想到美国留学！"一个大学生说。
>
> "好啊！"经福谦很高兴，"学成后回国。你会大有作为！"
>
> "我出去了就不回来了。"

---

① 江秉慧，杨洪成：谦谦君子，报国之心。见:《经福谦院士八十华诞文集》编辑委员会编,《经福谦院士八十华诞文集》。北京：原子能出版社，2009 年，第 118 页。

② 吴强访谈，2016 年 2 月 5 日，四川绵阳。资料存于采集工程数据库。

③ 经福谦写给张若棋的信，2000 年 11 月 29 日。存地同上。

④ 经小川访谈，2015 年 5 月 8 日，北京。存地同上。

"什么？"经福谦很失望，"那么，你的亲人呢？你难道不管你的父母了吗？"

　　"他们会理解的。"

　　"你安定后，会把你的父母接过去吗？另外，你是不是还应该想一想对祖国的回报？"经福谦一进一退的问话使年轻人有点不知所措。

　　"那……也许我做不到。"

　　经福谦失望了，车轮"卡嗒卡嗒"向前飞驰，但他觉得车轮仿佛是轧在自己的心上。他想了很多，现在年轻人都有一种蓬勃的朝气，有一种向上的气质，有自己的追求和梦想。

　　"但这最好是爱国主义的，而不是充满个人主义色彩的。"末了，经福谦说了一句。①

　　经福谦常常和学生们讲起这个故事，说道："一个人如果连自己的祖国都不爱，你还希望他能爱什么？"他希望能用爱国的思想来影响学生们，希望他们发挥自己的聪明才智，为建设富强的国家而努力。

　　在漫长的科研征途中，经福谦曾经思索，推动科学发展的真正动力是什么？后来他明白，其实就是人文精神，科学家的人格魅力仿佛是一道暖流，浸透在伟大科学家人生的每一个细节。

　　为了更好地汲取精神食粮，经福谦收藏的书籍非常多，不仅满屋都是书柜，而且在书柜的上方又加了一层顶柜，直抵天花板，为方便上下取书还添置了一架梯子。他的书不仅涉及专业领域，还有诸如《爱因斯坦晚年文集》《朱自清文集》《中国人》《守住灵魂》等许多具有思辨性、哲理性的书籍。他摘抄了很多书报上关于科学精神、治学选人观念等内容，密密麻麻抄满了几个笔记本，对于他认为重要的部分，或专门换用红笔书写，或加下划线标注。

　　2005年，在一次与同事侯艺兵的交流中，经福谦随手翻开《爱因斯坦文集》，翻到爱因斯坦悼念玛丽·居里夫人的一段话，情不自禁地轻

---

　　① 江秉慧，杨洪成：谦谦君子，报国之心。见：《经福谦院士八十华诞文集》编辑委员会编，《经福谦院士八十华诞文集》。北京：原子能出版社，2009年，第122页。

声念起来："杰出人物的道德品质可能比纯粹理智的成果对一个时代以及整个历史进程所具有的意义更大，不仅如此，甚至成果的取得也要在极大程度上依赖于道德境界，而这种依赖程度比通常认为的大得多。"放下书，他们讨论起什么是科学的品格。经福谦认为，20世纪50年代，马寅初的"人口论"受到批判，他拒绝检讨，付出了自己的荣誉甚至生命以维护科学的尊严，这就是品格的力量。中国科学家具有这样品格的人很多，用他们人格的魅力去感染年轻人比一些空洞的说教更有用。

在教育青年人的过程中，他非常注重培养学生的科学品格，常对学生讲："品格不是由你已经战胜的东西决定的，恰恰是由你匮乏的那些东西造成的。"[1] 他强调一个从事科学研究的人一定要懂得一些人文道理，这样才能铸就高贵的科学品质。他喜欢跟学生讨论人生哲学，比如如何面对人生的挫折与成功，怎样更好地与人共处；他常常教导学生们多看哲学类、管理类的书籍，如《矛盾论》、钱学森老先生的工程哲学等，特别喜欢向学生和同事推荐英国人塞缪尔·斯迈尔斯的著作《品格的力量》一书，这本书自问世畅销全球百余年而不衰，被誉为"人格修炼的圣经"。

他非常注重开拓学生们的心胸和气度。对于即将走上领导岗位的学生，他要求其入党并谆谆教诲："入党不是有什么企图，而是要让自己受到党纪的约束，那样才能做好领导工作，才能不让群众的利益受到伤害；同时在工作中不要和下属争利，下属才能服你，你才有资格把一个室的职工团结起来，把我国的高压物理事业搞上去，为中国工程物理研究院、为国争光。"[2] 学生田春玲在回忆中写道："记得有一次我们课题组发表的一篇论文引起了一些争议，当我向先生诉说胸中郁闷之时，先生开导我：'学术是鼓励自由争论的，只要你认为自己是对的，你可以坚持自己的观点，但面对意见分歧要有风度和气量。'先生一席话宛如醍醐灌顶，引导我涉过内心的泥沼，学会以淡定从容的心态面对生活。"[3]

---

[1]  侯艺兵：《院士怎样读书》。上海：上海教育出版社，2006年，第71页。

[2]  蔡灵仓：我最可敬的老师。见《经福谦院士八十华诞文集》编辑委员会编，《经福谦院士八十华诞文集》。北京：原子能出版社，2009年，第84页。

[3]  田春玲：春风化雨忆恩师。见《经福谦院士八十华诞文集》编辑委员会编，《经福谦院士八十华诞文集》。北京：原子能出版社，2009年，第88页。

"闯新业"是科研工作者孜孜以求的目标，经福谦更是将"科学技术只有金牌没有银牌"当作口头禅，他认为如果总是跟随别人，将永远无法到达科学的高峰。但同时他也强调，"闯新业"的根本目的是为了国防强大，他曾经在中国工程物理研究学术年会上作过"我院高压物理领域基础研究的国家目标"的报告，将高压物理领域基础研究的重要性上升到了国家层面，他非常重视基础研究与大科学工程的关系，同时又不仅仅局限于工程，他认为要从更长远、更广泛的角度开展研究，并呼吁广大科研工作者为之奋斗。

他指导学生们要在扎实的基础上力求创新。因此，学生做论文，选题就是一道坎儿，经福谦认为选择的课题必须在国防建设方面具有学术价值或潜在的应用前景，应能体现其研究在该学科领域的创新。1985 年，他在指导第一个博士研究生韩长生时，为他选择的论文题目与微喷射[1]相关，微喷射不仅是国际前沿的研究难题，更是核武器研究衍生出来的一个重要的技术研究课题。在经福谦的指导下，韩长生突破了多项关键技术，于1988 年在国内首次采用谐波发生器研究微喷射并获得很好的研究成果，这在当时国际公开发表的文章中也属首次。

在经福谦看来，"勤补拙，志攀登"是撷取科学研究"金牌"的唯一途径。他常常教导学生："学习是有黄金时间的，要记住两句话：要有求知的渴望，要有求实的精神。"[2]他秉持"严格、开放"的教育理念，即要求学生在求知渴望的驱动下，要有坚持不懈、持之以恒的钻研精神，在科研中要坚持严谨求实的科研态度；同时要有敢于开放，勇于创新的思想理念。

要做到这一点并非易事，在他看来，"首先，认准了一件事，一定要全身心投入，一干到底；其次，一定要舍得时间投入，舍得牺牲一点业余时间，每天八小时工作是培养不出一个优秀人才的。"[3]在研究过程中，他将

---

① 微物质喷射（简称微喷射）是强冲击波到达材料自由面时，与具有复杂缺陷状态的样品表面及表面层相互作用，在样品表面将形成微射流、表面破碎、微层裂、冲击熔化和卸载熔化等结构和过程，它普遍存在于尖端武器等所涉及的冲击反射过程中。

② 韩长生访谈，2016 年 1 月 25 日，四川绵阳。资料存于采集工程数据库。

③ 江秉慧，杨洪成：谦谦君子，报国之心。见《经福谦院士八十华诞文集》编辑委员会编，《经福谦院士八十华诞文集》。北京：原子能出版社，2009 年，第 121 页。

这两点表现得淋漓尽致。20 世纪 80 年代，同事顾援随意和他说起有关冲击绝热线绝对测量的一个新想法，说过之后，顾援把这想法放在一边没有再想。不料此事却引起了经福谦的注意。没多久，顾援就收到他的一封长信，光是公式推导就写了好几页，对顾援提出的想法做了详细的分析，指出了存在的问题。他这种"穷追猛打"的劲儿让顾援深感敬佩。[①] 对于认定了有价值的课题，经福谦往往花费十余年、甚至数十年的时间，锲而不舍地组织、培养青年工作者开展研究。除了每天在办公室开展繁忙的业务工作，他还常常利用业余时间阅读资料、批阅文章，几乎每天晚上都工作到深夜。曾有人这样形容他："老经学习是非常刻苦的，有人说他坐着工作和学习，就像钉子钉在板子上一样不动。"[②]

对于博士生的培养，经福谦提出了更为严格的要求，他说："我们培养的博士，一定要在博字上下功夫，博士一定要博。"[③] 如果学生是以力学为主要研究方向，他就要求学生必须注意物理问题；如果学生是研究物理方面的，他就要求学生不仅要注意宏观现象的物理，而且要求在微观深度上加以更重视的研究；对以实验为主攻方向的学生，他要求必须具备相应的

图 10-3　1991 年秋，经福谦为学生们讲课（流体物理研究所提供）

数值模拟计算水平。他曾鼓励学生："你们既有一定的理论知识和外语阅读能力，又擅长数值模拟，一定要充分发挥自身的特长，深入进行课题研究，将理论分析、数值模拟和实验研究紧密结合起来，从理论和实验两方面不断探索科学研究的新原理、新概念、新方法"。[④]

为了提高学生们对外交流水

---

① 顾援：可亲可敬的师长。见：《经福谦院士八十华诞文集》编辑委员会编，《经福谦院士八十华诞文集》。北京：原子能出版社，2009 年，第 77 页。

② 韩长生访谈，2016 年 1 月 25 日，四川绵阳。资料存于采集工程数据库。

③ 李振坤访谈，2016 年 1 月 26 日，四川绵阳。存地同上。

④ 刘光祚，蒋鸿志：我们学习的楷模。见：《经福谦院士八十华诞文集》编辑委员会编，《经福谦院士八十华诞文集》。北京：原子能出版社，2009 年，第 67 页。

平，拓宽视野，经福谦很重视锻炼他们的英语读写能力。贺红亮在1994年读经福谦的博士研究生时，是经福谦与美国加州理工学院艾伦斯教授联合培养。经福谦向他提出了严格的要求：

> 经先生跟艾伦斯联合培养我时，还有一个约定，让我每个礼拜给艾伦斯写一封信，那时候还没有电子邮件，都要用手写，通过邮局给他寄过去，他可能半个月、一个月后才能收到，收到了以后又给我回信。那样持续了一年多近两年，这对我英语是一个很大的提升。我后来毕业论文全部是用英语写的。[①]

在"博"的基础上，做具体科研项目时，他强调"伤其十指不如断其一指"，一再和学生们说：在研究中要注重聚焦、再聚焦，在确定某一研究方向后就一定要坚持做下去，业精于专、业贵于专。

苏磊曾谈到2005年自己刚师从经福谦时的心情：

> 因为我是工作几年之后来读书的，所以表现出年轻人的很狂热的心情，这个题目要做，那个题目也要做，选题的时候就觉得很大、很广。经院士听了之后也没有批评，就简单说了一句话，我就恍然大悟。他是引用了这样一句话，他说毛主席曾经告诉我们，就像打仗的时候我们伤其十指不如断其一指，一下子点破初期研究者容易犯的一个毛病，就是做什么事情都想做的很广，但是往往不一定会做的很好，我把题目再进一步论证、聚焦。[②]

在研究过程中，经福谦的细致令所有学生都为之敬佩不已。他恪守"眼见为实"的求证方式，在学生开展研究的过程中，从理论依据到公式推导、从实验方案的制订到数据获取与判读、从再次逐个核实数据到结论反复推敲，经福谦都要亲自过问，几乎关注到每一个细节。

---

① 贺红亮访谈，2016年1月26日，四川绵阳。资料存于采集工程数据库。
② 苏磊访谈，2015年11月3日，四川绵阳。存地同①。

刘福生曾经感慨：

在经老师看来，一个实验点必须要有重复实验，至少是一个重复实验点。这样一来，一条曲线密密麻麻的好多点，在他看来是正常的。在研究中，每一个点都是花钱做实验和我们熬夜熬出来的。所以从这个角度说，经院士可能是把早期他在国防科研中的严格要求拿到培养学生上来了。当然，在他看来不是简单的培养学生，培养学生就是做科研，本身就是课题的一部分。所以关于数据的严格要求，我们确实有亲身经历的。我们那时候做实验都是第一轮实验、第二轮实验，之前还有预备实验。像信号判读，他都是要跟我们一起制定判读方法的，数据怎么判读，要用什么外推形式，特别是判读两条曲线拐折的地方，必须要在从两边数据往中间进行内插外推，以获得一个拐点的信息。①

他强调要高水准严把关。他要求学位论文的创新点和科学结论必须经过教研室专业老师讨论，取得一致的认识；要进行预答辩，经得起质疑，现场解答清楚才能定稿；现场答辩更是严格要求，他规定必须要有外单位的专业人士综合进行评价，才更具客观性。

面对成稿的博士论文、科研报告和学术论文，经福谦总是不厌其烦逐字逐句推敲，审阅时就连一个错别字、一个不当的标点符号，也不肯轻易放过，几乎每个学生手上都保留着经福谦曾经修改得密密麻麻的论文草稿。他的学生蔡灵仓曾回忆自己 1999 年做博士论文期间的事：

记得论文成文后经先生前后修改过 6 次，每次都是从头到尾细细阅读，每一个数据、每一个物理表达式，他都要仔细推敲，包括图、表和参考文献。对于文中的某些问题，经先生不仅多次和我共同讨论，而且对个别不清楚的问题还亲自与国内外有关专家讨论，征询他

---

① 刘福生访谈，2015 年 11 月 3 日，四川绵阳。资料存于采集工程数据库。

们的意见，再逐字推敲，和我讨论确认。记得对"有效二体势"能否描述"多体作用"的问题，经先生亲自到图书馆查阅了几十种资料，认真分析比对，反复论证，最后才确定论文的写法。[1]

学生田春玲也是感触很深：

> 我把第一篇投到国外刊物的文章交给经先生把关，大到文章结构、小到句法标点，先生都一一改过。修改大的地方，原文空白的地方不够写，先生加页重写；而原文中一些要保留的句子用剪刀剪下来，贴在合适的地方。如此反复修改数次后，先生才放心地让我投稿。[2]

儿子经小川记得最深的一件事就是，父亲有一天拿了 4 本论文，一个一个看，一个字一个字拿铅笔去改。甚至有些大段的，他自己拿铅笔写在旁边。一直弄到晚上 3 点多，第二天早上要把修改后的论文返给这 4 个学生。[3]

经福谦是严格的，同时也是谦和的，他以学术民主最大程度地发掘每个学生的潜能，从不主观武断地否定学生的观点，而是耐心地听取他们的想法和建议，善于发现方案中的闪光点，并根据各个人的具体情况因材施教、个别辅导，从不同的层面启迪引导学生。每隔一段时间，他都要亲自主持一定范围的学术会议，要每个人作各自领域相关问题的调研报告，既活跃了学术空气，又使大家相互了解、相互学习、启发思路、扩大视野，使学生们能在材料组织、综合分析、准确表达上不断提高。在交流的过程中，他与学生们是平等的，从来不摆导师的架子，讨论的氛围非常自由。每次阐述了自己的观点之后，他都会问一声："我讲清楚了吗？"这留给学生们非常深刻的印象。

---

① 蔡灵仓：我最可敬的老师。见：《经福谦院士八十华诞文集》编辑委员会编，《经福谦院士八十华诞文集》。北京：原子能出版社，2009 年，第 84 页。

② 田春玲：春风化雨忆恩师。见：《经福谦院士八十华诞文集》编辑委员会编，《经福谦院士八十华诞文集》。北京：原子能出版社，2009 年，第 88 页。

③ 经小川访谈，2015 年 5 月 8 日，北京。资料存于采集工程数据库。

经福谦认为"求奉献、甘寂寞"是每个科研工作者应该坚守的精神高地。他曾说过：创新工作往往需要积累，没有长期的连续性工作是很难突破的。之所以需要长期的连续性工作，是因为获取真知过程中会遇到许多困难和曲折。失败的机遇远比成功的机遇多，许多次失败才能换取一次成功，故必须持续地全身心地投入，甚至贡献自己的一生，才能到达成功的彼岸。[①] 因此，对于立志从事创新研究的人，必须具有"甘于寂寞、热爱科学"的人文素质，才能实现自我价值的追求。他也曾在笔记本上写下："要羡慕别人的成绩，首先要羡慕别人的劳动。众多武侠小说渲染英雄出山后的辉煌壮举，但往往忽略了深山修炼的过程，忽略了那些深山寂寞庸常的漫长岁月里的故事。其实，不仅仅是那些深山修炼岁月的平庸单调，就是功成名就后的日子也免不了寂寞和平庸。"[②] 爱好诗文的他，也常常在给学子们作的报告中引用"昨夜西风凋碧树，独上高楼，望断天涯路""衣带渐宽终不悔，为伊消得人憔悴""众里寻他千百度，蓦然回首，那人却在灯火阑珊处"等诗词，劝导学生们在勤奋的同时要耐得住寂寞，坐得住"冷板凳"。[③]

经福谦的研究生分布在绵阳、成都、武汉等地，为了指导学生，经常不辞辛劳、各地奔波。他全身心地扑在学生的教育上，有时甚至顾不上自己的身体。对此，家人们都感到非常心疼：

> 特别是他到武汉理工大学去教课，孩子们老拖着他不放，经常晚上两点钟才回来。有时候他也不太讲究，他有糖尿病，肚子饿得很了，家里的冷馒头弄点开水就吃了。[④]

虽然培养学生的过程中有种种辛苦，但经福谦乐在其中。经小川回忆：

---

① 经福谦："大科学"研究，"小科学"补充。见：卢嘉锡编，《院士思维（第二卷）》。合肥：安徽教育出版社，2003 年，第 853 页。

② 经福谦 2003–2007 年的工作管理笔记，2003 年，未刊稿。资料存于采集工程数据库。

③ 同②。

④ 方多珍访谈，2016 年 1 月 25 日，四川绵阳。资料存于采集工程数据库。

他最喜欢聊他的学生。他最近跟他某个学生谈论某个想法，这个学生去做实验，这个数据里面发现了一些什么规律，修正了前人理论上的参数，然后，这个学生发表了一篇很好的文章。尤其是他的学生发表了高级别的文章，他就非常高兴。他每招一个学生，基本上吃饭的时候都会说，我最近带了个什么学生，这个学生的特点是什么，他的论文写得怎么样，或者是他的学生发表了文章，他自己吃饭的时候就很兴奋。①

　　自 2012 年起，在郑州轻工学院高压科学与技术研究中心，学生们坚持用一种独特的方式传递老师的精神：

　　我们在那原来也给经先生设立过一个办公室，但经院士说千万不要浪费，一定要把它用起来。后期我们就实质上只给他保留一个位置。因为我们的研究组是专业的老师组成的，大家都有繁重的上课任务，没有一个共同的下午或上午来讨论。我们就中午来讨论，中午大家都容易瞌睡，谁来讲报告我们就让他坐在经老师的位置上以保持精神集中。我感觉通过这种方式对年轻人是一种激励，让大家坐在经老师位子上，感觉是一种光荣。②

　　学生们常常用"善歌者使人继其声，善教者使人继其志"来形容经福谦对自己的影响，自觉以之为榜样，他们将按照老师指明的方向，坚持走下去，百折无悔。

　　我觉得我这一生中，能有经先生这样一位导师，我终身受益啊！我能当他的第一位博士生是缘分也是我的幸福，他高尚的品质、求实的精神、学习的作风激励着我、感染了我的一生，也感染着他所有的

---

① 经小川访谈，2015 年 5 月 6 日，北京。资料存于采集工程数据库。
② 苏磊访谈，2015 年 11 月 3 日，四川绵阳。存地同①。

学生。①

　　他是一位胸怀宽广、与人为善、热心助人的人，在我们学生当中就是谦谦君子的形象，是我们永远铭记的一位老师，他就是我们未来工作、育人的楷模，融入我们的一生当中了、融入我们的记忆中了，我们会不自觉地按他的方式工作和生活，我会永远铭记他。②

　　经福谦曾跟儿子说起，他感到安慰的是带了一批学生，在高压物理领域给国家培养了一批人。如今，经福谦培养的硕士生、博士生分布在许多高校和研究所，许多已经成为相关研究领域的学术带头人，其中很大一部分奋战在国防战线上，为祖国的强大而不懈努力。

---

① 韩长生访谈，2016 年 1 月 25 日，四川绵阳。资料存于采集工程数据库。
② 刘福生访谈，2015 年 11 月 3 日，四川绵阳。存地同上。

# 第十一章
## 走向世界的中国高压物理

经福谦在 2007 年 2 月 6 日接受《科学中国人》杂志社访问时曾说过：科学发展史告诉我们，闭关锁国是不能走向世界科技前沿的。从这个意义讲，开展和参加国际学术活动，对推动科技发展是至关重要的。[①]

经福谦认为，通过范围广、程度深的学术交流，有利于培养科研人员进一步拓宽视野、增强创新意识，在互通有无的过程中把握学术前沿，从而提高团队的学术水平和创新能力，进而提升中国高压物理学科在世界上的学术地位。经过数十年的不懈努力，中国在国际高压物理领域的学术影响力日益增强，经福谦曾语重心长地鼓励年轻人："我们不但要有赶超国际一流的信心，更应具备领跑世界的勇气和决心。"[②]

## 破冰之旅

美国《今日物理》（*Physics Today*）杂志 2008 年 9 月刊上，发表了

---

① 苏丹：自主创新，致力于物理学科的发展。见：《经福谦院士八十华诞文集》编辑委员会编，《经福谦院士八十华诞文集》。北京：原子能出版社，2009 年，第 113 页。

② 吴强手稿，2012 年 3 月，未刊稿。资料存于流体物理研究所。

一篇专题文章"中国核试验，1964—1996"（The Chinese Nuclear Test，1964-1996）。作者汤姆·里德①（T C.Reed）通过美国洛斯·阿拉莫斯国家实验室技术情报部门负责人丹尼·斯蒂尔曼（D B.Stillman）的亲历，揭示了自 20 世纪 80 年代后期以来，美国核武器研究中心与我国一些国防尖端科研及实验部门之间一段鲜为人知的交流往来。

　　从中国来的访客看似既不显山也不露水。一行五人，从北京乘机来美，参与 1989 年度美国物理协会会议，议题是有关凝聚态冲击波，地点在新墨西哥的阿尔伯克基。洛斯·阿拉莫斯国家实验室技术情报分管负责人丹尼·斯蒂尔曼负责接机、出行、膳食的款待事宜，并陪同一行人参观阿尔伯克基国家核展馆。时间到了 1990 年或 1991 年，才知道这五人原来全部是中国工程物理研究院的顶尖科学家，该工程院相当于美国洛斯·阿拉莫斯、利弗莫尔、圣地亚核武实验室的综合体。②

　　这段文章所描述的正是时任中国工程物理研究院科技委副主任的经福谦于 1989 年率团访问美国新墨西哥州，汤姆·里德视其为中国核武器科学家试探性的"首次"神秘访美之旅。

　　1989 年，在美国召开第六届凝聚材料的冲击压缩会议和第九届国际爆轰会议。凝聚材料的冲击压缩会议由美国物理学会（APS）主办，以动高压或应力下凝聚介质的物理学、力学和材料科学为主题；国际爆轰会议则由美国利弗莫尔国家实验室、洛斯·阿拉莫斯国家实验室、圣地亚国家实验室，以及海军研究处、空军装备实验室、陆军装备研究发展和工程中心、陆军弹道研究实验室共同主办，研讨爆轰理论、实验和应用方面的最新进展。这些研究内容与流体物理研究所密切相关。当时洛斯·阿拉莫斯国家实验室、圣地亚国家实验室等向经福谦发出了邀请，经福谦也决定利

　　　① 汤姆·里德在 1959—1965 年期间担任核武器专家，并在 1976—1977 年担任空气力学部长。他在 2004 年著有《在深渊：一段冷战的历史内幕》（百龄坛出版）；他和丹尼·斯蒂尔曼合著了《核快车》（巅峰出版社出版），《核快车》涵盖了核武器 1938—2008 的政治历史。
　　　② 汤姆·里德：中国核试验，1964—1996，《Physics Today》，2008 年 9 月。

用这次机会，进行对外科研交流，除了参会之外还安排了几所学校的参观访问，整个出访时间大概半个月。

此次出访是源于 1986 年，国内爆炸力学专业委员会组织了国际会议，由中国科学院力学所主办，邀请了美国利弗莫尔国家实验室、洛斯·阿拉莫斯国家实验室的人员来访问。

> 这个时候经福谦他们已经有信息知道哪些人是核武器实验室的，这也是经院士的一个特征，他很注重学术交流。一般搞工程的人局限于、致力于、专注于他本身的工程，对别的学科、外界动态关注都不大。注重教育、注重交流、注重资料、注重基础，这是经福谦的一个很大的特征。他就是有心人，百忙的时候，他还在筹备大会，邀请美国核武器实验室的人来访问，这也是我们有意想跟他们这些同行建立更直接的关系，我们可以得到更有益的交流，促进我们的发展。后来证明这也确实起到了一些作用，我们确实得到一些很难得到的东西，交流之中总是有基本概念、技术，不涉及绝密的东西，有些思路也是有启发的。
>
> 1986 年，我们就知道利弗莫尔、洛斯·阿拉莫斯的相关科学家，我们就邀请了一部分。当然如果没有经福谦打基础，也还邀请不了。①

此次能够成功接待利弗莫尔国家实验室、洛斯·阿拉莫斯国家实验室的来访人员，得益于经福谦 1984 年与成都科技大学苟清泉教授联合建立的应用物理研究所。这是在当时的形势下，所建立的中国工程物理研究院唯一个与国内外众多科研人员开展相互参观访问的科研学术交流平台。通过这一平台，经福谦等人与利弗莫尔国家实验室、洛斯·阿拉莫斯国家实验室的来访人员进行了学术交流，增进了彼此的了解，为后面进一步沟通奠定了基础。

据"中国核实验，1964—1996"一文中描述，1988 年中美双方核武器

---

① 董庆东访谈，2015 年 12 月 15 日，四川绵阳。资料存于采集工程数据库。

研究领域的人员开展了进一步的接触：

> 1988 年 6 月，一位叫杨福家的人独自到访洛斯·阿拉莫斯，斯蒂尔曼欢迎杨的来访。
>
> 一开始，斯蒂尔曼问这名教授"中国的核武计划里有没有瞬态爆炸反应装置"这种实验反应设备一般都会安置在偏远地区，用以实施几分之一秒内的超临界实验，这样才能模拟核爆产生的辐射及粒子。杨的回答是："当然。"斯蒂尔曼拿出一张四川省的地图。"你可以为我指出地点吗？"他以为自己已经知道答案，可是出乎预料，杨指出的地点远在山岭之中，相对已经掌握的中国核武设施地点，方向往西，还有相当大的距离。斯蒂尔曼提出了第三个问题，直达预设目标："你可以安排我去实地参观吗？"杨回答说："当然可以，给我一份你的简历复印件，告诉我你想参观的核武设施地点。"

对于这一过程，汤姆·里德评价：

> 于是一项最搏眼球的中国核武揭幕计划启动了，这是有预谋的，旨在向美国核情报部门的主要人士曝光中国核皇冠上的宝石。中国官方当然清楚斯蒂尔曼的身份，显然，中国选择了他，向他展示第一手的中国核武领域的成就。他们想让斯蒂尔曼把了解到的信息告诉美国政府、科学界和广大公众，让他们了解中国核技术能力。核武器的设计信息向来被当作绝密，为何中国政府要这么做呢？
>
> 首先，中国人可能是在建立威慑力。美国对中国核力量的认知，会使美国对中国台湾地区和亚太的军事姿态更为谨慎。中国的科学家通过向美国访客出示技术设备的内部工作原理，借以观察美国人的反应，眼神眉宇之间的动作可能对一年工作成果的评估有正面或负面的影响。也许中国的核技术不再是绝密了。
>
> 其次，最有吸引力的原因是出于中国人的好客，出于单纯对科学荣誉的渴望。我发现在苏联核武实验机构内也有同样的现象：优秀的

科学家，花了几十年，卓越地完成了工作，却从未向外界公开过他们的成就。他们活在铁幕或是竹幕之后，既不为本国人知晓，也未能获得来自国际科学界的褒扬。①

　　尽管汤姆·里德的评价不一定全面正确，但由此也可窥见当时大背景之一斑。经福谦以前期的互访为基础，联系了圣地亚国家实验室、洛斯·阿拉莫斯国家实验室等单位，表达了回访的意图，对方也表示欢迎。经过后续的一系列努力，最终促成了这次出访。1989 年 8 月 14 日，由经福谦带队，朱建士、董庆东、欧阳登焕、黄士辉一行 5 人赴美国新墨西哥州，开展了为期 15 天的访问交流。丹尼·斯蒂尔曼在阿布奎基机场迎接了他们。

　　原定可以参观圣地亚国家实验室，但受政治因素的影响未能实现。在丹尼·斯蒂尔曼的陪同下，经福谦等人参观了新墨西哥州原子核博物馆。

图 11-1　1989 年 8 月，经福谦率团访问美国，参观新墨西哥州原子核博物馆，右二为经福谦（黄士辉提供）

　　到美国圣地亚实验室去访问，博物馆不是对外开放的，当时需要研究所副所长和一位所级的科学家共同申请才可以参观博物馆，这两位都是重磅型人物。那是我们院里头组织的第一个国外访问，它在圣地亚实验室的禁区里边，我记得在很远的公路上就开始有岗哨，要经过检查之后，有通行证才能进到圣地亚实验区，实验室当时也没让我们进去。只参观了博物馆，但博物馆过去也没有人去过。②

_____

① 汤姆·里德：中国核试验，1964—1996，《Physics Today》，2008 年 9 月。

② 董庆东访谈，2015 年 12 月 15 日，四川绵阳。资料存于采集工程数据库。

当天晚上，圣地亚国家实验室的 Graham 博士热情接待了经福谦一行。Graham 博士通过检索公开发表的文献，了解了经福谦所著的《实验物态方程导引》，对其给予很高的评价，并通过邮件与经福谦取得了联系，双方以文会友、互相交流，彼此均对对方的学术成就感到敬佩。此次见面之后，Graham 亲自驱车带经福谦一行到自家的农场，置办了丰盛的家宴，双方进行了友好的会谈。

随后，经福谦等人访问了加州大学伯克利分校、布朗大学、华盛顿州立大学，与冲击波物理研究有关的人员进行了交流。

图 11-2　1989 年 8 月，经福谦参观美国卡内基研究院。从左至右为毛河光、经福谦、董庆东、朱建士（经小川提供）

接下来，经福谦等人来到了美国卡内基研究院。一直以来，经福谦就认为高压物理学科的发展，必须同时开展动高压和静高压的研究，多年以来流体物理研究所在动高压研究方面已经取得了突出的成绩，在此基础上，经福谦决定推动静高压的研究。当时毛河光在国际静高压研究领域声望极高，因此在此次出行之前，经福谦便通过单位与卡内基研究院的毛河光取得了联系，表达了访问的意愿，得到了毛河光的热烈欢迎。在卡内基研究院，经福谦等人参观了先进的实验设备，并与毛河光就动静高压研究等方面进行交流，了解了最新的学术动态。

对此，黄士辉认为：

我觉得经主任这点比较好，静高压看起来和我们好像没什么关系，但是实际涉及基础研究又有很多内容。比如速度，普通人只知道汽车的速度、火车的速度，但是火箭的速度就不知道了，更高的或者再低的。只有把这些东西研究透了，眼界就更宽了，对材料的特性、归类就知道很多，所以我觉得经福谦挺有眼光的。[①]

经福谦等人参加了在新墨西哥州举行的第六届凝聚材料的冲击压缩会议和第九届国际爆轰会议，并在第六届凝聚材料的冲击压缩会议上作"中国的冲击波物理研究"大会报告，向国际同行展示了中国在冲击波物理研究方面所取得的重要成就。

对于这次访问，黄士辉如此评价：

> 1989 年那次出访收获比较大，我们实地参观知道了国外的那套研究、设备、组织方式、管理办法。通过交流知道了他们做的工作，同时也通过我们对自己的介绍让他们了解我们做的工作，另外参加会议我们也认识了很多同行专家。[②]

"破冰之旅"是核武器研究突破国际间的重重壁垒的标志，也是中国高压物理学科走向国际的标志，充分体现了经福谦的战略眼光和开放思维，体现了中国工程物理研究院科研人员的积极自信。自此，中国核武器科研人员正式踏入了国际学术交流的殿堂。随后，经福谦逐步与美日法等国相关科研人员进一步加深了学术联系，与俄罗斯核武器研究院建立了在基础科学方面双边联合实验研究机制。

1995 年，美国西雅图召开第九届国际凝聚介质冲击波会议，经福谦再次与洛斯·阿拉莫斯国家实验室取得了联系并进行访问。经福谦与同事谭华、陈栋泉以及学生贺红亮等飞抵阿布奎基机场，洛斯·阿拉莫斯国家实验室主任 J.W Shaner 亲自接他们到实验室，进行了为期两天的交流，他们参观了实验室的霍普金森杆实验室和一级轻气炮实验室，对实验室设备的配套及使用情况留下了深刻的印象。随后经福谦等人赴圣地亚国家实验室访问了两天，双方交流了冲击波物理方面的若干研究进展。在西雅图，他

---

① 黄士辉访谈，2016 年 4 月 14 日，上海。资料存于采集工程数据库。

② 同①。

们参加凝聚介质冲击波会议，此次会议有 400 余人参加，他们从中获得了很多有益的知识。在交流过程中，经福谦深厚的学识和睿智的谈吐，令贺红亮印象深刻：

> 对方来了很多的人，也包括一些搞核武器研究的人，就在那个会场大家提问讨论。当时我印象里有几个可能还是涉密比较深的人物，就问经先生一个问题：你们模拟核武器，用的是什么模拟材料。经先生想了想，我一直到现在还在想他的回答很巧妙，他说我们用一种重材料（heavy material），没告诉他具体是什么。美国人一听，大概能够明白是什么东西，但具体是什么也不知道，但他还是问得蛮深、涉及要点的。带我们去了参观了做基础研究、属于外围的实验室——一个材料科学实验室。里面也有动高压的一些设备，气炮、霍普金森杆，还有各种材料分析表征的设备。核武器实验室的中美科学家的接触，大概是从经先生这里起了一个头。①

返回之后，经福谦专门撰文，向上级提出了几项建议，获得了院领导的重视：

> 多参加国际学术会议对提高 CAEP② 的知名度和学习他人先进经验很有好处，通过这一活动，也可起到参与国际竞争、提高自我发展能力方面的作用。
>
> 对三个国家实验室的合作研究工作要有计划地循序渐进，逐步扩大合作范围。同时也要采取积极态度，先从专家之间的交往开始，逐步进入实验合作阶段。
>
> 加速年轻人的培养，21 世纪初的学术交流主要由这批人担当。除去外语水平外，专业水平也十分重要，要培养几位优秀的学术带头

---

① 贺红亮访谈，2016 年 1 月 26 日，四川绵阳。资料存于采集工程数据库。
② 中国工程物理研究院的英文名称 China Academy Of Engineering Physics 的简称。

人。只有达到某种"平等"地位，才能达到"交流"的流畅；世上没有救世主，"瞎子"与"瘸子"的合作才能持久。①

# 从封闭走向开放

20 世纪 60—70 年代，受当时所处的社会环境影响，学术交流充其量只是查查国内外文献资料。那时中国工程物理研究院流体物理研究所虽然有沈金华等几位难得的经验丰富的科技情报人才，但由于从院部到各所都星罗棋布地分隔在一个个隐蔽的山沟里，交通不便、信息闭塞，加上通信工具落后，所以国内外学术资料收集还只是停留在人工搜索、手工编采的阶段。不大的资料室里，大部分文献还是从青海老基地搬迁过来，由早期缩微胶片放大冲印成的模糊复印件。各所的科研人员去院部图书资料馆查阅文献资料目录，得搭乘内部班车来回花上两天时间。查到了需要的文献资料目录，还得统一上报，再等每年一次资料室派员出差，亲赴北京、上海的大图书馆、情报所查实，复制后再带回山沟。这种落后的科技情报交流局面直到 80 年代左右才开始逐步改观。

不仅获取文献资料很困难，同时由于核武器研制工作的重要性和特殊性，流体物理研究所的科研人员外出进行学术交流的机会很少，尽管取得了突出的科研成就，但是在学术界没有影响力；缺乏与其他单位科研人员的交流沟通，对于提升自身的科研能力和技术水平非常不利。陈俊祥曾谈道：

> 我们在南京开会，中国科技大学知名的教授朱兆祥说：以前开高压会议，说中国工程物理研究院来了一个经福谦，我们都不认识经福谦是谁，他也没讲过话，也没发过言。后来我们在南京搞高压物理，第一次研究会有了我们的文章，才知道中国工程物理研究院在高压方

---

① 经福谦手稿，1995 年 8 月 25 日，未刊稿。资料存于流体物理研究所。

面还是做了很多工作。所以，不搞交流中国工程物理研究院是没有学术地位的。①

在核武器研制生产第一线工作多年的经福谦从自身的科研实践中，深深体会到尖端国防科技事业要有大的突破，要由跟踪研究向自立研发提升，关键在于整个科研团队的高质量科研水平和自主创新能力，而基础研究正是科技进步的先导，是自主创新的源泉，必须在加强所内重点基础研究课题的同时走出去、请进来，加强与国内外相关专业基础科研人员的交流与合作。经福谦曾写道："我认为这是现代科学研究发展必不可少的，经济都要走向世界一体化，何况科学研究！"②

毕延曾谈道：

> 经先生跟我们讲的，他当时想跟别人交流主要是两方面原因，第一个是要扩大我们的视野，很多问题是有关联性的，尽管我们现在还没有发现一些问题，但是通过跟别人的交流和合作，可能会让我们把这个问题认识得更清楚、更深入；第二个是如何能够把别人先进的经验学到手，经先生有一句很形象的比喻，他认为拾到篮里都是菜，把别人的本事学过来，那就是你的本事。他鼓励我们去跟别人交流。③

虽然受到严苛的保密制度限制，但经福谦一直有个信念："开展国际交流是一件很重要的事，关键是措施得当、态度积极，还是能够有所作为的。"④谈到开展国际间学术交流的利弊及如何开展国际间学术交流这一话题，经福谦毫无保留将他这大半生的经验教训拿来与同事们分享："人们经常听到'科学是无国界的，但科学家是有祖国的'这种说法，前一句话使

① 陈俊祥访谈，2015年12月16日，四川绵阳。资料存于采集工程数据库。
② 经福谦："大科学"研究，"小科学"补充。见：卢嘉锡编，《院士思维（第二卷）》，合肥：安徽教育出版社，2003年，第853页。
③ 毕延访谈，2016年4月6日，四川绵阳。资料存于采集工程数据库。
④ 苏丹：自主创新，致力于物理学科的发展。见《经福谦院士八十华诞文集》编辑委员会编，《经福谦院士八十华诞文集》。北京：原子能出版社，2009年，第114页。

我们看到了国际间交流的可能，后一句话则告诉我们，科学家在开展国际交流中也会遇到约束。学术交流总是要双向受益才能继续下去的，如果你没有做出有特色的科研成果，并拿出来与对方交流，对方就没有兴趣了，所以在进行国际间学术交流，拿出自己的一些'过硬'成果，也是必不可少的。"[①] 正如他曾经和同事讲过的这样一个故事：真正的互利、互相有收获的交流，就是瞎子和瘸子，两个平等互利都能得到收获，瘸子需要瞎子背他走路，瞎子需要瘸子给他指路，各有所长、各有所需，交流才能真正起到共赢、互利的作用。[②]

在 1979 年召开的第一次全国爆炸力学学术交流会上，由经福谦带队的参会人员交流了流体物理研究所爆炸力学和高速摄影等科技专业知识，迈出了流体物理研究所从封闭向开放转变的第一步。在经福谦的辛勤奔波和大力推动下，流体物理研究所与中国科学院物理研究所、国防科学技术大学、四川大学、北京理工大学、宁波大学等多家高校及科研院所建立了良好的科研合作、学术交流渠道。

当时经常随经福谦到各科研单位交流的唐惠龙回忆道：

> 70 年代经院士经常到中国科学院的力学所、北京理工大学交流，北京理工大学的丁儆教授，是在爆轰方面有名望的教授，我到北京都要去拜访他，我就跟着经院士去跟他们交流，他们有什么新的动态，我们有什么想法，跟他们交流碰撞，双方都会有收获。[③]

经福谦不仅大力推动国内学术交流的开展，还逐步与俄、美、日、法等国际同行取得了联系，进一步开展了学术交流。1990 年，经福谦赴苏联参加纪念 M.A.Lavrentyer 数学、力学和物理学研究会；1991 年，赴印度参加国际高压科学与技术会议及其冲击压力下的凝聚介质卫星会议；1991 年

---

① 苏丹：自主创新，致力于物理学科的发展。见：《经福谦院士八十华诞文集》编辑委员会编，《经福谦院士八十华诞文集》。北京：原子能出版社，2009 年，第 114 页。

② 陈俊祥访谈，2015 年 12 月 16 日，四川绵阳。资料存于采集工程数据库。

③ 唐惠龙访谈，2016 年 1 月 26 日，四川绵阳。资料存于流体物理研究所。

年底，参加苏联扎巴巴辛科学讨论会；1992 年，赴俄罗斯访问全俄技术物理研究院和实验物理研究院；1995 年，赴美国参加凝聚材料中的冲击压缩会议并顺访加州理工学院。

经福谦先后于 1981 年和 1987 年创办的、由流体物理研究所承办的《爆炸与冲击》和《高压物理学报》两种公开发行的核心学术刊物，不仅使国内学术界开始了解神秘面纱后的中国工程物理研究院，同时科技人员多年来在相关基础研究和应用技术领域的科研成果、实力与潜力也引起了国际上有关学术界的更多关注。随着我国高压物理领域学术影响力的日益增强，各类国际学术会议的邀请、探讨开展互访交流的可能与安排、提议相互交换各自研究机构的学术刊物等事宜不断增多，国外相关学术机构也邀请经福谦担任著名国际学术出版集团施普林格（Springer）旗下专题丛书的中国评审委员，邀请其担任专业学术期刊的审稿专家，担任国际高压科学与技术大会专题讨论会的国际顾问委员会成员等。1989 年，美国"凝聚介质冲击压缩"学术会邀请经福谦作大会报告；1991 年，国际 AIRAPT 卫星会邀请经福谦作专题报告；2001 年，国际 AIRAPT 大会邀请经福谦作大会报告。

他一直和美国圣地亚国家实验室的 R.A.Graham 博士、美国洛斯·阿拉莫斯国家实验室的资深学者 C.M.Fowler、美国加州理工学院的 T.J.Ahrens 院士、苏联科学院化物所的 A.N.Dremin、苏联科学院流体动力研究所的 V.M.Titov 院士、法国原子能委员会的 R.Cheret 所长、以色列 Rafael 研究所的 Z.Rosenberg 博士等保持密切的学术交往，及时掌握科技前沿动态，进一步扩大了中国工程物理研究院科研人员的眼界，使其科研课题与发展规划更符合世界先进科技的发展方向；同时搭建起了与国外相关科研单位交流的桥梁，也为将人才送出去培养打通了渠道。

随着进一步对外开放，中国工程物理研究院科研人员有了更多机会参与国内国际学术交流。但因为保密原因，中国工程物理研究院各单位仍不允许国外学者来访，这种只出不进的交流局面在很大程度上影响了建立在双向对等原则上的国际学术交流活动。

在如此复杂困扰的处境中，经福谦另辟蹊径，借助于国家鼓励科研院所与高等院校开展科研与人才培养合作的机遇，在 1984 年 4 月由中国工程物理研究院流体物理研究所与成都科技大学原子与分子物理研究所联合组建了成都科技大学应用物理联合研究所，在经福谦与成都科技大学苟清泉教授的共同努力下，打造了中国工程物理研究院唯一一个对外的科研学术交流平台。

在国内学术界，联合所主持召开过全国物理力学学术会议，先后举办过全国冲击动力学研讨会、爆轰专题讨论会、冲击波化学讨论会等专业性讨论会；中国科学院、北京理工大学、吉林大学、国防科学技术大学、北京大学等单位数十名著名专家教授先后来联合所讲学及交流。不仅如此，联合所自成立以后，经福谦要求每年召开工作会，进行全年总结及下一年的工作部署。随后，在经福谦的大力推动下，逐步扩大会议规模，在四川省范围内把开展高温高压研究的人员结合起来，形成了每年一次的四川省高压研讨会。其作用正如曾担任联合所所长的杨向东教授所说：

> 这个应该说是非常明显，因为过去联合所主要限于四川大学和中国工程物理研究院流体物理研究所，但是现在这个范围就扩大到全省范围内，只要有兴趣、能从事这方面研究的人都可以到这里工作。现在改革开放的程度大大扩大，中国工程物理研究院也得到非常好的信息，除自己的人员做研究之外，还可以把有基础、有条件从事高压爆轰研究的研究人员和单位的优势都集中起来。比如电子科大，他们在光学方面非常强，他们也做了很好的工作。这样的交流与合作使这些老师都成为中国工程物理研究流体物理研究所的院外研究人员，对于流体物理研究所来说非常重要，对这些老师也非常重要，因为他们的研究成果得到了应用，大家的积极性都非常高。[①]

当时，联合所在开展国际交流中也发挥了重要作用，曾接待过美国圣地亚国家实验室 G. Heremann 教授、苏联著名爆轰学家 A. H. Dremin 教授、加拿

---

① 杨向东访谈，2016 年 6 月 17 日，四川成都。资料存于采集工程数据库。

大麦吉尔大学教授 J. H. Lee 和 H. Knystataus、日本筑波大学高压合成权威若搀雅男、美国布朗大学冲击动力学实验室 R. J. Clifton 教授以及俄罗斯和以色列的学者等数十名专家来所讲学和交流。

图 11-3　1986 年夏，美国圣地亚国家实验室 G.Herrmann 教授来成都科技大学应用物理研究所交流时与经福谦在会议室交谈，右为经福谦（流体物理研究所提供）

日本在动静高压研究以及高压物理在其他领域方面的应用和拓展，均居世界先进水平，筑波大学高压合成权威若搀雅男教授于 1984 年参观了联合所的静高压实验室后，对静高压设备的水平及相应科研能力感到惊讶，赞叹联合所的静高压下材料研究已经走在世界前沿，并表达了开展合作交流的意愿。与此同时，日本东北大学的修莫教授也因久闻经福谦的大名，经由留学日本的洪时明教授与经福谦取得了联系，双方倡导共同组织中日双边高压物理学术会议。随后，经福谦出访日本，受到了日本学者的隆重接待，并进行了深入的交流探讨。在经福谦、王文魁等人与日本学者的共同努力下，1996 年 11 月在日本成功召开第一届中日双边高压物理讨论会，经福谦参加了大会，并顺访筑波大学，与若搀雅男教授做了进一步的沟通。随着中日双边高压物理讨论会的影响力日益增大，参加会议的国家也越来越多，逐步扩大为亚洲高压物理讨论会。

　　由于联合所涉及的专业与规模有限，不能充分反映出流体物理研究所在更广泛专业领域中基础科研的全貌，因此在国内科研院所、高等院校开始实施国家重点实验室计划的启示下，在经福谦的带领下，流体物理研究所在 1991 年 8 月迎来了中国工程物理研究院第一个、也是整个国防系统第一个对外开放的重点实验室——冲击波物理与爆轰物理重点实验室，形成了国内外学术交流与合作的一个重要基地。

为了进一步推动我国动高压研究领域走向世界，以实验室为平台，仅两年就先后接待了美、英、法、俄、日、加等国60余名学者的访问，实验室先后派出多位科研人员前往美、英、俄、印等国进行学术交流和合作研究。实验室还资助了3项国际合作项目，并首次接待国外学者来实验室进行合作研究，先后邀请国内外知名学者举行了近百次学术报告与讲座。

　　实验室组织的规模最大、最令人难忘的学术活动，是1992年承办的第二届国际强动载荷及其效应学术会议，也是中国工程物理研究院第一次筹办的国际学术会议。

　　受客观条件限制，重点实验室第一次承担主办国际大型学术会议就遇到了很多想象不到的困难，包括会址、保密、通讯、联络、翻译、审稿等（当时中国工程物理研究院不开通国际长途与国际电报，更没有网站，只能通过书信往来）。但在经福谦的亲自指挥下，筹备人员紧张有序地开展了一系列工作。

　　承担会务工作的黄士辉回忆道：

　　　　在经主任的亲自指挥下，筹备机构精简、人员年轻，当时负责国内外学者联络与会议文集编辑工作的是新来的研究生吴强、大学生王悟和我三个人。经主任对我们既大胆放手，又以中国工程物理研究院科研作风严格要求我们。要写好几份会议通知，但我们的英文功底不足，于是我们收集了几十种不同的国际会议通知原件，从语法、用词和语气反复分析琢磨比较，终于拿出了被大家认可的英文通知。为了吸引更多的国外学者参加，我们除了充分利用经主任的国际学术联系网外，又根据前几年美国、欧洲相关专业国际会议的与会代表名单，主动发去会议邀请通知，欢迎他们参加。有些国内学者文章内容不错，但英译文略差，我们主动设法帮助做些修改。有的俄罗斯学者送来的文稿是用手工打字机打的，不符合文集印制要求，我们就为他们用电子打字机重打一遍。有些国外来稿已经过了截止期，但我们还是千方百计专门设了一项"迟到论文"，将它们补充在内。通过这些认真细致的工作，经过全体会议筹办人员的勤奋努力，流体物理研究所终于按照国际高标准，顺利举办了这一届国际学术盛会。①

此次国际学术会议，7 个大会主题报告由美国洛斯·阿拉莫斯国家实验室与圣地亚国家实验室提供 4 篇，中国工程物理研究院流体物理研究所和激光等离子体研究所提供 3 篇，参会中外学者 200 多位。会议精选出版专业论文 176 篇，其中三分之二为国内学者所作，三分之一为国外 8 个国家的学者提交。特别是会议结束后，专门安排了 20 位国外学者参观了中国工程物理研究院冲击波物理与爆轰物理重点实验室。先进的实验设施和中国工程物理研究院对基础科研的重视与众多成果，给这些西方国家的知名学者留下了深刻的印象。在经福谦指导下，实验室成功地承办了这次大型国际学术交流会，获得了"两弹一星"功勋专家陈能宽院士、程开甲院士和我国著名学者郑哲敏院士、王仁院士的充分肯定。

在经福谦的大力推动下，打破了以往国际学术交流的沉闷封闭，流体物理研究所派出越来越多的科技骨干出国参加专业学术会议，进行学术访问考察，并选派访问学者出国进行合作科研与专业进修，选送优秀青年科技人才出国进一步深造。流体物理研究所的科技人员走进了国际学术交流的殿堂，向国际学术界展示中国人在相关学术研究领域的新成果和新进展。中国的凝聚态物理动高压学科，经过经福谦的开拓与发展，在国内已独树一帜，在国际上占有一席之地。

对于经福谦在对外学术交流中的优势和地位，国防科学技术大学张若棋教授这样认为：

> 带队的或者说想参加国外学术会议的人的学术水平、与国外同行之间的交流的能力与交流的效果有很大关系。说得简单一点，你出去是走马观花一下还是去真正吸收国外的先进的学术方面的动态，甚至把有些方法带回来促进我们本国的相应研究，这就有很大的关系。另外，去参加交流的人国际知名度怎么样，如果国际知名度相对比较

---

① 黄士辉：有胆有识，推动我院国际学术交流的先行者。见：《经福谦院士八十华诞文集》编辑委员会编，《经福谦院士八十华诞文集》。北京：原子能出版社，2009 年，第 50—51 页。

高，你出去以后，国外的相当水平的专家就很愿意同你交流。所以，从这些个层面来看，经院士就比一般学校出国的人员条件好得多。[①]

利用这一优势，经福谦不仅带领流体物理研究所的科研人员走向世界，他还着眼全国的高压物理领域，充分利用各种机会，带领很多高等院校、科研单位的年轻人参与国际学术交流，使他们开阔视野、锻炼能力，积极融入国际学术交流的大圈子之中，推动我国高压物理队伍的不断壮大。对此，很多青年科研工作者用一句形象的比喻描绘了经福谦的作用："他就像老母鸡带小鸡一样，带我们出去看世界。"[②]

我亲身参加的一次就是 1995 年在美国西雅图召开的凝聚介质冲击压缩会议，这个会议在国际上是非常有影响的。会议召开之前，他就发动我们去参加。一方面展示自己的研究成果，另一方面可以知道别人在干什么，这就是相互促进。这次会议由经先生组织了一个大的团队去参加交流。[③]

经先生带我出去过两次，都是中日双边交流会。也是通过这些交流把我们带出去，人家才认识我们的。经老师当时有意向把年轻人召集带出去，好像是我们陪他参会，其实是在锻炼我们，给我们创造机会。因为是学术交流，经老师叫我们每个人都准备报告，经先生作总报告，我们作分报告。作报告之前我们在国内是要演练的，他是要提意见的，因为要拿出去讲，不能导致不好印象。在进行国际交流的时候，要讲的报告提前至少要讲一遍给他听，他要提意见。并且出国交流是他带队，他要掌握好节奏。所以，一般出去作报告都是准备得比较充分的，会获得对方的认可和尊重。[④]

---

① 张若棋访谈，2015 年 5 月 10 日，北京。资料存于采集工程数据库。

② 刘福生访谈，2015 年 11 月 3 日，四川绵阳。存地同①。

③ 汤文辉访谈，2015 年 11 月 3 日，四川绵阳。存地同①。

④ 同②。

在对外交流中，经福谦不仅对年轻人的要求很严格，对自己同样是有过之而无不及。他认为只有展现出自己最好的学术水平，才能够获得对方的尊重，进而在平等的基础上实现交流沟通。谈起 2000 年参加中日高压会议的经历，经福谦的学生贺红亮非常感慨：

> 经先生做事情特别认真，他有这种习惯，每次作报告，他把 PPT 打印出来反复酝酿、反复想怎么讲，尤其是作英文报告。2000 年的中日高压会，因为我刚好在日本，他就住我家，我们给他专门安排一个房间让他早点休息。后来看到他的灯一直亮着，我就过去看他。我把门拉开看到他坐在榻榻米上面盘着腿，念念有词，看一段 PPT，然后自言自语，他把每一张 PPT 过一遍，想想怎么讲，他要自己背一下。我感觉经先生做学问、做事特别认真，有时候我们都做不到，他这么认真，他为了把一个报告讲好，事先要做好多的准备。①

儿子经小川也描述了父亲在背后付出的努力：

> 我印象非常深的是，我们家有本黑皮的《英汉科技词典》，很厚，我爸把那本字典翻得书脊都没有了，翻得很烂很烂，他为了写英语文章，还买了一些如何写英语书信、文章的参考书，他自己写英语文章的时候，有些句型把握不住，他就会翻相关的一些书。看这个句子怎么表达？怎么表达更好一些？记得有一次，他写英语文章，旁边放了一沓英文书，比如说《如何写好英语科技文章》等类似参考书去翻。②

舞台下的辛勤努力，换来了台上的从容自若。经福谦在国际国内交流中所展露的知识底蕴和掌控能力，令很多同行为之折服。经福谦的学生刘福生谈起他曾经听说的一件事：

---

① 贺红亮访谈，2016 年 1 月 26 日，四川绵阳。资料存于采集工程数据库。
② 经小川访谈，2015 年 5 月 6 日，北京。存地同上。

这是 1985 年以前的事。曾经有位科学家叫吴雄，是西安的一个研究所的，他对我说：经院士真的是个了不起的学者。吴雄说有一次全国的物理学会或是高压会，突然停电了。当时大会上 100 多人，吴雄老师在过道上听到一个人在黑黑的屋子里面，一直把他的报告讲完。后来他打听到这个人是经福谦，这件事情让吴雄非常敬佩他。吴雄跟我讲起这件事情的时候，表示很崇敬，居然在中国还有这么一个学者，可以在漆黑的一个教室里侃侃而谈，讲完了他的报告。

当时如果是停了电就不能用幻灯片，一般人都会停下来等来电，经先生是不会的。他对他要讲的东西太熟悉了，语言很精练，稿子不用看都可以把它讲完。这是他对掌握和凝练的程度高到一定的水平以后，就可以随口拈来跟大家讲。经先生能把握、能掌控听者的心理而且能掌控听者情绪这方面，要练好多年才能练出来的。经常有人说他处事不惊，就是在这些小的细节上都能体现出来。①

谈到经福谦在国际学术界的影响力，公认的世界高压研究领域学术领袖毛河光院士② 曾这样评价：

经福谦在国际上，比如说中国在国际上动高压有一定的地位、国际知名度，统统是跟他有关系的；还有派出来的学生，动高压的学生算起来其实都是他培养的。我和其他国际学者交流，像美国的实验室的几个人讲到经福谦，做动高压研究的人几乎是没有人不知道他。③

---

① 刘福生访谈，2015 年 11 月 3 日，四川绵阳。资料存于采集工程数据库。
② 美国卡内基研究院研究员、美国科学院院士、中国科学院外籍院士、中国台湾"中央研究院"院士，以及英国皇家学会物理学外籍院士。
③ 毛河光访谈，2015 年 7 月 18 日，上海。资料存于采集工程数据库。

# 更应具备领跑世界的勇气和决心

　　进入 21 世纪，随着高压物理研究的逐步深入，科研工作者们逐步意识到，压力正开启一个全新的科学前沿——压缩科学，即研究压力为主要维度的宽广热力学空间物质结构、状态、性质及其变化规律的科学，是冲击波物理与爆轰物理的核心研究内容。压缩科学这一概念是 2009 年左右由美国科学家提出的，按照加载方式的不同，压缩科学可以分为动态压缩科学（动高压）和静态压缩科学（静高压）两个部分。

　　现代科学中有极少数的研究方向，包罗万象，涵盖各门；一旦突破，带起众领域，一兴百兴。压缩科学正属于这样一个难得的方向。它不仅是一个学科，更关键的是作为调控物质世界的一维空间，压力能改变所有的物质和所有的物质科学：每一个压力阶段都有一套全新的物质世界和科学规律，显示出高压无与伦比的发展潜力和极为宽广的应用前景。压缩科学是未来物质前沿的枢纽，能够推动物理、力学、化学、材料科学等常压科学的全面发展，促进科学知识体系的革新；压缩科学是解决国家安全领域重大问题的战略性支撑，压缩科学产生的新理论、新材料、新技术和新方法能够极大地促进核武器、高新武器以及能源与环境中关键性问题的解决；压缩科学的发展将深刻改变人们对物质世界的思考方式，提供理解遍布宇宙的物质运动过程基本机制，并最终掌握控制物质行为的能力以满足对国家安全需求的机遇。

　　2009 年，美国科学家们在"21 世纪压缩科学的需求与挑战"研讨会总结报告（"玛丽计划"）中明确指出：动态压缩科学与静态压缩科学的有机结合是压缩科学发展面临的重大挑战，对武器物理规律研究和科学前沿探索具有重要的意义。压缩科学未来必须着重发展以下四项能力：覆盖宽广热力学空间的可控路径加载能力、宏－介－微观相结合的多尺度诊断能力、实验－理论－数值模拟相结合的多手段研究能力和多学科交叉融合的研究能力。

美国能源部近年来公布的《21世纪压缩科学的需求和挑战》《极端环境下材料的基础研究需求》等系列咨询报告表明美国已将压缩科学建设提升到国家发展战略的高度，并开始针对压缩科学体系化建设进行系统规划。可以预见，压缩科学在未来支撑国家创新发展战略中的作用将越发凸显。

自20世纪50年代起，以核武器研制需求为牵引发展起来的动态压缩科学主要集中在中国工程物理研究院，以经福谦为带头人的科研团队开展了大量工作，为武器物理设计、武器物理规律探索提供了重要支撑，研究能力与研究水平得到了国内外同行的认可；建立了较完备的动态加载及测试诊断实验平台，以及理论分析和数值模拟平台，整体技术能力达到世界先进水平，部分关键技术处于世界领先。同时，国内以高压地学、高压材料科学等物质前沿应用领域为牵引发展起来的静态压缩科学的研究也取得了显著的成就。然而，由于缺乏系统规划，我国压缩科学长期以来存在静态压缩科学和动态压缩科学"二元"独立发展格局，形成各自独立的研究体系、研究方法和学科组群，相互之间缺乏结合和交叉融合。这种格局不利于压缩科学体系化发展，不足以应对快速发展的物质前沿领域和不断拓展的国家安全领域涉及的多学科问题。

随着1996年禁核试条约的签署，核武器研究模式发生了重大转变，从以实验为基础转移到以科学为基础；将经验性的成分上升到科学的规律性认识，要求开展更为深入的武器物理基础研究，追求对核武器物理全过程的准确把握和可靠建模。

武器物理设计中所面临的若干重大基础问题仅靠过去的经验和单一的动高压研究已不能完全解决，该如何解决？经福谦一直在思索这个问题。凭借在高压凝聚态物理和实验内爆动力学领域开展大量工作所奠定的坚实基础，经福谦意识到，如果只注重动高压的研究，就像"瘸子走路，短了一条腿"。因为从宏观的角度来讲，开展动高压研究能够获得雨贡组数据等，但是微观状态下，物质的电子和声子的贡献是怎样的就不得而知。在冲击压缩下，温度和压力耦合在一起，没法精确地解耦这两者之间的关系；而静高压是压力和温度可以分别独立控制，通过等温压缩的过程，结合微介观的原位诊断，把这两个状态分开。所以必须将动态压缩、静态压缩紧密结合，构建完整的研究平台，以发展完备的科学体系。

为此，经福谦探索全新的发展思路，并着手推进一系列措施。自20世纪80年代起，他就先后与成都科技大学、西南交通大学建立了联合所，共同开展动静高压的研究。

> 当时经先生一直强调希望动高压和静高压能结合起来，包括研究的角度、目标、领域、手段都有很多的互补性，双方都很关心对方的研究成果、研究方法，有相互验证、相互借鉴的作用。[1]

在经福谦的大力推动下，西南交通大学高温高压物理研究所不仅开展了动高压和静高压相关研究，同时对介于动静高压之间加压方式也进行了研究，这在全国可以说是独一无二的。

静高压加载的时间量级是以分钟或小时来计算增加了多少万个大气压，经福谦等做的动高压冲击加载则是微秒甚至是纳秒量级，两者之间存在很大的空白。1998年，洪时明教授针对毫秒量级的快速增压有了研究想法，并与经福谦进行了深入探讨，经福谦非常敏感的意识到这一研究的重要性，于是热情邀请洪时明共同到西南交通大学。当时是西南交通大学筹建高温高压物理研究所的初期，建实验室、购买设备，经费非常紧张，纵然如此，经福谦仍抽调出一部分经费，用于支持洪时明开展相关研究工作。

对于当天的交谈，洪时明记忆犹新：

> 经福谦给我的感觉是很谦虚，他说："你搞的那个我不懂。"我就跟他讲，讲了过后他比较清楚我的思路了以后，他说："很重要。"其实他很快就理解了我的意思，他敏感地意识到这个问题很重要，他说："你值得搞下去。"我告诉他我没有经费支持时，他说："你愿不愿意去

---

[1] 贺端威访谈，2015年6月3日，四川成都。资料存于采集工程数据库。

西南交大？西南交大那边正在建一个新的研究所，如果你愿意的话，我想办法从我的经费里面给你一部分来做这个工作。"一方面他说他不懂，另一方面他觉得这个东西重要，他居然可以把他争取到的很有限的经费给我。①

在开展快速增压相关研究中，面对各种学术上及其他各方面的困难，洪时明感到压力很大，经福谦就经常鼓励他："干事情开始都是这样的，只要这个事情很重要，就要坚持做下去。"② 经福谦从多种不同的角度与洪时明共同进行学术探讨。经过不懈努力，他们自主研制成功了国际上第一台快速增压机，开展了相应的研究工作，引起了国际上的高度重视。

美国"玛丽计划"中将"跨越相关空间和时间的尺度来统一认识静态和动态压缩过程"（Unify static and dynamic compression understanding across relevant length and time scales）作为未来压缩科学的五大挑战之一，其中"填补应变率的空白：从静态到动态"一节中指出："许多有趣的尚未探索的物理现象处在静高压和动高压的时间尺度之间。"洪时明等人近十多年来在快速加压实验方面的努力，对促进这个方向的探索具有十分重要的意义。

回顾以往，洪时明感叹道："那时候真正能理解我的就只有经先生一个人，他给我很大的鼓励，我这个事情能做成功，不管是在精神上还是经费上有赖于他给我的支持，我非常感激他。"③

自 1996 年起，在以动高压研究为主的流体物理研究所，经福谦精心打造了静高压的科研团队。

> 1996 年之前，在高压物理研究方面，是以动高压实验为主，当时主要是从事爆炸力学、冲击波物理以及材料在高压下的研究特性等方面的研究工作。1996 年核禁试之后，经先生提出来：我们国家核武器研制面临的形势发生了转变。经先生感觉是有必要把单一的动高压研

---

① 洪时明访谈，2016 年 1 月 26 日，四川绵阳。资料存于采集工程数据库。

② 同①。

③ 同①。

究，转变成动静高压结合的研究方向，所以他极力组织开展静高压方面的研究工作。①

在筹建过程中，经福谦从宏观层面进行把握和指导，从技术筹备、人员培养等方面，给予了很多建议，具体实施由毕延负责。静高压实验室于1998年先期建成六面顶压机实验加载能力，并于2000年形成大腔体压机超声测量能力，于2004年形成金刚石对顶砧（DAC）加载同步辐射XRD实验研究能力，先后在等温压缩线、高压相变与晶体结构、材料屈服强度以及压标与静水压性等方面开展了一系列实验研究工作，并取得了一些达到国际先进水平的成果。

自冲击波物理与爆轰物理重点实验室于1991年成立以来，经福谦一直认为，实验室应面向国家战略需求和世界科技前沿，加强原始科学创新和关键技术攻关，推动冲击波物理与爆轰物理学科发展，促进压缩科学体系化建设，为我国核武器科学技术发展不断作出基础性、战略性的重大创新贡献，成为具有"一流成果、一流管理、一流人才"的国际先进的开放式研究平台。重点实验室在科研思想上，必须从宏观现象深入细观、微观的研究，从纯力学过程研究深入物理性质、化学性质发生特异变化的研究，从波阵面前后两个热力学平衡态的研究深入波阵面内远离平衡态的过渡区特性的研究；研究材料在冲击波作用下的物理－化学－力学过程链，从细致和宏观的联接点上深入探求规律性的认识，从而为开拓新的研究领域提供生长点；为了探测细观尺度上热力学状态的差异，研究局域"热点"起爆机理等物理、化学进程，必须重视高分辨率测试系统的建立，发展实时测量技术，以解释深层次的物理本质，提高研究水平。

为了应对禁核试对武器物理需求的巨大挑战，准确把握压缩科学体系化发展的难得机遇，经福谦于2006年率先提出了"三个转变"发展战略：从以动态压缩科学研究为主向动态－静态压缩科学相结合转变；从以宏观单一尺度研究为主向宏－介－微观多尺度研究转变；从以实验研究为主向

---

① 毕延访谈，2016年4月5日，四川绵阳。资料存于采集工程数据库。

实验、理论、数值模拟相结合转变。

2006 年，经先生想到了建立一个动态的多尺度加载研究平台。当时吴强和我参与了这个事。经福谦认为动态高压科学不仅是做材料性质、动态响应这个问题，其实还是物理、化学、地学问题，是一个多学科交叉的学科，应该建立一个更开放的平台，应该俯视一个更广的领域。他提出来名字叫"高压物理化学"。[①]

那时经福谦主张，我们不光要做动高压的研究工作，也要做静高压的。不光要从宏观位相的角度研究，而且要从做宏介观和微观相结合的研究工作；不光从实验的研究角度出发，还要结合理论和数值模拟，三者结合起来研究这个工作。所以那时他就提出了一个相对完整的压缩科学的概念，只是当时不是这样一个名称而已。[②]

经福谦所提出的这一发展战略与美国核武器实验室 2009 年提出的压缩科学发展规划高度契合，充分表明实验室对武器物理研究迫切需求和压缩科学学科发展态势的深刻认识和准确把握，体现出实验室发展规划和学科布局的战略性和前瞻性。随后，他所提出的"高压物理化学"的名称也相应地改为"压缩科学"。

根据"三大转变"发展战略，冲击波物理与爆轰物理重点实验室积极探索创新运行管理思路，秉持"开放共享、协同创新"的理念，对人才队伍、能力平台、重大科研项目等方面进行了系统规划。实验室紧跟学科发展的前沿，以极端条件下的精密物理测试诊断能力、数据解读分析能力、微细观尺度计算机模拟能力为主要切入点，带动冲击波物理与爆轰物理基础研究与应用研究的创新，带动新原理的探索与科学技术的发展；在人才培养等方面，引进高水平的静高压领域和动态微介观领域的人才，打造优秀的科研团队，可持续发展能力得到显著提升。

1996—2012 年这漫长的十多年时间里，重点实验室的现任主任、经福

---

① 祝文军访谈，2015 年 1 月 30 日，四川绵阳。资料存于采集工程数据库。

② 毕延访谈，2016 年 4 月 5 日，四川绵阳。存地同①。

谦的学生吴强目睹他在推动这一战略的过程中殚精竭虑、不遗余力，感触很深：

　　我们推动这个策略，是通过十多年的探索实践，而且也相信这个工作对于流体物理研究所，甚至是中国工程物理研究院乃至国家压缩科学的发展都具有重大的指导意义。因为这个工作在我们论证过程中也有很多国内外同行参与，这样一场战略在国内科技界也得到了广泛的认可，所以当年战略出来以后经先生也非常高兴。经先生那时候八十多岁了，但他干起事情来风风火火，积极推动相关工作的开展。这个就是刚刚提到的一个战略眼光，从这个意义来说，经先生是一个战略科学家，从早年的高压物理到今天的压缩科学，我想他的影响随着时间进程，这种效果、效益可能会越来越明显。①

2011 年秋，中国工程物理研究院召开院士大会，探讨压缩科学的发展趋势和前景以及对院发展的价值。大会报告由吴强在经福谦的指导下撰写并在大会上向院士们汇报。经福谦把握各种机会，利用会前和开会的时间和与会的院士专家们进行了深入的探讨，强调引进国际顶尖科技精英，大力发展静态压缩科学，将与中国工程物理研究院动高压形成优势互补，构筑完整的压缩科学体系，对禁核试后深化武器物理规律认识具有重要的意义，并有望在中国形成世界压缩科学的研究中心，引领 21 世纪世界压缩科学的发展。他的提议得到了与会院士们的高度认可。

　　开院士会之前，因为专业不同，经先生对院里的院士，大部分都去做了说明或者沟通。当天早上不到七点，他给我打了电话，他说张兴钤②院士今天也要到会，但头天晚上没找到他。他一早就找了张院士，因为他怕张院士听力不好，早上到他们家去把这件事给他说清楚。会议效果非常好的，当时我作了报告以后，也是得到了院内院士

---

① 吴强访谈，2016 年 4 月 5 日，四川绵阳。资料存于采集工程数据库。
② 张兴钤，中国科学院院士，金属物理学家。

们的一致赞同。就是因为这么一次会议，可能对院行政决策起了非常关键的作用。<sup>①</sup>

随后，中国工程物理研究院制定了一系列政策措施，2014 年正式明确压缩科学方向为院战略科技方向，并成立了压缩科学研究中心，借助技术、学科、人才和资源等综合优势积极联合国内相关单位，大力推动静态压缩科学研究，并逐步推进静态压缩科学、动态压缩科学和压缩科学理论紧密结合的压缩科学体系发展。

近年来，中国的压缩科学蓬勃发展，并与物理、化学、能源和材料科学等产生了深度的交叉和融合；研究团队日益壮大，研究水平不断提升，为前沿科学的探索和突破奠定了基础、带来了前所未有的机遇。这其中离不开经福谦的精心布局，离不开他的辛苦耕耘。

四川大学有动高压和静高压，西南交通大学也有动高压和静高压，包括四川师范学院也都有。2014 年我们办全国高压会，有三四百人。包括今天在其他领域的一些拓展，如高压力学、高压材料等。

可以说经先生他们老一辈开创或是推动这样的事业，包括围绕这项事业前期所进行的一些布局，无论人才培养、学科建设、基础研究、对外开放，一直到今天的压缩科学中心的成立。对我们所、对我们院后期事业的发展、对我们国民经济领域，甚至是推动我们院建立国家创新体系将来都会发挥越来越大的作用。<sup>②</sup>

2012 年，经福谦在与吴强等人商讨压缩科学发展理念时强调，一定要加快"三大转变"，促进压缩科学体系建设。他语重心长地说："中国的压缩科学发展到今天，我们不仅要有赶超国际一流的信心，更应具备领跑世

① 吴强访谈，2016 年 4 月 5 日，四川绵阳。资料存于采集工程数据库。

② 同①。

界的勇气和决心。"①

2012 年 4 月，经福谦赴上海参加高压物理相关项目的研讨会。会议中途不慎跌倒，颅脑受重伤陷入深度昏迷送医抢救无效，于 4 月 20 日与世长辞。

经福谦在他挚爱的高压物理岗位上工作直至最后一刻，以赤诚践行科学报国的诺言。当前，他的学生与同事，从他的手中接过了接力棒，继续为推动我国核武器事业和压缩科学的发展而不懈努力。

① 吴强手稿，2012 年 3 月，未刊稿。资料存于流体物理研究所。

# 第十二章
## 事业背后

历经数十年的风雨，经福谦在工作上取得了卓越的成就，事业背后隐藏着生活中的酸甜苦辣，他曾先后与杨秀会、方多珍缔结良缘，她们在他的工作和生活上都给予了很大的支持与帮助，成为他的坚强后盾。他给儿女的爱，虽未溢于言表，却深沉隽永。

## 桑榆晚晴

1960 年，经福谦调入二机部九局工作，与爱人杨秀会两地分居。1964 年 10 月，夫妻二人终于在青海 221 厂团聚。随后的数十年间，他们为着共同的事业，彼此理解包容、互相扶持、携手前进。然而世事无常，1994 年，杨秀会患了阿尔茨海默病，经福谦由于工作繁忙，经常出差，就专门请了一位保姆照顾她的起居，并嘱咐保姆一定要走哪里都跟着她。但生性倔强的杨秀会不同意，她说：我出去不要你跟着我，我要自己走！她要维护经福谦的面子，不愿让外人看到她得病的样子。1999 年夏季的某一天傍晚散步的时候，因保姆一时疏忽，杨秀会竟然走失了。经福谦忧心如焚，

图 12-1　1992 年 2 月，经福谦与杨秀会在家中交流学术问题
（经小川提供）

赶紧联系公安局，再叫上自己的同事和学生，连夜分头寻找。长达数月的寻找，仍旧音信全无，就此夫妻缘尽。

妻子走失，经福谦遭受了沉重的打击，但工作并没有因此受到影响。他多年来一心扑在事业上，不善于照顾自己，儿女也不在身边，一些看似简单的生活小事对他来说都难以驾驭。有一次，学生刘福生到他家去汇报工作。经福谦非常高兴，拿了水果刀给他切苹果。细心的刘福生一眼就看到了他手上被刀划了不少伤口，刘福生心痛不已："我当时眼泪就流下来了。就是这么一个老先生，一个人生活，自己切点水果可能手又不是那么好使了，手上不止一条口子，起码有三条口子，就是师母失踪了以后那一段时间，他过得非常凄惨，手伤得那么严重都没有人管。所以，老实说他心里肯定也有很多的痛苦。"[1]

目睹经福谦生活上的窘迫，中国工程物理研究院的老院长胡仁宇便积极充当起"月老"的角色。方多珍曾在院办公室担任机要秘书一职，与院领导接触较多，她做事麻利、有条有理，业务能力深受认可。胡仁宇便咨询了方多珍和经福谦的意见，为二人牵线搭桥。虽已年过七旬，经福谦仍然对美好生活充满期许。与方多珍正式见面那天，他专门打了一辆红色的出租车，说红色象征着顺利。两人见面之后交谈甚欢。

2004 年，经福谦与方多珍结婚。婚后，经福谦一如既往地四处奔波、忙碌不已：

他每天起来，只要眼睛睁开，不是看书就是写东西。一天到晚学

---

① 刘福生访谈，2015 年 11 月 3 日，四川绵阳。资料存于采集工程数据库。

习，要不就是出差，忙得很。礼拜六、礼拜天刚有点时间，他又叫学生来了，有的辅导，有的讲报告。他写的报告可多了，一会儿写课题报告，一会儿写改革方案，一会儿又写学术报告。①

　　方多珍对这些学术知识不甚了解，无法从工作角度予以协助，便承担了所有的家务活，让他在生活上尽可能舒服适意。

　　方多珍每天都给他换着花样做饭。经福谦爱吃鱼，她就做各种鱼，红烧、清蒸，经福谦常常赞不绝口。由于他有糖尿病，不能多吃主食，早饭的窝窝头也只能吃半个，方多珍就早起给他专门做几个菜，煮点花生豆、黄豆，晚上多准备些新鲜水果和干果，既让他能够吃饱，又对身体有益。

　　由于经福谦常常奔波于上海、武汉等地，受行程的影响，有时回到家都半夜三更了，连饭都顾不上吃。经福谦不愿意吵醒熟睡的方多珍，就自己到厨房里找点冷馒头冷饭，用热水泡泡，简单地填填肚子。被方多珍发现之后，甚为心疼。之后，不管他回来得多晚，方多珍都会一直在家等他，待他进门，便递上热水热饭。

　　有了这个坚实的"大后方"，经福谦得以有更多的精力投入工作。其时他已经退休，没有了烦琐的行政事务的牵绊，便专心推动基础研究。在经福谦身上所展示的丰沛的工作热情和旺盛的精力，令同事和学生们敬佩不已，他们形容他"迎来了科研的第二春，在这里大展拳脚了。"②

图 12-2　2004 年 11 月 16 日，经福谦与方多珍游览武夷山（陈俊祥提供）

　　经历过失去的痛楚，经福谦愈发珍惜眼前人。工作之余，他与方多珍携手四处游览，共赏大好河山；与同事学生小聚，他也常常带

---

① 方多珍访谈，2016 年 1 月 25 日，四川绵阳。资料存于采集工程数据库。
② 刘福生访谈，2015 年 11 月 3 日，四川绵阳。存地同①。

着方多珍同去，席间为她拈菜倒茶，体贴入微。

2012 年，相伴仅仅 8 年后，经福谦意外离世。

# 父爱深沉

数十年的工作生涯，经福谦不仅八小时之内殚精竭虑，下班在家也常忙于看书写报告。在很多同事和学生看来，经福谦就是个"工作狂"。然而，经福谦并不是一个心中只有事业没有家庭的人，在繁忙的工作之余，心中总是牵挂着他的三个子女：长女经纯、长子经二力、次子经小川。虽然这份爱与平常人家不尽相同也很少溢于言表，但儿女依然深有感触：他是一个好人，他用他的方式爱护我们，他不是感情非常外露的人，但是他会有他自己的尺度，他用他自己的方式去做。[1]

大女儿经纯出生于 1958 年 2 月。同年 5 月开始，经福谦担任了长春地质学院松辽平原地震勘探队的技术领导，开展石油普查工作，一直忙到暑假。此后长春地质学院的室内教学几乎停止，全院师生大搞野外生产，夫妻俩经常要带学生外出实习，一去就是两个月，没有办法照顾尚在襁褓中的女儿，只能忍痛将女儿送回天津老家，交给杨秀会的母亲抚养。别离时刻，经福谦充满怜惜地对着幼小的女儿喃喃自语：这可怜的经丫头啊！[2]

待经纯七八岁时，"文化大革命"开始了，因为姥爷曾经是资本家而遭抄家，远在青海的经福谦也身陷囹圄、自顾不暇。但即便在最艰苦的时期，经福谦夫妻也未曾停止过给天津老家寄钱，时刻挂念着还在天津的女儿。

1973 年，经福谦恢复了正常工作，经纯也开始上初中了。经福谦开始给经纯写信，一月一封从不间断，一写便是二十几年，直到通讯日益便捷

---

① 经二力访谈，2016 年 3 月 17 日，广东深圳。资料存于采集工程数据库。

② 经纯访谈，2016 年 4 月 12 日，天津。存地同上。

之后，便常常打电话，多是鼓励经纯好好学习、不断提升自己。经纯至今仍保留着那些字里行间流淌着深切关爱的信件。

对于经纯，经福谦一直心怀愧疚与疼惜，遗憾经纯未能在自己身边长大，愈到年老这种感情越加强烈。所以，只要有可能，他每年都会抽时间去天津看女儿，哪怕只是顺道去看一下，和女儿吃顿饭聊几句家长里短。看到经纯家庭幸福，经福谦甚感欣慰，特别是在得知经纯的儿子以优异的成绩考上上海交通大学更是非常高兴，他期望子女及后辈们学有所成。

随着成长和阅历的丰富，经纯也开始对父母有了更多的理解。看着父亲年逾八旬还在为事业奔波，于心不忍，便劝父亲不要工作了，劝他安享晚年，经福谦笑而不语。经纯也明白，父亲热爱国防事业并为此而骄傲，父亲的生命和事业早已融为一体了。

2012 年 4 月，经福谦临去上海出差前夕，给经纯家打了很多次电话，经纯因有事在外地未能接到。当电话终于接通，父亲着急地对她说："我打了好多次电话为什么你没接，干什么去了？家里有事一定要告诉我，有我在，就什么事都没有！"① 经纯听后感觉很温暖，是啊，有父亲在就仿佛有了主心骨，在父母面前，子女再大也是孩子！

图 12-3　1959 年冬，经福谦夫妻在天津与长女经纯合影（经小川提供）

没曾想到，这一次电话却成了永别。4 月 20 日，经福谦在上海因意外逝世，他对女儿的这份爱则永存于经纯心中，每每提起，经纯便哽咽泪流，不能自已。

长子经二力出生于 1961 年 1 月。他刚满 5 岁，"文化大革命"就开始了，父亲被关押，母亲在家基本上不怎么说话，有的时候还会哭泣。经二力虽然年纪小，但是也感受到了周遭的肃杀之气，纵然和小伙伴们一起玩耍，也不敢张扬；遇到有些孩子来抢他的玩具，就赶紧躲到一边去。

---

① 经纯访谈，2016 年 4 月 12 日，天津。资料存于采集工程数据库。

图 12-4　1967 年，经福谦夫妻在天津与长女经纯、长子经二力合影（经小川提供）

一天，经二力在玩耍时看见经福谦戴着手铐被押解而过，却并不敢开口叫爸爸。经福谦慢慢走远了，却一直扭着头深情地看着他。他饱含对妻子和儿子思念之情的眼神深深地刻在了经二力幼小的心灵之中。

1970 年，经二力跟随母亲到了河南上蔡的"五七"干校，因为那里上学条件不太好，母亲便把经二力送到天津去上学，直到 1974 年才回到父母身边。因为这些历史原因，经福谦无法在经二力的成长时期予以太多的关注。1977 年经二力即将高中毕业，得到恢复高考的好消息，经福谦开始督促经二力学习。那时没有多少参考书，也没有以前的试卷可供参考，经福谦就利用业余时间根据课本上的知识向经二力提问，还专门找来题目让他练习。在经二力记忆中，父亲平时是很温和的人，仅有的一次对自己发火也是发生在这一时期，当时他做题错误很多，经福谦忍不住对他大发雷霆，随后又找来更多的题目，让他针对短板进行练习。

回顾自己的成长过程，经二力感觉父亲对自己更多的是言传身教，他的性格跟经福谦非常像："我也不会打、骂孩子，我也是跟他讲道理，这个我觉得我爸对我影响非常大。我们家实际上代与代之间的冲突比较少。"①

1978 年，经二力考上北京钢铁学院后，家里就只有夫妻二人和次子经小川一起生活。经小川生于 1972 年，那时经福谦已经恢复工作，家里的境况逐渐好起来。由于经小川一直伴随在身边，经福谦便将亏欠了长女、长子的父爱更多地倾注在他的身上。

---

① 经二力访谈，2016 年 3 月 17 日，广东深圳。资料存于采集工程数据库。

因为夫妻俩均为业务骨干，工作繁忙，家里数十年来很少开伙。每天清晨，一家三口起床一起去食堂吃早饭，然后各自上班、上学。经小川刚上一年级就开始每天晚上去食堂买一家人的饭了。六岁的他还没有食堂卖饭窗口高，只有请前后排队的职工帮忙买。吃完晚饭，经福谦和杨秀会各自回自己的办公室看书，经小川则在母亲办公室写作业。在他的印象中，父亲从没有晚上十点以前回到家。一年之中，除了大年初一，一家三口参加单位组织的游园活动，其他业余时间基本上都是在办公室度过。

图 12-5　1979 年春节，经福谦夫妻与次子
经小川合影（经小川提供）

尽管如此，经福谦仍尽力抽出时间来辅导经小川。晚上从办公室回家的路上，经福谦会给经小川普及一些科学概念，比如光的波粒二象性。经福谦拿着手电筒，让光束射向浩瀚的夜空，告诉经小川光是什么，光为什么既是波又有粒子的属性，虽然年幼的经小川并不明白，但也模模糊糊地知道了很多抽象的概念。当经小川开始学英语后，经福谦在路上就用简单的英语和儿子对话，训练他的表达能力。

当时生活在四川的大山沟里，适宜孩子们阅读的书籍非常缺乏。经福谦只要到外地出差，无论时间多紧张，都会找机会给经小川购买科普书籍。在经小川二年级时买的《从一到无穷大》是他买的第一本书。这本书内容涉及自然科学的方方面面，在一个个故事中，把数学、物理乃至生物学的许多内容有机地融合在一起，表现形式非常活泼有趣，例如其中用形象的比喻，阐述了爱因斯坦的相对论和四维时空结构等。经小川对这本书爱不释手，从其中获得了很多知识。多年以后，经小川作为父亲送给自己儿子的第一本书也是《从一到无穷大》。

　　经小川小时学习成绩并不好，经福谦经常教导儿子："第一是细心、仔细，第二是笨鸟先飞。"① 经福谦还常常用自己举例："我们不如别人聪明，就多花点时间。我小时候学习也不如其他同学好，有的同学学一遍就好了，但我可能一道题要验算两遍。同学验算两遍，我验算三遍，我总比别人熟悉吧，总会提高自己的。"② 这样的鼓励一直到经小川大学毕业工作之后还在持续着，对他影响至深。

　　在经福谦的鼓励和督促下，经小川一鼓作气，在四川大学顺利地读完硕士之后，继续考入北京理工大学攻读博士。硕士毕业时做论文，经小川遇到较困难的数学问题，就在家闷着头推导公式，经福谦会抽空帮助经小川一起推导。读博士的时候，经小川遇到了一些概念上的问题，比如怎么把信息熵③ 引到信息安全上去，虽然经福谦不太懂这些专业知识，但积极地帮经小川找各种资料，同时也推荐信息行业的老专家让经小川前去请教。

　　经小川博士毕业后在北京工作，经福谦只要到北京出差，都会和经小川畅聊一个晚上。当知道经小川又拿到某个项目，就会非常高兴，而当经小川说起又发了多少奖金，经福谦会提醒儿子："在钱上一定要注意，国家给你的工资已经很高了，千万不要在钱上出错。"④ 经小川一直将父亲的话引以为戒。

　　让经小川记忆最深刻的是，父亲教导他做人要懂得"惜福"。经福谦告诫他："要珍惜你现在拥有的东西。不是你的东西，不要去贪恋它。"⑤ 有时候经小川会说父亲工作了一辈子，工资却很少。这时经福谦就会说："现在给我的工资已经很高了，比以前在青海的时候好很多。我现在够吃、够用，就很满足了，我干点自己的事、带点自己的学生、写点自己的文章，觉得很舒服。我要这么多钱没有用。"⑥

---

　　① 经小川访谈，2015 年 5 月 6 日，北京。资料存于采集工程数据库。
　　② 同①。
　　③ 信息论的创始人、美国数学家申农（C.E.Shannon）在 1948 年发表了著名的论文《通信的数学理论》（A mathematical theory of communication），利用概率统计方法，把熵作为随机事件的不确定性或信息量的度量，提出了"信息熵"的概念，从而奠定了现代信息论的科学理论基础。
　　④ 同①。
　　⑤ 同①。
　　⑥ 同①。

作为父亲，在别人眼中或许并不称职——为了我国的国防事业，他并没有太多的时间陪伴在孩子身边，或是给孩子做一餐可口的饭菜。但是，他对子女的爱深沉而厚重，在言传身教中，留给孩子们更多的是精神食粮，用品格的力量影响他们终身。

# 结 语

通过采集工作，我们触摸着陈旧的印记，追溯着曾经的足迹，在梳理经福谦院士的人生轨迹的同时，也深深地被他的品格所感动，遂冒昧将经院士精神提炼为四个方面，以示崇敬之情。

**一是坚守信仰的执着精神。**经院士的青少年时代，是在旧社会的战乱与颠沛流离中度过的，作为新中国培养出来的第一代大学生，他怀有与国家民族同呼吸共命运的人生观、价值观，以及用科学知识报国的强烈使命感。虽然经院士在事业上历经几次大跨度的转折，但是他坚守信仰的执着精神始终没有改变。1952 年，他从南京大学物理系毕业后，被分配到长春地质学院任教，当年就承担了筹建学院电子学实验室的重任，翌年，又受命筹建了地震勘探教研室，还先后担任了长春地质学院营城煤矿、松辽平原地质勘探队的技术负责人。当大庆油田会战进入紧张的时刻，上级突然调他到二机部九所从事爆炸力学和高压物理研究，他再次放弃已经熟悉的工作，毅然选择了"隐姓埋名数十年"的核武器事业。

经院士的一生经历了诸多坎坷。由于家庭出身问题，他大学时就被当作"白专"典型，被迫写检查；"文化大革命"期间，受社会政治环境影响被迫停止了科研工作。但这些经历丝毫没有动摇他的信念，彻底平反、恢复名誉后，他又满怀激情、加倍努力地投入自己心爱的科研事业中。每当与同事们谈起第一颗原子弹攻关的往事，经院士总是深情地回顾"那种热火朝天的氛围"。正是这份执着坚守，使他无论面对怎样的困难，都始终不改初心，无怨无悔。

**二是勇于开拓的担当精神。**新中国的核武器事业是在极其艰苦的条件下起步的，经院士是我国实验内爆动力学研究的开拓者之一。当时这一领域在国内尚属空白，没有任何公开发表的参考资料，只能靠自力更生，像蚂蚁啃骨头那样一点点地攻克难关；没有实验条件，就自己动手创造；没有技术资料，就大家集体学习、再协同创新。经院士曾把这段经历总结为"在学中干，在干中学，边学边干，干成学会，创立学科"。在"草原大会战"的大型爆轰实验中，经院士凭着自己积累的知识和经验，提出了创新的实验设计原理，取得了比原设计方案更多更全的实验数据，为我国第一颗原子弹成功爆炸作出了重要贡献。

在突破氢弹的试验过程中，经院士创新性地提出了测试通道保护的设计方案；在完成地下核试验测量超高压物态方程的任务中，经院士提出了避免强辐射场干扰的屏蔽技术方案。我国从原子弹到氢弹，只经过了短短的两年零八个月，创造了速度上的世界之最，这其中凝聚了众多人的智慧与心血，也凸显了一代科技人为国防事业所做出的担当。

**三是无私奉献的忘我精神。**20世纪90年代，改革开放大潮带来了人才大流动，国防科研队伍也纷纷出现了"孔雀东南飞"。变革科研管理体制机制迫在眉睫，经院士正是在这一关键时刻走上领导岗位。为配合主战场的科研任务，他夜以继日出谋划策，在开拓基础性研究领域中，他倡导建设了国防领域的重点实验室、基础科研基金制度、研究生教育机构，建立了院校联合、教研结合的人才培养机制。这些工作不仅为一大批青年科技人才脱颖而出提供了机会和舞台，也为新时期国防科研发展创造了有利条件。

这一时期，经院士不辞辛苦，应邀在多所高等院校兼职任教，并建立联合研究所和高压物理实验室。他与丁儆教授领头创办的《爆炸与冲击》学刊，与苟清泉教授合作创办的《高压物理学报》，在新时期科技百花园中犹如"两个黄鹂鸣翠柳"，成为高压物理学专业一道亮丽的风景线，为学科的发展奠定了坚实基础。虽已年逾古稀，但经先生将自己的全部业余时间和假期用于孜孜不倦的学习、研究和著述，不遗余力地培养年轻科研人才。他对科研报告和学术论文的要求十分严格，对文章逐句修改，对数据逐个核实，对结论反复推敲。他的无私忘我，深得广大科技人员和青年学子的尊敬。

**四是淡泊名利的谦和精神。**经院士常常形容自己是"笨鸟先飞"，主要靠埋头苦干。日常工作中，他是甘于拉套的老黄牛；荣誉面前，他是淡泊名利的谦谦君子；学生眼里，他是诲人不倦的先生长者；领导岗位上，他是深受尊敬的领头人。"文化大革命"后经院士为了团结群众共同完成新的任务，他不计前嫌，主动找下属谈心，诚恳表示"过去的事就过去了，我们都是同志加战友。"他宽宏大量的态度深得群众信任。经院士八十华诞之际，筹备组准备请有关领导为他题词，他坚决反对，一再表示"要低调行事，淡化处理。不要请领导题词，不要搞大事记。我没有那么大的功劳，人生八十做个总结，请些同事朋友叙叙旧，请学生作学术报告，相互勉励，我就很高兴了。"

经院士在谈及自己的工作时，总是把集体摆在最突出的位置，"一个人对国家的贡献，取决于他的专业知识才能、对目标的认同感以及与同事们的亲和力。目标认同感愈强，团队亲和力愈大，其知识才能就愈能为国家作出更大的贡献。"

回望历史，"两弹一星"的年代虽然已经远去，但"两弹一星"传承的精神力量永远值得我们学习，经院士等老一代科学家们用信仰构建的精神品格也永远值得我们铭记。

# 附录一　经福谦年表

## 1929 年

6 月 7 日，出生于江苏省淮阴县东门大街大源巷。

## 1930 年

举家从江苏省淮阴县迁至南京。

## 1932 年

12 月，妹妹经贞谦出生。

## 1933 年

9 月，在南京市升平桥小学读幼稚园。

## 1934 年

7 月，在南京市升平桥小学读小学。

## 1937 年

7 月，随祖母等家人逃难，途径安徽当涂、巢县、合肥等多地，暂时休学。

### 1938 年

随祖母等家人逃至汉口。9—12 月，在武昌市第四小学读四年级上。

### 1939 年

年初，随家人逃难至重庆。2—6 月，在重庆私立临江门小学读四年级。9—12 月，在重庆南泉小学读五年级。

### 1941 年

6 月，从重庆南泉小学毕业。

8 月，因父亲经绍澄调动到第三战区长官部工作，由重庆迁到江西上饶。

### 1942 年

2 月，在安徽省屯溪市江苏省临时中学读初中一年级。

5 月，浙赣会战爆发，上饶沦陷，与家人失去联系，失学养病，在亲戚家居住。

秋，母亲戴志庄因病去世。

12 月，被父亲经绍澄接到江西上饶家中，与祖母王祗文共同生活。

### 1943 年

1—8 月，休学养病。

夏，随祖母王祗文迁到铅山，父亲经绍澄再娶离家另住。

9—12 月，考入江西省省立九江中学读初中一年级。

### 1944 年

9 月，考入江西省铅山县第三战时中学读初中二年级。

12 月，随祖母王祗文迁到福建邵武。

2 月，在福建省邵武市格致中学就读初中二年级。

6 月，因战局稳定，举家又回到江西。

9 月，改名经正，考入江西省铅山县第三战时中学的高中一年级就读。

数星期后，随祖母王祇文迁到浙江杭州，复名经福谦，考入杭州私立宗文中学读高中一年级。

**1946 年**

2 月，随父亲经绍澄回到南京，考入私立金陵大学附属中学（金陵中学）读高中一年级。

**1947 年**

2—6 月，在南京私立金陵大学附属中学（金陵中学）读高中二年级。

秋，因父亲经绍澄工作调动，迁到江苏徐州，考入江苏省立江苏学院先修班学习。

**1948 年**

9 月，升入已迁至镇江的江苏学院数理系一年级学习。

**1949 年**

2 月，随江苏学院迁至上海，继续在数理系读一年级。

5 月，上海解放，江苏学院奉命迁回徐州，就地解散。在迁校途中回到南京家中，错过学校重新分配的机会而失学。

10 月，考入刚迁至芜湖的安徽大学物理系读大学二年级。

**1950 年**

2—6 月，安徽大学物理系读大学二年级下；参加了修堤复圩、勤募公债的社会活动。

4—6 月，申请入团，理学院分支会通过了申请，校团总支未通过。

9 月，通过转学生考试，转入南京大学物理系读大学三年级。

11 月，在南京大学参加"抗美援朝""参干"等运动。

### 1951 年

3 月，在南京大学参加"反动党团登记"及"镇压反革命"等运动。

7 月，参加南京大学物理系组织的西北石油局物探实习，对地球物理产生了兴趣。

9—12 月，在南京大学物理系读大学四年级，选修了地球物理课程。

### 1952 年

2—7 月，在南京大学物理系读大学四年级下，参加"三反、五反"学习及"思想改造"学习运动，再次提出入团申请。期间任南京大学物理系学生会主席、思想改造学习系支会副主委。

7 月，南京大学物理系毕业。

9 月，分配到东北地质学院物理探矿系任助教，承担地球物理探矿专业的教学、筹建实验室和组建教研室的任务。

### 1953 年

2 月 26 日，申请加入中华全国总工会被批准。

8 月，因工作需要，由学校派往北京地质学院进修一年。与就读东北地质学院物探系专科且转入北京地质学院学习的学生杨秀会相识相恋。

### 1954 年

1 月 2 日，第三次申请加入中国共产主义青年团。

3 月 15 日，经团支部大会通过，成为正式团员。

3 月 30 日，因社会关系较复杂，受到东北地质学院的政治审查。

7 月，结束在北京地质学院进修，回到东北地质学院继续教学工作。

## 1955 年

2 月，济南、唐山实习。

6 月 23 日至 7 月 7 日，重工业部地质局及其所属物探队参观实习。

秋，与杨秀会结婚。

## 1956 年

1 月 4 日，在物探系参加编写课程设计指导书的座谈会。

春，在东北地质学院教授"地震物探"专业课程，新开"石油综合地球物理勘探"课程。

春，陪同苏联专家乌雷逊在辽宁桓仁铜多金属矿区检查指导工作。

8 月 10 日，因历史问题受到东北地质学院调查；8 月 15 日，由金陵中学同学展树升证明其未参加反动组织。

12 月 20 日，申请加入工会被批准。

## 1957 年

2 月 8 日，担任长春地质勘探学院（1 月，东北地质学院更名为长春地质勘探学院）地震教研室副主任职务并升为讲师。

5 月，因受国民党军官家庭出身影响，历史问题继续受到调查。

上半年，组织师生赴营城煤矿进行地震勘探工作。

## 1958 年

2 月，长女经纯出生。

4 月 6 日，在长春地质学院（1958 年 10 月 20 日，长春地质勘探学院更名为长春地质学院）召开的"深入双反"（反保守、反浪费）运动中，成为"白旗""白专"典型，受到批判，但坚持教学。

暑假，担任长春地质学院松辽平原地震探矿勤工俭学普查队（地震勘探队）的技术领导，后发现了肇州地区地下地层隆起的新结构。

**1960 年**

5 月，带领长春地质学院物探系师生参加松辽石油会战。

7 月，带领学生在大庆油田实习，参加大庆油田会战，并担任地震勘探资料综合分析的技术负责人。

7 月底，从长春地质学院调入设在北京的第二机械工业部九局，从事爆轰物理工作，任二室五组副组长。

9 月，由于家庭和社会关系原因，政治上继续受到审查。

**1961 年**

1 月，长子经二力出生。

1—12 月与任益民一起领导五组开展了几十万巴以内材料状态方程的实验研究。

**1963 年**

4 月，作为第一批人员从北京搬迁到青海，在青海 221 厂实验部二室任副主任，承担原子弹攻关爆轰实验的主要任务。

9 月，正式任命为实验部二室副主任，与主任任益民共同编制"科研三步曲"，即如何编写设想方案、编制实验大纲和实验结束后如何编写实验报告。

对爆轰波驱动过程中的边侧稀疏问题进行深入研究，提出了"严重稀疏范围"的概念。

**1965 年**

4 月，任青海 221 厂实验部二十一室主任。领导二十一室进行材料冲击压缩性能及相关动高压技术和界面不稳定性等方面的研究。

与董庆东合作提出"绝对保护"和"相对保护"两个方案，经过实验，"绝对保护"方案获得成功，解决了内爆实验的技术困难——对测试信号通道如何保护的问题。

11 月，因是否参加"三青团"一事被实验部保卫科开展调查，被怀疑

1950 年去过香港，后澄清。

**1966 年**

3 月 27 日，因是否参加过"三青团"被实验部保卫科调查，妹妹经贞谦接受了询问。

**1968 年**

受"文化大革命"影响，被停止工作。

**1969 年**

11 月 4—19 日，在 221 厂向四川搬迁过程中，连续发生了热电厂 1 号电缆线短路爆炸、第二生产部 229 工号炸药件加工爆炸、实验部七厂区核心资料"丢失"三大事件，军委办事组列为三大专案在第二机械工业部第九研究院大搞"清队破案"，被列为专政对象进行隔离审查。

**1970 年**

11 月，搬迁至四川剑阁，继续被关押；不久，解除关押，在西沟农场养猪。

**1971 年**

上半年，患甲肝在天津养病。放弃到天津大学工作机会继续留在九院一所。

**1972 年**

8 月，次子经小川出生。

**1973 年**

8 月 4 日，收到平反决定，恢复名誉，任一所 102 室主任。

**1975 年**

9 月，享受九院一所副所长待遇，并主持开展相关工作。

12 月，被任命为一所副总工程师。

**1976 年**

开始着手撰写《实验物态方程导引》初稿，执笔第一、第二、第三、第四和第六章，并安排李大红等撰写第五章。

7 月，提出入党申请。

**1977 年**

11 月，组织撰写《高速扫描转镜式相机在冲击波物理测试中的应用》《爆炸方法的冲击波高压技术》《化爆高压技术——几种化爆高压装置的探讨》《冲击波物理测试中的几种电子学测量方法》等教材，在一所打印成册，发给相关专业职工学习。

**1978 年**

2 月，正式任命为一所副所长，任职时间从 1975 年 9 月算起。

3 月 14—19 日，赴广州参加"首届全国高压学术讨论会"，作了动高压方面的大会报告。

**1979 年**

1 月 15 日，因"三青团"一事由九院党委下发文件做出正式结论。

2 月 17 日，被评为九院"工业学大庆"先进个人。

**1980 年**

2 月 4 日，成为中国共产党预备党员。

春，在一所组织开办第一个职工教育培训班，即高级英语口语培训班。

12 月晋升为研究员。

冬，赴长沙国防科学技术大学讲课，讲授了"凝聚态物理"方面的内容。

3 月 4 日，经上级党委批准按期转为中共正式党员，党龄自 1981 年 2 月 4 日算起。

3 月 6 日，任一所所长。

3 月 20 日，参加一所与中国科技大学联合举办的"本构方程""应力波"学习班结业典礼。

6 月 16—25 日，赴美国参加"第七届国际爆轰会议"和"第二届凝聚材料中的冲击波"专题会议，并在"第七届国际爆轰会议"会上作了"由爆轰产物会聚流驱动的平面飞片"的报告。

7 月，由中国力学学会主办的专业性刊物《爆炸与冲击》创刊发行，担任编委。

9 月，与杨秀会合作撰写的文章《对 Grüneisen 系数高压渐进行为的讨论》在《爆炸与冲击》刊物上发表。

12 月 2—8 日，参加第二届全国爆炸力学学术会议，并在会上作了"关于实验爆轰物理学若干问题的研究进展"的学术报告。

1982 年

6 月，与国防科学技术大学签订协议，联合举办科技英语培训班。

7 月，撰写的文章《冲击波速度 - 粒子速度关系式的一个简单推导及其直线表达式适用范围的讨论》在《爆炸与冲击》刊物上发表。

10 月，"聚合爆轰人工热核反应研究"项目获国家自然科学奖一等奖，在以王淦昌为首的 10 名主要研究者中，名列第 7。

12 月 20—25 日，赴北京出席"中国物理学会第三届全国会员代表大会暨中国物理学会成立五十周年纪念大会"，并当选为中国物理学会第三届理事会理事。

1983 年

5 月 19 日，组织接待并陪同国务委员、中央军委副秘书长张爱萍及国防科技工业委员会、四川省领导视察九院一所。

6 月 5—10 日，参加在成都市举行的第二届全国高压学术讨论会，在会上致开幕词并作"动态超高压技术"报告。

9 月，组建中国高压物理专业委员会，任第一届委员会副主任。

### 1984 年

4 月，被评为国家级"中青年有突出贡献专家"。

4 月 6 日，一所领导班子调整，继续担任一所所长。

7 月，撰写的文章《动态超高压技术（一）》在《爆炸与冲击》刊物上发表。

8 月，参加一所举办的"高速摄影与光子学第一学期技术培训班"结业典礼。

8 月 28 日，与成都科技大学茍清泉在联合建所的协议书上签字，成立成都科技大学应用物理研究所。

10 月，撰写的文章《动态超高压技术（二）》在《爆炸与冲击》刊物上发表。

11 月，赴成都科技大学应用物理研究所参加二级轻气炮验收会，并出席二级轻气炮剪彩仪式。

12 月，受聘为北京理工大学博士生导师，与北京理工大学丁儆及九院陈能宽、章冠人等一起组建"爆炸力学"博士学位授予点。

### 1985 年

5 月 21 日，获"爆破员作业证"。

7 月 31 日，参加中国工程物理研究院改革工作交流会。

9 月 11—16 日，参加在吉林长春召开的"第三届全国高压学术讨论会"，并在会上作"状态方程中的几个研究的问题"报告。

10 月，因为核工业建设作出贡献，获得中华人民共和国核工业部颁发的荣誉证书。

11 月 13 日，通过中国共产党党员登记。

12 月 20 日，在北京参加爆电换能器及其材料研制成果部级鉴定会。

2 月 20—21 日，赴成都主持《高压物理学报》刊物筹备会议，任常务副主编。

3 月 15 日，在流体物理研究所组织接待国防科技工业委员会考察团。

5 月，撰写的文章《动态高压技术（高压物理讲座）》在《物理》刊物上发表。

5 月 16 日，在流体物理研究所组织召开 5BR–I 型爆炸容器鉴定会。

夏，在成都应用物理研究所与来访的美国圣地亚实验室 G.Herrmann 教授交流。

8 月 3—7 日，参加在内蒙古呼和浩特市举行的中国力学学会第三届理事会（扩大）会议，并当选为中国力学学会第三届理事会理事。

9 月 26 日，亲自担任上海市国棉二十五厂工程爆破拆除技术总负责人，组织实施定向爆破拆除工程并获成功。

10 月 25 日，任核工业部第九研究院科学技术委员会副主任兼流体物理研究所所长。

10 月，编著的《实验物态方程导引》第 1 版出版发行。

2 月 26 日至 3 月 2 日，赴北京出席"中国物理学会第四届全国会员代表大会"，并当选为中国物理学会第四届理事会常务理事。

2 月，赴北京香山参加中国工程物理研究院研究生工作研讨会。

3 月 28 日，被中国力学学会聘为第三届爆炸力学专业委员会副主任委员。

5 月，赴北京参加国防科工委组织的预研工作会，会后向朱光亚提出建设重点实验室的设想。

6 月，接待程开甲访问九院。

8 月 15—18 日，赴成都参加"三省一市（四川省、贵州省、云南省、重庆市）爆炸力学及其应用学术讨论会"，并在会上作"爆炸力学实验研究"的专题报告。

8 月，撰写的文章《冲击波物理》在《物理》刊物上发表。

9月，《高压物理学报》创刊，任第一届编辑委员会常务副主编。

10月，在成都科技大学应用物理研究所，接待首批来访的美国、苏联、西德等外国专家并开展学术交流。

10月30日，通过研究员职称复查。

11月3—8日，出席在四川省成都市举行的"第四届全国高压学术讨论会"，并在会上作学术报告。

## 1988 年

1月，在九院一所接待前来视察的国防三线办公室主任鲁大东。

3月14日，任达州市江面斜拉半截悬空残桥爆破的技术总指导，亲临现场指挥，爆破圆满成功。

5月，在成都科技大学应用物理研究所与应邀来访的美国 Brawn 大学教授开展学术交流。

6月3日，当选为中国工程物理研究院第一届学位评定委员会委员。

10月，作为北京理工大学博士生导师（兼职），参加他的第一个博士研究生韩长生《不同加载速率下自由表面微射流喷射现象的研究》博士论文答辩会。

12月，赴北京中国科学院力学研究所参加纪念郭永怀教授牺牲二十周年纪念活动。

## 1989 年

2月20日，积极倡导的《中国工程物理研究院核武器科学基金暂行管理办法细则》发布实施。

4月，出席中国工程物理研究院组织召开的老中青专家代表座谈会。

5月，被聘请为国防领域如何建设国家级重点实验室软科学课题组专家咨询组成员。

8月14日至9月1日，与董庆东等人访问美国，参加第六届"凝聚材料的冲击压缩"会议和"第九届国际爆轰会议"，在第六届"凝聚材料的冲击压缩"会议上作"中国的冲击波物理研究"大会报告，并顺访卡内基研究所。

10 月，因在"LY-12 铝层裂损伤判据的数值研究""达县州河大桥控制爆破技术""不同加载速率下材料自由表面微射流喷射现象的研究"三个项目中作出贡献，获三项中国核工业总公司部级科技进步奖三等奖。

11 月 7—11 日，在广西桂林市参加第五届"全国高压学术讨论会"，并主持《高压物理学报》编委会会议。

11 月 30 日，因参与专题报告"2000 年的中国军用核技术"的研究工作获得国防科学技术工业委员会颁发的奖励证书。

### 1990 年

3 月，国防科技工业委员会主任丁衡高来中国工程物理研究院视察，与院领导一起受到接见。

4 月 21 日，赴江苏省合肥市参加第四届"全国爆炸力学学术会议"，在会上作"爆炸力学研究中的一个新动向"特邀报告。

4 月 28 日，在成都科技大学应用物理研究所轻气炮实验室陪同时任国防科技工业委员会领导的朱光亚参观二级轻气炮。

5 月，在成都科技大学应用物理研究所轻气炮实验室为科技人员和师生讲课。

6 月，与江必钦等人赴香港实地勘察，为参与香港九龙城寨拆除工程的投标做准备。

7 月，撰写的讲座文章《超高速碰撞现象》在《爆炸与冲击》刊物上发表。

8 月 10—14 日，与章冠人、苏林祥赴苏联参加纪念 M.A.Lavrentyer 数学、力学和物理研究会。

### 1991 年

3 月 5—8 日，赴北京出席"中国物理学会第五届全国会员代表大会"，并当选为中国物理学会第五届理事会常务理事。

3 月，被评为中国工程物理研究院研究生先进导师。

4月，收到参加中国人民解放军"军械工程学院首届科技周"开幕式的邀请，并应邀参加开幕、阅兵式。

6月20日，被中国物理学会聘为第二届"胡刚复物理奖评委会"委员。

8月20日，冲击波物理与爆轰物理重点实验室成立，任实验室主任及实验室学术委员会主任。

8月，研究的"钨合金的层裂特性研究"项目获国防科工委科技进步三等奖。

10月1日，因为祖国发展科学研究事业作出特殊贡献，享受中华人民共和国国务院的政府特殊津贴。

11月，当选为中国科学院数学物理学部学部委员。

12月9日，因在大型工具书《中国学术界》出版工作中作出贡献，获中国科学技术出版社颁发的作者证书。

12月19日，在绵阳科学城出席并主持"国家自然科学基金成都地区联络网第四次工作会议"。

### 1992 年

1月9—23日，与章冠人等人赴苏联参加"第三届扎巴巴辛科学讨论会"并访问苏联科学院化学物理所等。

2月15日，被中国人民解放军国防科学技术大学聘请为爆炸理论及应用专业兼职博士生导师。

3月9日，在绵阳科学城主持参加"冲击波物理与爆轰物理重点实验室第一届学术委员会第二次会议"。

3月，继续担任《高压物理学报》第二届编辑委员会常务副主编。

4月20—25日，赴北京参加中国科学院第六次学部委员会大会，并在数学物理学部会议上作"冲击波与极端条件"学术报告。

5月29日，任中国工程物理研究院第二届学位评定委员会主席，任期3年。

5月，南京大学建校90周年，《南京大学校友英华》一书出版发行，生平简历被收录书中。

6月3日，在绵阳科学城出席"第三届全国爆轰学术会议"。

6月9—12日，负责组织筹办的"第二届国际强动载荷及其效应学术会议"在四川成都顺利召开。

8月，撰写的文章《冲击波与高能量密度状态》在《中国科学院院刊》上发表。

8月3—8日，赴北戴河主持"中国工程物理研究院学位评定委员会二届一次会议暨研究生前期教育工作讨论会"。

11月4日，在绵阳科学城出席中国工程物理研究院重点科技领域发展战略研讨会。

### 1993 年

2月，当选为全国人民代表大会第八届人民代表。

3月3日，在绵阳科学城与来访的俄罗斯全俄技术物理研究院教授签订科研合作协议。

3月15—31日，出席在北京举行的第八届全国人民代表大会。

6月21日至7月12日，与胡仁宇、杜祥琬、王子修、葛俊兴等人访问俄罗斯技术物理研究院和实验物理研究院，为期22天。

8月2—4日，在绵阳科学城主持中国工程物理研究院学位评定委员会二届二次会议暨博士生培养工作研讨会。

12月7日，参加福州市长乐国际机场圆珠山爆破工程，爆破成功。

12月26日，参加在流体物理研究所举行的冲击波物理与爆轰物理重点实验室验收会议。

12月，《中国专家大辞典（广东卷）》一书出版，生平简历被收录其中。

12月，《1991中国科学院学部委员》一书出版，生平简历被收录其中。

### 1994 年

2月25日，在绵阳科学城出席流体物理研究所发展规划会议，共商发展大计。

3月28日，在绵阳科学城出席10MeV直线感应加速器技术鉴定会。

6月1日，在绵阳科学城为纪念中国工程物理研究院研究生教育10周年题词。

7月27—31日，赴北京西峰寺参加"中国工程物理研究院学位评定委员会二届三次会议"。

8月10日，赴北京参加人事部、国家科委、国家教委联合举办的座谈会，共商造就跨世纪人才大计。

夏，在绵阳科学城参加中国工程物理研究院发展规划会议。

夏，在绵阳科学城会见到访的以色列教授 Rosenberg。

夏，在成都科技大学应用物理研究所，接待到访的俄罗斯教授 А.Н.ДРЕМИН，开展学术交流。

9月6日，在绵阳科学城参加中国工程物理研究院为欢迎国防科技工业委员会主任朱光亚来院视察举行的座谈会。

10月16日，在绵阳科学城参加庆祝首次原子弹爆炸成功30周年纪念会。

10月21日，在绵阳科学城参加欢迎国务委员宋健同志视察中国工程物理研究院座谈会。

10月，被免去兼任的冲击波物理与爆轰物理重点实验室主任职务。

10月，《中国当代科技精华（物理学卷）》一书出版，生平简历被收录其中。

11月，在绵阳科学城出席中国工程物理研究院发展战略研讨会。

## 1995 年

4月5日，在绵阳科学城参加欢迎邹家华副总理视察中国工程物理研究院座谈会。

4月27日，参加在绵阳科学城文化宫举行的"中国工程物理研究院科学技术协会第二次代表大会"。

5月11—15日，赴北京出席"中国物理学会第六届全国会员代表大会暨学术年会"，并当选为中国物理学会第六届理事会常务理事。

6月27日，担任中国工程物理研究院第三届学位评定委员会主席，任期3年。

6月，与陈能宽等人陪同全国政协副主席朱光亚视察中国工程物理研究院。

6月，参加在四川攀枝花市举办的"第四届爆炸力学学术交流会"。

7月10日，赴内蒙古参加国家自然科学基金委员会1995年度数理科学部项目评审会议。

7月31—8月2日，在绵阳科学城主持召开中国工程物理研究院学位评定委员会三届一次会议。

7月，与吴强合作撰写的文章《Unified thermodynamic equation-of-state for porous materials in a wide pressure range》在《应用物理快报》刊物上发表，文中所提出的状态方程后被称为"吴－经方程"。

8月8—23日，与谭华、陈栋泉、贺红亮、张若棋、汤文辉等人参加在美国举办的"第十四届凝聚介质的冲击波国际会议"，并顺访美国加州理工学院、圣地亚国家实验室等。

9月，在绵阳科学城中国工程物理研究院研究生部主持研究生学位授予仪式，为1995届学生授学位。

10月17日，在成都参加四川省工程爆破协会成立大会暨四川省爆炸力学学术讨论会，当选为四川省工程爆破协会理事长。

10月，在吉林长春主持召开吉林大学超硬材料国家重点实验室第一届学术委员会第一次会议。

10月，赴北京冶金部钢铁研究总院出席第八届全国高压学术讨论会，并主持会议。

11月1—4日，赴河南省洛阳市出席"全国第五届爆炸力学学术会议"，并在会上作"多孔材料的雨贡纽方程"特邀报告。

11月5—14日，率团赴日本筑波参加"第二届中日高压物理讨论会"（第九届中日科学技术会议）。

11月，从事的"疏松材料物态方程研究"项目获国防科工委科技进步二等奖。

12月14日，在绵阳科学城文化宫出席中国工程物理研究院老科技工作者协会成立大会。

5 月 18—19 日，在绵阳科学城主持中国工程物理研究院学位评定委员会三届二次会议，开展中国工程物理研究院首次自行审核遴选博士生导师的工作。

6 月 6 日，赴北京参加中国科学院第八次院士大会。

6 月 10—20 日，赴美国访问劳伦斯·利弗莫尔实验室。

7 月 29 日—8 月 1 日，在北京大兴参加中国工程物理研究院学位与研究生教育工作研讨会。

9 月，在绵阳科学城主持中国工程物理研究院研究生部 1996 年学位授予典礼。

10 月，从事的"钨合金高压声速及冲击'软化'机制研究"项目获国防科工委科技进步奖三等奖。

11 月 4—6 日，出席在绵阳科学城召开的"1996 年四川省学位与研究生教育学会第一届二次理事会暨学术研讨会"。

12 月 28 日，在绵阳科学城出席中国工程物理研究院组织召开的院劳动模范、先进生产者和先进集体，首届邓稼先科技奖和于敏数理奖获奖人员表彰大会。

12 月 30 日，与谭华、龚自正合作研究的"冲击压缩下化合物脱挥发分的研究"课题获中国工程物理研究院预研基金一等奖，与贺红亮、汪小松合作研究的"脆性材料受损后的本构关系及断裂研究"课题获中国工程物理研究院预研基金二等奖。

3 月 12 日，作为第八届全国人民代表大会代表，在北京出席第八届全国人民代表大会第五次会议，与四川省代表团成员受到李鹏总理的接见。

3 月，任《高压物理学报》第三届编辑委员会主编。

4 月 13—17 日，在成都四川联合大学出席"原子分子物理、高温高压及材料科学学术讨论会"，并在会上作"冲击波物理在材料科学研究中的应用"报告。

5 月 17 日，被重庆大学聘请为学校名誉教授。

7 月 29 日—8 月 1 日，赴广西北海参加中国工程物理研究院学位与研究生教育工作研讨会，讨论各专业培养方案。

8 月 24 日，赴北京参加中国物理学会第六届理事会第二次会议。

8 月，在北京参加庆祝中国力学学会成立 40 周年大会，担任大会学术委员会委员及《现代力学与科技进步——庆祝中国力学学会成立 40 周年》编辑委员会委员。

9 月 25 日，赴安徽黄山参加"中日固体动态变形和断裂学术会议"。

9 月，应邀参加国家教育委员会在兰州举行的"跨世纪人才培养计划"基金评审会暨 1997 年高校优秀年轻专家科技交流研讨会。

12 月，《四川百科全书》出版，生平简历被收录其中。

## 1998 年

4 月，被中共四川省委、四川省人民政府聘为四川省第四届科学技术顾问团顾问。

5 月 22 日，以特邀代表身份出席"中国工程物理研究院核物理与化学研究所科学技术协会第二次代表大会"。

5 月 23 日—6 月 5 日，赴北京参加中国科学院第九次院士大会。

6 月 10 日，赴四川江油参加中国核学会核材料分会 1998 年学术交流会。

6 月 23 日，在北京出席中国核军事工业历史丛书《核武器》编辑委员会扩大会议，讨论该书的编辑内容。

6 月 27 日，被中共四川省委、四川省人民政府批准为四川省学术和技术带头人。

7 月 25—8 月 1 日，赴北京怀柔参加中国工程物理研究院研究生管理工作研讨班。

7 月，从事的"玻璃材料的力学响应特性及其细观结构破坏"研究项目获国防科工委科技进步奖三等奖。

8 月，《中国当代著名科学家故事》一书出版发行，生平事迹被收录书中。

10 月，在绵阳科学城出席中国工程物理研究院建院 40 周年庆祝大会。

11 月 28—30 日，赴北京铁道学院参加中国力学学会举办的第五届、第六届理事会扩大会议。

11 月，作为第二作者撰写的学术论文《Thermal relaxation phenomena across the metal window interface and its significance to shock temperature measurements of metals》被评为湖南省自然科学优秀学术论文二等奖。

## 1999 年

4 月 28 日，作为党员代表在绵阳科学城出席中国共产党中国工程物理研究院第四次代表大会。

6 月，适值七十寿辰，陈俊祥为其撰写的庆贺文章《经福谦院士对高压物理和内爆动力学研究的贡献》在《物理》刊物上发表。

7 月 22 日，当选为中国工程物理研究院第四届学位评定委员会委员。

8 月 2—5 日，出席在昆明召开的中国工程物理研究院学位评定委员会四届一次会议暨研究生教育研讨会。

9 月，妻子杨秀会因患阿尔茨海默病走失，寻找无果。

9 月 18 日，赴北京人民大会堂参加中国共产党、国务院、中央军委举行的"两弹一星"表彰会。

9 月，主编的《实验物态方程导引（第二版）》出版发行。

10 月 7 日，在绵阳科学城参加四川省电子学会高能电子专业委员会成立暨第一届学术交流会。

10 月 26—30 日，赴湖南长沙出席"第十届全国高压学术讨论会暨庆祝经福谦院士七十华诞学术活动"。

11 月，被聘为四川省工程爆破协会第二届理事会理事长。

12 月 24 日，被授予绵阳市科协名誉主席称号。

12 月，被聘为中国力学学会名誉理事。

## 2000 年

3 月，受聘到西南交通大学兼职工作，为 211 工程重点项目"高压凝聚态物理与技术"指导，领导"高温高压物理研究所"的创建和发展。

4月11—13日，赴北京香山饭店参加香山科学会议，并在会上作"动高压及其在跨科学研究中的作用"报告。

6月10日，被聘为四川大学高温高压物理研究所名誉所长。

7月2日，被聘为西南科技大学材料学学科教授、材料科学与工程学院院长。

10月12—13日，被武汉理工大学聘为教授、博士生导师，并发予工作证。

11月1日，被聘为北京高压科学研究中心学术委员会委员，并出席在北京举行的北京高压科学研究中心成立暨首届学术委员会会议。

12月，获得中国人民解放军总装备部颁发的军队科技进步奖三等奖。

## 2001 年

1月14日，在北京参加俞大光院士八十寿辰学术座谈会。

2月11日，任武汉理工大学材料复合新技术国家重点实验室第三届学术委员会委员。

5月1日，赴南京大学参加近代物理前沿研讨会暨祝贺徐躬耦先生八十华诞庆祝活动。

6月17日，与林祥棣、吴佑寿、周炳琨、李幼平联名给国务院副总理李岚清写信，提出关于西南科技大学 2002 年成为新增博士学位授予权单位的建议。

6月27日，作为项目主持人之一的国家自然科学基金项目"地球内部几个重要界面高压物性研究"获得批准。

8月25日，出席在绵阳科学城举行的中国工程物理研究院青年科协第五次代表大会。

9月，获得"2001 年度何梁何利基金科学与技术进步奖"。

10月6日，赴兰州参加原子分子物理前沿专题兰州研讨会。

11月30日，从事的"氦、氢及其同位素和少量杂质混合气体的物态方程研究"项目获中国工程物理研究院预研重点基金二等奖。

11 月,《天府院士》一书出版发行，生平事迹被收入书中。

11 月，赴武汉参加武汉理工大学"十五"学科建设研讨会。

## 2002 年

1 月，人类智慧思维丛书《精英思维》出版发行，撰写的《经福谦：纵向推进与横向交叉结硕果》收录书中。

2 月 2 日，被聘为中国科学院物理研究所极端条件物理重点实验室第一届学术委员会委员。

4 月 28 日，申报武汉理工大学学科点建设项目——高温高压凝聚态物理与化学。

5 月，赴南京参加南京大学建校 100 周年暨物理系建系 82 周年、东南大学校庆纪念活动。

5 月 26 日，被四川省高新科技应用质量保障中心聘为高级顾问。

6 月 24—27 日，被聘为西南交通大学第五届学术委员会委员，赴成都参加该校第五届学术委员会会议。

7 月，应中国科学院之约，与陈俊祥、华欣生合著的院士科普书系《揭开核武器的神秘面纱》一书出版发行。

9 月 15 日，在绵阳科学城参加"2002 年全国爆炸与安全技术学术交流会"。

9 月 28—29 日，赴北京出席中国铁道学会第五次会员代表大会，当选为理事。

10 月 3 日，赴吉林大学参加地学学科创建 50 周年庆祝大会。

10 月 31 日，被聘为四川省专家评议（审）委员会委员。

10 月,《中国世纪专家·两院院士  中国科学院院士》一书出版发行，生平事迹被收入书中。

11 月 6 日，被聘为四川师范大学高压物理研究中心主任、教授和四川师范大学教授。

11 月 18 日，被聘为西南民族学院客座教授。

12 月，生平简历及主要成就被收入《淮安名人（下册）》。

## 2003 年

2 月 26—28 日，在绵阳科学城参加中国工程物理研究院组织召开的院发展战略研讨会。

3 月 24 日，被聘为四川大学特聘教授。

3 月 27 日，在西南交通大学高温高压物理研究所参加第一届研究生论文答辩会。

4 月，赴北京参加陈能宽院士八十华诞学术座谈会。

7 月，《伟大的复兴》一书出版发行，生平事迹被收入书中。

9 月 3 日，提出"冲击波加载条件下金属黏性重点项目建议书"。

9 月 15—16 日，在南京大学参加"第一届凝聚态与材料物理学术研讨会暨冯端院士八十华诞会议"。

9 月 18—21 日，被聘为南京理工大学名誉教授，赴校参加受聘仪式及五十周年校庆活动，并作"武器物理设计中的几个基础科学问题"学术报告。

9 月 24 日，被聘为四川省咨询业协会第二届专家委员会委员。

10 月 25 日，作为党员代表，在绵阳科学城出席中国工程物理研究院第五次党员代表大会。

10 月 26—27 日，在绵阳科学城参加"中国工程物理研究院首届学术年会"。

11 月 8 日，出席在云南昆明举行的"第七届全国爆炸力学学术会议"，并在会上作"武器物理设计中的几个基础科学问题"学术报告。

11 月 28—30 日，出席在四川省郫县举行的四川省工程爆破协会第三次代表大会暨学术交流会，在会上作"四川省工程爆破协会第二届理事会工作报告"，卸任理事长职务。

11 月，《院士思维（第 2 卷）》出版发行，撰写的《"大科学"研究"小科学"补充》一文被收入书中。

12 月，被中共四川省委、四川省人民政府聘为四川省第五届科学技术顾问团顾问。

**2004 年**

2 月 10 日，与方多珍结婚。

2 月，被聘为中国物理学会胡刚复物理奖评审委员会委员。

3 月 22—26 日，赴西南交通大学指导工作，在高温高压物理研究所题词："勤奋来自理想，真知源于实践，幸福需要分享，人生重在奉献。"

3 月，为庆祝《科学时报》创刊 45 周年而写的治学手迹被收入《中国院士治学格言手迹》一书。

4 月 26 日，被聘为"西南交通大学研究生学术论坛"顾问。

5 月 20 日，参加 2004 年全国科技活动周并在绵阳会场致辞。

6 月 2 日，赴北京参加"中国科学院第十二次院士大会"，受到党和国家领导人接见。

7 月 2 日，赴内蒙古呼和浩特参加 2004 年北京同步辐射装置用户学术年会暨专家会。

7 月 19 日，起草"我院高压物理领域基础研究的国家目标——核战斗部物理设计技术研究的三大主题"报告。

8 月 4—8 日，赴四川省都江堰市参加第十二届全国原子分子物理、第八届全国物理力学学术会议，并作特邀报告。

9 月 16—18 日，作为国家自然科学基金重大项目"地球内部几个重要界面物质的高温高压物性研究"主持人，在安徽省黄山市参加项目中期检查会议，并在会上作"核－幔界面物质的状态方程和高压熔化特性研究"报告。

10 月 24—26 日，赴上海复旦大学参加全国计算物理高等教育研讨会。

11 月 10 日，被聘为中国物理学会《中国物理快报》2004—2008 年度特约评审。

11 月 15 日，出席在绵阳科学城召开的中国工程物理研究院科学技术协会第四次代表大会。

11 月，在绵阳科学城参加中国共产党中国工程物理研究院机关第四次党员代表大会。

12 月 12 日，因从事"单质和复合炸药分子间相互作用的量子化学研究"项目成绩优秀，获得中国两弹元勋邓稼先青年科技奖。

12月21日，在四川成都参加四川省科技顾问团2004年度院士活动暨四川省中长期科技发展规划研讨会。

12月，被中国力学学会第七届常务理事会聘为第六届《爆炸与冲击》编委会编委。

## 2005 年

春，在绵阳科学城出席2005年中国工程物理研究院冲击波物理与爆轰物理学科学术年会。

1月，申报中国工程物理研究院科学技术基金重大项目《高温高压下固体材料本构关系的基础物理问题研究》。

3月，从事的"炸药爆炸残留分布规律及提取检验技术研究"项目荣获四川省人民政府颁发的四川省科学技术奖励三等奖。

3月12日，出席在西南科技大学举行的西南科技大学、中国工程物理研究院材料学科学术交流会。

5月12日，通过西南交通大学申请"高温高压下金属物质的黏性研究"项目。

5月，撰写的文章《三点重要的启示》被收入《科学的道路（上卷）》；生平事迹被收入《院士春秋　第一卷》。

7月，参加西南科技大学举办的西南物理学年会，并在会上作"核武器研制的科学工程"报告。

9月6—8日，赴北京参加"中国科学院爱因斯坦讲席教授"学术报告会暨BSRF2005"高压科学与技术"学术研讨会，并在会上作"物态方程研究中动静高压方法互补的几个问题"报告。

10月初，赴北京参加贺彭恒武先生从事物理工作七十周年暨九十华诞座谈会。

11月20日，访问中国科学院地球化学研究所。

## 2006 年

2月20日，在北京参加纪念"二九"（京）联谊会成立20周年实验部分会部分老领导座谈会。

5 月，与陈俊祥合作编写的中国工程物理研究院科技丛书中《动高压原理与技术》一书出版发行。

5 月，《竢实杨华　桃李春风——西南交通大学教授风采录（第二卷）》出版发行，生平事迹被录入书中。

6 月 3 日，赴武汉理工大学参加"十五"重点研制项目总结会议——通过"超高速发射用波阻抗梯度材料的研制工作总结报告"。

6 月 6 日，赴北京参加中国科学院第十三次院士大会。

7 月 9—10 日，作为国家自然科学基金重大项目"地球内部几个重要界面物质的高温高压物性研究"项目主持人赴北京参加项目结题验收评审会。会议对项目的综合评价为特优。

7 月，被评为中国工程物理研究院"院机关 2004—2005 年度优秀党员"。

8 月 8 日，在哈尔滨工业大学参加"全国凝聚态物理前沿问题研讨会"。

8 月 10 日，被聘为中国工程物理研究院凝聚态物理专业博士研究生导师。

9 月 4 日，赴南京大学参加"魏荣爵院士九十华诞庆祝会暨声学学术讨论会"。

9 月 17 日，赴吉林大学参加合校 6 周年庆典仪式，并作"核物理与工程"报告。

9 月 23 日，撰写《武器物理设计中的几个基础科学问题》。

10 月，所著《揭开核武器的神秘面纱》所属书系《院士科普书系》荣获 2005 年度国家科技进步奖二等奖。

10 月，被西南交通大学聘请为理学院名誉院长。

11 月 22—24 日，在绵阳科学城参加 2006 年度冲击波物理与爆轰物理重点实验室第五届学术委员会第二次会议，作"冲击波物理研究近期的几个进展"学术报告。

11 月，赴云南丽江主持第三届亚洲高压会议，并作"A Unified Melting Curve of $\varepsilon$-Iron Constrained by Static and Dynamic Studies experiments"大会特邀报告。

春，在绵阳科学城参加冲击波物理与爆轰物理重点实验室 2007 年度学术委员会会议。

1 月，被聘为中国力学学会第八届理事会名誉理事。

1 月，《名人读书》一书出版发行，撰写的《经福谦：突破创新》一文被收入其中。

3 月 5 日，申请院 NSAF 基金课题"延性金属拉伸断裂微损伤演化规律研究"。

4 月 14 日，赴四川大学参加苟清泉教授九十寿辰庆贺会，在专为其举办的"全国原子与分子物理力学学术座谈会"上发言并作学术报告。

5 月 15 日，申请院基金课题"陶瓷冲击压缩破坏的比较研究"。

9 月 19—23 日，在江西省吉安市出席"第八届全国爆炸力学学术会议"，并在会上作"冲击波力学两个问题研究的进展"报告。

9 月，《春风化雨　武汉理工大学名师风采》一书出版发行，生平事迹被收入书中。

10 月 10 日，被聘为"四川省绵阳市东辰国际学校第二届科学技术协会名誉主席"。

10 月 11—14 日，在四川师范大学出席全国理论物理研究与理论物理课程教学研讨会，并任会议名誉主席。

10 月，被聘为流体物理研究所科技委顾问。

11 月 7 日，在北京参加中国科学院院士增选大会。

1 月 18 日，在绵阳科学城出席中国共产党中国工程物理研究院流体物理研究所第六次党员代表大会。

3 月 20 日，在绵阳科学城为母校金陵中学 120 年校庆题词："百年树人，桃李遍天下"。

6 月 9 日，在南京参加南京大学物理系同班同学戴元本院士八十华诞纪念活动。

6月，缴纳"特殊党费"10000元，支援"512"汶川地震灾区人民重建家园。

9月22日，被聘为《西南交通大学学报》第五届编辑委员会顾问。

10月，赴北京参加方正知九十寿辰暨陈常宜八十寿辰纪念活动。

11月1日，为庆祝《科学时报社》成立50周年题词。

11月2—6日，赴北京出席第十四届全国高压科学和技术研讨会。

11月，被聘为"四川省青少年科技创新教育基地"科学顾问。

12月，被中共四川省委、四川省人民政府聘为四川省第六届科学技术顾问团顾问。

12月，被聘为中国工程物理研究院老科技工作者协会顾问。

12月，《中国科技脊梁》一书出版发行，生平事迹被收入书中。

### 2009年

1月，《中国学者》一书出版发行，生平事迹被收入书中。

2月9日，被聘为第二届四川省专家评议（审）委员会委员。

3月2日，在四川成都参加四川省第六届科技顾问团成立大会。

3月18—19日，被郑州轻工业学院聘请为学院双聘院士，后协助该校成立高压实验室。

5月22—24日，应邀赴甘肃兰州大学参观西部灾害与环境力学教育部重点实验室，并在"百年兰大·名家讲坛"作学术报告。

5月，《经福谦院士八十华诞文集》出版发行。

6月5日，在绵阳科学城出席专为其举办"庆贺经福谦院士八十华诞学术座谈会"。

9月21日，赴浙江宁波出席"动态断裂研究前沿"专题研讨会。

11月17日，应邀为《创新中国》杂志题词："强国富民　科技当先"。

### 2010年

1月8日，赴西南交通大学出席"高压物理研究所成立十周年庆典暨四川省2010年高压科学与技术研讨会"。

1月24日，赴成都参加"第二届材料动态损伤与断裂专题研讨会"。

3月29日，被中共四川省委、四川省人民政府聘任为第一届决策咨询委员会委员。

4月16日，在绵阳科学城申请"纳米金属冲击波阵面结构的分子动力学研究"项目。

4月19日，赴广西桂林桂冶重工股份有限公司中国超硬材料设备生产基地建设项目指导工作，对2009年度广西科学研究与技术开发项目"6×32000千牛超硬材料六面顶液压机"进行验收和鉴定。

6月1日，被聘为宜宾学院物理与电子工程学院名誉院长。

6月7—10日，在北京出席中国科学院第十五次院士大会。

6月18日，在南京理工大学出席"2010年度炸药安全性多尺度研究研讨会"并作"核武器研制中的理论和工程问题"的大会特邀报告。

8月10日，赴贵阳参加"第十二届全国现代数学和力学学术会议"，在会上作"高温高压下材料的本构方程"报告。

9月，被聘为绵阳九鼎晨阳科技有限公司顾问，并兼任四川晨洋科技研究所所长。

11月7—9日，参加中国工程物理研究院院士代表团赴达州国家"十一五"重大工程——川气东送工程考察。

11月16—20日，赴云南腾冲参加"第八届全国爆轰学术会议"。

12月，批准宜宾学院"过渡金属弹性性质研究合同"。

## 2011 年

1月，被聘为中国力学学会第九届理事会名誉理事。

3月9日，在绵阳科学城参加中国共产党中国工程物理研究院机关第五次党员代表大会。

3月10日，赴中国地震局地震预测研究所参观访问。

4月19日，赴河南郑州参加"核污水处理技术——催化生物陶项目落地发布会"。

7月24—27日，在大连参加第三届"从原子到地球"高压地球科学研讨会，为大会题词并在会上作报告。

9 月 15—17 日，在北京香山饭店参加香山科学会议第 406 次学术讨论会"高能同步辐射光源前沿科学和应用"会议，并在会上作中心议题评述报告"精密物理实验与同步辐射"。

9 月 26 日，在北京主持庆贺任益民先生八十华诞座谈会。

11 月 15 日，赴北京参加庆贺张兴钤院士九十华诞座谈会。

12 月 6 日，在北京中国科学院国家科学图书馆出席"钱学森先生诞辰 100 周年纪念会"，在北京西郊宾馆出席"钱学森科学和教育思想研讨会—工程科学思想专题"会议，并在会上作"学习钱老工程科学思想的几点体会"报告。

12 月，在绵阳科学城参加中国共产党中国工程物理研究院第七次党员代表大会。

### 2012 年

4 月，在上海参加高压物理项目研讨会，会议中途摔倒。

4 月 20 日 8:50 分，因抢救无效，不幸逝世。

4 月 28 日，追悼会在上海龙华殡仪馆举行。

8 月，生前所写题词"科学与民主精神结合，个人与集体力量结合，是科技创新之源泉"被收入《院士心语》一书。

### 2013 年

3 月，生前所著的中华科普书系《核武器科学与工程》一书出版发行。

# 附录二 经福谦主要论著目录

## 一、论文

[1] 经福谦, 杨秀会. 对 Grüneisen 系数高压渐进行为的讨论 [J]. 爆炸与冲击, 1981 (2): 23-29.

[2] 经福谦. 冲击波速度——粒子速度关系式的一个简单推导及其直线表达式适用范围的讨论 [J]. 爆炸与冲击, 1982 (3): 17-24.

[3] 经福谦, 韩均万. 冲击载荷下铁的弹性模量及屈服强度 [J]. 爆炸与冲击, 1982 (4): 19-23.

[4] 经福谦. 动态超高压技术 (一) [J]. 爆炸与冲击, 1984, 4 (3): 1-9.

[5] 经福谦. 动态超高压技术 (二) [J]. 爆炸与冲击, 1984, 4 (4): 24-30.

[6] 经福谦. 动态高压技术 (高压物理讲座) [J]. 物理, 1986, 15 (5): 305-310.

[7] 经福谦. 冲击波物理 [J]. 物理, 1987, 16 (8): 471-475.

[8] 经福谦, 陆景德, 刘仓理. 斜波发生器的设计准则 [J]. 高压物理学报, 1987, 1 (1): 7-12.

[9] 封加坡, 经福谦, 苏林祥, 等. 对薄层柱壳爆炸膨胀断裂过程的研究 [J]. 高压物理学报, 1988, 2 (2): 97-103.

［10］古成钢，经福谦，谢盘海，等. 冲击压缩下聚四氟乙烯电阻率及冲击绝热线的实验研究［J］. 高压物理学报，1989，3（1）：31-41.

［11］韩长生，经福谦，丁儆，等. 不同加载速率下铝自由面微粒子喷射现象研究［J］. 高压物理学报，1989，3（2）：97-106.

［12］胡金彪，经福谦，程菊鑫. 铜的高压声速和冲击熔化［J］. 高压物理学报，1989，3（3）：187-197.

［13］沈主同，经福谦. 我国高压物理的进展——三十年的回顾［J］. 物理，1989，18（9）：525-528.

［14］经福谦. 超高速碰撞现象（讲座）［J］. 爆炸与冲击，1990，10（3）：279-288.

［15］胡金彪，经福谦. 用冲击压缩数据计算物质结合能的一个简便解析方法［J］. 高压物理学报，1990，4（3）：175-186.

［16］经福谦. Shock wave physics research［J］. In China In Shock Compression of Condensed Matter-1989，1990.

［17］经福谦. 我国高压物理研究的若干近期进展［J］. 物理，1991，20（7）：415-419.

［18］经福谦，胡思得. 核武器研制中的若干物理问题［J］. 物理，1991，20（8）：482-488.

［19］曾元金，经福谦，张万甲. 钨合金的层裂强度研究［J］. 高压物理学报，1992，6（1）：58-67.

［20］经福谦. 冲击波与高能量密度状态［J］. 中国科学院院刊，1992（4）：342.

［21］吴强，经福谦. Unified thermodynamic equation-of-state for porous materials in a wide pressure range［J］. Appl. Phys. Lett，1995，67（1）：49-51.

［22］杨超，经福谦，张万甲，等. 冲击加载作用下铁和镍的高应变率变形［J］. 兵器材料科学与工程，1996，19（1）：49-54.

［23］刘福生，经福谦. 高压下固态氙中原子势的软化机理［J］. 科学通报，1996，41（4）：303-306.

［24］吴强，经福谦. 用于预测疏松材料冲击压缩特性的热力学模型［J］. 高压物理学报，1996，10（1）：1-5.

［25］杨超，经福谦，张万甲. 冲击波压力和脉冲持续时间对铁和镍微结构的影响［J］. 兵器材料科学与工程，1996，19（3）：38-44.

［26］汤文辉，经福谦，张若棋，等. Thermal relaxation phenomena across the metal/window interface and its significance to shock temperature measurements of metals［J］. J. Appl. Phys，1996，80（6）：3248-3253.

［27］周显明，经福谦，黄建彬. 薄夹层界面热驰豫解及其在冲击温度研究中的意义［J］. 高压物理学报，1997，11（1）：8-12.

［28］封加坡，经福谦，章冠人. Dynamic ductile fragmentation and the damage function model［J］. J. Appl. Phys.，1997，81（6）：2575-2578.

［29］杨超，经福谦. 钨在铁中动态扩散的研究［J］. 兵器材料科学与工程 1998，21（2）：3-7.

［30］华劲松，经福谦，谭华，等. 钨合金的超声测量及力学参量估算［J］. 高压物理学报，1998，12（2）：150-155.

［31］贺红亮，经福谦，金孝刚，等. 冲击波极端条件下玻璃的细观结构破坏［J］. 高压物理学报，1998，12（4）：241-249.

［32］龚自正，经福谦，谢鸿森，等. 埃洛石的 Birch-Murnaghan 状态方程和高压物性［J］. 高压物理学报，1999，13（3）：192-198.

［33］龚自正，经福谦. LSD 在地球科学研究中的若干近期进展［J］. 高压物理学报，1999，13（10）：261-264.

［34］胡栋，经福谦，王永国，等. 含能材料快速反应微观特性的光谱研究［J］. 高压物理学报，1999，13（10）：283-276.

［35］华劲松，经福谦，谭华. 钨合金的高压强度研究［J］. 高压物理学报，1999，13（10）：273-276.

［36］李西军，经福谦. 铁高压融化线的研究现状和分析［J］. 高压物理学报，1999，13（10）：296-300.

［37］华劲松，经福谦，龚自正，等. 准等熵压缩的数值模拟研究［J］. 高压物理学报，2000，14（3）：195-202.

［38］龚自正，经福谦，谢鸿森. 我国冲击波物理应用于地球科学研究的
　　　 若干进展［J］. 自然科学进展，2000，10（9）：783-791.

［39］华劲松，经福谦，谭华. 一种获得剪切模量压强二阶偏导数 GP″ 的
　　　 方法［J］. 物理学报，2000，49（12）：2443-2447.

［40］王藩侯，经福谦. 应用 Saha 方程计算氩等离子体的 Hugoniot 物态方
　　　 程［J］. 原子与分子物理学报，2001，18（3）：285-288.

［41］华劲松，经福谦，谭华. 动载荷下材料的屈服强度变化［J］. 固体力
　　　 学学报，2001，22（4）：421-426.

［42］华劲松，经福谦，谭华，等. 93W 合金有关力学参量的综合选评［J］.
　　　 高压物理学报，2002，16（1）：17-21.

［43］陈军，经福谦，张景琳，等. 冲击作用下金属表面微喷射的分子动
　　　 力学模拟［J］. 物理学报，2002，51（10）：2386-2392.

［44］王藩侯，经福谦. 应用高温计测量氩等离子体温度［J］. 原子与分子
　　　 物理学报，2002，19（4）：442-450.

［45］经福谦，谭华. Some recent advances of shock wave physics research at
　　　 the Laboratory for Shock Wave and Detonation Physics Research［J］. J.
　　　 Phys.: Condens. Matter，2002，14（44）：10799-10808.

［46］J S Hua，F Q Jing，T Hua，et al. Is the empirical approximation
　　　 Y/G≈constant applicable to high-pressure and high-temperature
　　　 environments for metals［J］. J. Phys.: Condens. Matter，2002，14（1）：
　　　 49-54.

［47］华劲松，经福谦，董玉斌，等. 钨合金的高压本构研究［J］. 物理学
　　　 报，2003，52（8）：2005-2008.

［48］刘福生，经福谦. 沿等压路径求解疏松材料 Hugoniot 关系的微分方
　　　 程组及其求解［J］. 高压物理学报，2004，18（1）：10-16.

［49］华劲松，经福谦，谭华，等. 一种计算剪切模量温度系数的方法［J］.
　　　 物理学报，2005，54（1）：246-249.

［50］毕延，经福谦. 动高压物理在地球与行星科学研究中的应用［J］. 地
　　　 学前沿，2005，12（1）：79-92.

［51］HJ Huang，FQ Jing，LC Cai. Grüneisen Parameter along Hugoniot and Melting Temperature of $\varepsilon$ -Iron：a Result from Thermodynamic Calculations［J］. Chinese Physics Letters，2005，22（4）：836-838.

［52］彭建祥，经福谦，王礼立，等. 冲击压缩下铝、铜、钨的剪切模量和屈服强度与压力和温度的相关性［J］. 2005，54（5）：2194-2197.

［53］吴强、经福谦、李欣竹. 零温物态方程输入参数 BOK、BOK′ 和 $\rho$OK 的确定［J］. 高压物理学报，2005，19（2）：97-104.

［54］JX Peng，FQ Jing，DH Li. Pressure and temperature dependence of shear modulus and yield strength for aluminum，copper，and tungsten under shock compression［J］. Journal of Applied Physics，2005，98（1）：1-3.

［55］黄海军，经福谦，蔡灵仓，等. Fe/FeO/FeS 混合物的 Hugoniot 线研究［J］. 高压物理学报，2006，20（2）：139-144.

［56］田春玲，经福谦，顾云军，等. 高温高密度氢（氘）的物态方程——离解效应研究［J］. 高压物理学报，2007，21（1）：8-14.

## 二、著作

［1］经福谦. 实验物态方程导引［M］. 北京：科学出版社，1986.

［2］经福谦. 实验物态方程导引（第二版）［M］. 北京：科学出版社，1999.

［3］经福谦，陈俊祥，华欣生. 揭开核武器的神秘面纱［M］. 北京：清华大学出版社，2002.

［4］经福谦，陈俊祥. 动高压原理与技术［M］. 北京：国防工业出版社，2006.

［5］经福谦，陈俊祥，华欣生. 核武器科学与工程［M］. 贵阳：贵州人民出版社，2013.

# 参考文献

［1］本书编写组. 徐州文史资料. 第十辑. 1995.

［2］淮安市地方志编撰. 淮安市志［M］. 南京：江苏人民出版社，1998.

［3］《安徽大学简史》编写组. 安徽大学简史［M］. 合肥：安徽大学出版社，2008.

［4］邹正. 金中魂［M］. 南京：南京师范大学出版社，2011.

［5］王德滋. 南京大学百年史［M］. 南京：南京大学出版社，2002.

［6］经盛鸿. 南京沦陷八年史（增订版）［M］. 北京：社会科学文献出版社，2013.

［7］江苏临中简史. 见《瑶溪校友——江苏临中 1942—1946 屯溪》. 第一期（内部资料）. 1998 年 10 月.

［8］游华新. 江西省九江第一中学百年校庆丛书百年志（内部资料）. 2002.

［9］《经福谦院士八十华诞文集》编辑委员会. 经福谦院士八十华诞文集［M］. 北京：原子能出版社，2009.

［10］邓力群，马洪，武衡. 当代中国的核工业［M］. 北京：中国社会科学出版社，1987.

［11］中国工程物理研究院院史，内部资料（机密级）.

［12］孟昭瑞，孟醒. 中国蘑菇云［M］. 沈阳：辽宁人民出版社，2008.

［13］姜悦楷，春雷. 中国工程物理研究院党委宣传部. 内部资料. 2014.

［14］韩金城. 历程［M］. 长春：吉林大学出版社，2013.

［15］韩金城. 长春地质学院纪事 1952—2012. 内部资料. 2012.

［16］韩金城. 地探钩沉［M］. 长春：吉林大学出版社，2015.

［17］吴明静，凌晏，逄锦桥. 许身为国最难忘［M］. 上海：上海交通大学出版社，中国科学技术出版社，2015.

［18］创业之路. 中物院发展史编辑部. 内部资料. 1999.

［19］钱三强. 我国现代科学技术的组织者、领导者——缅怀周总理对我国科学技术事业的关怀和对科学技术工作者的教诲.《人民日报》. 1979 年 3 月 10 日.

［20］葛能全. 魂牵心系原子梦——钱三强传［M］. 北京：中国科学技术出版社，上海交通大学出版社，2013.

［21］彭继超. 中国核武器实验纪实［M］. 北京：中共中央党校出版社，1995.

［22］侯艺兵，曹科峰，姜洋访问整理. 亲历者说"原子弹摇篮"［M］. 长沙：湖南教育出版社，2011.

# 后 记

　　我从 2014 年 6 月 24—26 日在北京参加中国科协举办的"采集工程 2014 年培训班"开始，接触采集工程已经两年多了。初次听到"采集工程"这个名字的时候，不明白是什么，只知道跟收集资料有关，心想就是收集个资料嘛，怎么需要那么多人呢？却不曾想到采集资料竟是如此的艰辛，接触的人、事、物慢慢多起来，才明白自己的这份工作是如此的重要。

　　经先生从小学到大学，共上过十四所学校，每所学校对经先生的影响不同，根据经先生上学的时间长短及学年时期，采集小组确定了重点挖掘的学校有重庆南泉小学、江西九江中学、南京金陵中学、江苏学院、安徽大学、南京大学。对于经先生的求学阶段，厘清求学经历及师承关系，多方面、多角度、详实、真实地寻觅历史，一直是采集小组的工作核心。采集小组耗时一年多，北上南下，奔波数千公里，在经先生曾经上学、工作、生活过的地方，深入南京、北京、长春、上海、安徽、江西、重庆、徐州的档案馆进行资料挖掘，访谈当年知情人，我们要做的就是尊重历史并且真实地记录历史。在南京的采集过程中，采集小组在几个档案馆中奔波、查找经先生相关档案，得知有档案馆中午不闭馆，我们啃个干饼子继续查；有些档案馆数千张胶片需要一张张翻看，极费眼力，熬得两眼通红充满血丝。一分耕耘一分收获，采集小组在南京共获得了 13 份档案资料，并且得到了经先生在私立金陵大学附属中学的总成绩单，更是非常珍贵。随着采集的深入，经先生在采集小组心中已不再是陌生的老人，而是让我们崇敬、让我们感动的老科学家，我们倍感珍惜这份跨越时空的缘分。

在采集经先生学术成长资料的过程中，我们也时刻感受到一种精神力量。打开尘封许久的工作笔记本，摊开泛黄的手稿信件，经先生苍劲有力的字迹赫然映入眼帘，字里行间迸发出智慧的火花，无不让我们惊叹于先生敏捷的才思和扎实的专业功底。在电脑尚不普及的年代，经先生的论文和笔记都是手写而成，公式、文字、图表整整齐齐汇成一本本厚厚的文稿，内容繁多却甚详细明晰，令我们无比震撼的同时不禁反思，如今的科研环境如此优越，我们又有什么理由不迎难而上、攻坚克难？而文稿上经先生一丝不苟、力透纸背的笔画也让我们对先生严谨治学的态度、孜孜不倦的精神崇敬不已。

经福谦院士从 1961 年起长期从事核武器内爆动力学和高压物理学科的研究工作，是我国高压物态方程实验研究的奠基者，为我国第一代核武器的研制突破和我国爆炸力学及高压物理学的发展作出了重要贡献。尽管在"文化大革命"时期，经先生受到了批斗，但是在"科学的春天"的召唤下，经先生不忘初心，致力于我国高压物理的学科发展，将为研究核武器而铸造的剑发展成为引领我国高压物理学科发展的犁头。1978 年，经先生联合全国从事高压物理研究的单位，举办了首届全国高压学术讨论会，把全国的高压物理同行凝聚起来，共同推动我国高压物理学科的发展。随后，1983 年正式成立了中国高压物理专业委员会，1986 年正式创立了《高压物理学报》核心学术期刊，这是我国第一次有了"高压物理"学科领域，为推动我国高压物理学科的发展、带领中国高压物理走向世界起到了重要作用。美国科学院院士、中国科学院外籍院士毛河光先生评价说："经福谦先生是国际顶尖的科学家，在动高压领域久享盛誉；他研究的深度，动静结合的思想，对青年后进的鼓舞，和同行的合作，都是我们的楷模；中国高压事业，幸而有经先生的开启。"

穿越时空觅史料，拂尽尘埃始见金。走过两年多的采集之路，回首望去，采集小组"不抛弃每一条线索，不放弃每一次可能"的精神自始至终贯穿在资料采集过程中。谦谦君子、卑以自牧，正是经先生一生的写照。经先生没有留洋求学的背景，是土生土长的科学家，而且少年坎坷，"文化大革命"中遭受批斗，但是他初心不改、严谨治学、虚怀若谷。采集小组深深地被经先生的精神所感染，愈走近愈崇敬，采集小组成员也因为对中国科协采集工作的痴迷而自创了"采迷"这一称号，并引以为傲。

贺红亮

2016 年 5 月 18 日

# 老科学家学术成长资料采集工程丛书
## 已出版（110种）

《卷舒开合任天真：何泽慧传》　　《此生情怀寄树草：张宏达传》

《从红壤到黄土：朱显谟传》　　《梦里麦田是金黄：庄巧生传》

《山水人生：陈梦熊传》　　《大音希声：应崇福传》

《做一辈子研究生：林为干传》　　《寻找地层深处的光：田在艺传》

《剑指苍穹：陈士橹传》　　《举重若重：徐光宪传》


《情系山河：张光斗传》　　《魂牵心系原子梦：钱三强传》

《金霉素·牛棚·生物固氮：沈善炯传》　　《往事皆烟：朱尊权传》

《胸怀大气：陶诗言传》　　《智者乐水：林秉南传》

《本然化成：谢毓元传》　　《远望情怀：许学彦传》

《一个共产党员的数学人生：谷超豪传》　　《没有盲区的天空：王越传》


《含章可贞：秦含章传》　　《行有则　知无涯：罗沛霖传》

《精业济群：彭司勋传》　　《为了孩子的明天：张金哲传》

《肝胆相照：吴孟超传》　　《梦想成真：张树政传》

《新青胜蓝惟所盼：陆婉珍传》　　《情系梁菽：卢良恕传》

《核动力道路上的垦荒牛：彭士禄传》　　《笺草释木六十年：王文采传》


《探赜索隐　止于至善：蔡启瑞传》　　《妙手生花：张涤生传》

《碧空丹心：李敏华传》　　《硅芯筑梦：王守武传》

《仁术宏愿：盛志勇传》　　《云卷云舒：黄士松传》

《踏遍青山矿业新：裴荣富传》　　《让核技术接地气：陈子元传》

《求索军事医学之路：程天民传》　　《论文写在大地上：徐锦堂传》


《一心向学：陈清如传》　　《钤记：张兴钤传》

《许身为国最难忘：陈能宽传》　　《寻找沃土：赵其国传》

《钢锁苍龙　霸贯九州：方秦汉传》
《一丝一世界：郁铭芳传》
《宏才大略　科学人生：严东生传》

《虚怀若谷：黄维垣传》
《乐在图书山水间：常印佛传》
《碧水丹心：刘建康传》

《我的气象生涯：陈学溶百岁自述》
《赤子丹心　中华之光：王大珩传》
《根深方叶茂：唐有祺传》
《大爱化作田间行：余松烈传》
《格致桃李半公卿：沈克琦传》
《躬行出真知：王守觉传》
《草原之子：李博传》

《我的教育人生：申泮文百岁自述》
《阡陌舞者：曾德超传》
《妙手握奇珠：张丽珠传》
《追求卓越：郭慕孙传》
《走向奥维耶多：谢学锦传》
《绚丽多彩的光谱人生：黄本立传》

《此生只为麦穗忙：刘大钧传》
《航空报国　杏坛追梦：范绪箕传》
《聚变情怀终不改：李正武传》
《真善合美：蒋锡夔传》
《治水殆与禹同功：文伏波传》
《用生命谱写蓝色梦想：张炳炎传》
《远古生命的守望者：李星学传》

《探究河口　巡研海岸：陈吉余传》
《胰岛素探秘者：张友尚传》
《一个人与一个系科：于同隐传》
《究脑穷源探细胞：陈宜张传》
《星剑光芒射斗牛：赵伊君传》
《蓝天事业的垦荒人：屠基达传》

《善度事理的世纪师者：袁文伯传》
《"齿"生无悔：王翰章传》
《慢病毒疫苗的开拓者：沈荣显传》
《殚思求火种　深情寄木铎：黄祖洽传》
《合成之美：戴立信传》
《誓言无声铸重器：黄旭华传》
《水运人生：刘济舟传》
《在断了 A 弦的琴上奏出多复变
　　最强音：陆启铿传》

《化作春泥：吴浩青传》
《低温王国拓荒人：洪朝生传》
《苍穹大业赤子心：梁思礼传》
《仁者医心：陈灏珠传》
《神乎其经：池志强传》
《种质资源总是情：董玉琛传》
《当油气遇见光明：翟光明传》
《微纳世界中国芯：李志坚传》
《至纯至强之光：高伯龙传》

《弄潮儿向涛头立：张乾二传》　　　《材料人生：涂铭旌传》
《一爆惊世建荣功：王方定传》　　　《寻梦衣被天下：梅自强传》
《轮轨丹心：沈志云传》　　　　　　《海潮逐浪　镜水周回：童秉纲
《继承与创新：五二三任务与青蒿素研发》　　口述人生》

《淡泊致远　求真务实：郑维敏传》　《采数学之美为吾美：周毓麟传》
《情系化学　返璞归真：徐晓白传》　《神经药理学王国的"夸父"：
《经纬乾坤：叶叔华传》　　　　　　　　金国章传》
《山石磊落自成岩：王德滋传》　　　《情系生物膜：杨福愉传》
《但求深精新：陆熙炎传》　　　　　《敬事而信：熊远著传》
《聚焦星空：潘君骅传》